U0736293

精品课程新形态教材

21世纪应用型人才培养规划教材
"双创"型人才培养教材

现代物流管理理论与实务

主　编　袁科峰　熊华林
副主编　游天嘉　张晓霞　屠晶鑫
　　　　逯丹丹　李兴旺　王　辉
　　　　郭　峰　邵　磊

中国海洋大学出版社
CHINA OCEAN UNIVERSITY PRESS
·青岛·

图书在版编目（CIP）数据

现代物流管理理论与实务 / 袁科峰，熊华林主编.
—青岛：中国海洋大学出版社，2018.1（2024.1重印）
ISBN 978-7-5670-1690-3

Ⅰ.①现… Ⅱ.①袁… ②熊… Ⅲ.①物流管理–教材 Ⅳ.①F252

中国版本图书馆 CIP 数据核字（2018）第 011858 号

出版发行	中国海洋大学出版社
社　　址	青岛市香港东路 23 号　　　　**邮政编码**　266071
出 版 人	杨立敏
网　　址	http://pub.ouc.edu.cn
电子信箱	465407097@qq.com
订购电话	010-82477073（传真）　　　　**电　　话**　010-82477073
责任编辑	董超
印　　制	涿州汇美亿浓印刷有限公司
版　　次	2018 年 1 月第 1 版
印　　次	2024 年 1 月第 2 次印刷
成品尺寸	185 mm×260 mm
印　　张	15.75
字　　数	327 千
印　　数	10000—13000
定　　价	39.00 元

前　言

随着现代科学技术的迅猛发展和全球经济一体化的加强，各国都面临着前所未有的机遇和挑战。现代物流作为一种先进的组织方式和管理技术，被广泛认为是降低物资消耗、提高劳动生产率之外的又一个创造利润的方式，它将在经济建设和社会发展中发挥重要作用。

党的二十大报告中指出，我们要坚持教育优先发展、科技自立自强、人才引领驱动，加快建设教育强国、科技强国、人才强国，坚持为党育人、为国育才，全面提高人才自主培养质量，着力造就拔尖创新人才，聚天下英才而用之。

无论是国际市场还是国内市场，我国企业都面临着巨大的全方位的竞争压力。国际化的竞争，归根到底是实力的竞争，是人才的竞争，在物流领域同样如此。出版本书的目的正是为了促进我国从事物流事业的各方面人才理论水平和实践操作能力的提高，掌握管理物流的方法，提高我国企业物流管理的水平，加大企业物流技术创新的力度，全面提升企业的核心竞争力。

为了解决长期以来物流教学中"重理论，轻实践"的弊病，编写组重点从物流与物流管理概述、干线运输管理、仓储管理、配送与配送中心管理、装卸搬运、包装与流通加工、物流信息系统管理、企业物流管理、第三方物流与第四方物流、国际物流、供应链管理十一个角度对现代物流管理相关的理论与实践进行了详细阐述、分析以及举例。通过本书的学习，读者能够正确地把握现代物流管理的基本概念和现代物流管理的基本方法，对物流科学有一个比较全面的认知，并为进一步深入学习物流科学理论打下基础。

在编撰过程中参考了大量的书籍、期刊、文献以及网络资源等，编写组已尽可能在参考文献中详细列出，如有遗漏，谨向原作者致歉。

由衷感谢经济管理学院游国斌教授和同事、家人们给予本书编写的支持和帮助！

由于编者水平有限，深入实际不够，书中疏漏之处在所难免，恳请读者批评指正。

编　者

目录 CONTENTS

第一章

物流与物流管理概述

学习目标

- 了解物流的起源；
- 掌握物流的定义；
- 掌握物流的效用、分类及作用意义；
- 熟悉物流的功能；
- 理解现代物流与传统物流的区别；
- 了解物流相关理论学说；
- 理解现代物流管理的概念和内涵；
- 掌握现代物流管理的特点、原则及基本内容。

导入案例

沃尔玛完整的物流系统

20世纪90年代，沃尔玛提出了新的零售业配送理论，开创了零售业工业化运作的新阶段，即通过集中管理配送中心向各商店提供货源。其独特的配送体系，不仅大大降低了成本，而且加速了存货周转，形成了沃尔玛的核心竞争力。

如今，沃尔玛在美国本土已建立了62个配送中心，整个公司销售商品的85％由这些配送中心供应，而其竞争对手只有50％~65％的商品集中配送。沃尔玛完整的物流系统号称"第二方物流"，相对独立运作，不仅包括配送中心，还有更为复杂的输入采购系统、自动补货系统等。其配送中心的平均面积约10万平方米，相当于23个足球场，全部自动化作业，现场作业场面就像大型工厂一样蔚为壮观。

沃尔玛公司拥有六种形式的配送中心：一种是"干货"配送中心；第二种是食品中心（相当于我们的"生鲜"）；第三种是山姆会员店配送中心；第四种是服装配送中心；第五种是进口商品配送中心；第六种是退货配送中心（其收益主要来自出售包装箱的收入和供应商支付的手续费）。其配送中心的基本流程是：供应商将商品送到配送中心后，经过核对采购计划、进行商品检验等程序，分别送到货架的不同位置存放。

门店提出要货计划后，电脑系统将所需商品的存放位置查出；并打印有商店代号的标签。整包装的商品直接在货架上送往传送带，零散的商品由工作台人员取出后也送到传送带上，一般情况下，商店要货的当天就可以将商品送出。

沃尔玛要求所购买的商品必须带有UPC条形码，从工厂运货回来，卡车可以停在配送中心收货处的数十个门口处，把货箱放在高速运转的传送带上，在传送过程中经过一系列的激光扫描，读取货箱上的条形码信息。而门店需要的商品被传送到配送中心的另一端，那里有几十辆货车在等待送货。其十多公里长的传送带作业就这样完成了复杂的商品组合。其高效的电脑控制系统，使整个配送中心用人极少。数据的收集、存储和处理系统成为沃尔玛控制商品及其物流的强大武器。

为了满足美国国内3500多个连锁店的配送需求，沃尔玛公司在国内配备近3万个大型集装箱挂车、5500辆大型货车卡车，24小时昼夜不停地工作。每年的运输总量达到77.5亿箱，总行程6.5亿公里。合理调度如此大规模的商品采购、库存、物流和销售管理，当然离不开高科技的手段。为此，沃尔玛公司建立了专门的电脑管理系统、卫星定位系统和电视调度系统。

沃尔玛全球4500多个店铺的销售、订货、库存情况可以随时调出查问。公司5500辆运输卡车，全部装备了卫星定位系统，每辆车在什么位置、装载什么货物、目的地是什么地方，总部一目了然。这样就可以合理安排运量和路程，最大限度地发挥运输潜力，避免浪费，降低成本，提高效率。

沃尔玛正是通过信息流对物流、资金流的整合、优化和及时处理，实现了有效的物流成本控制。从采购原材料开始到制成最终产品，最后由销售网络把产品送到消费者手中的过程都变得高效有序，实现商业活动的标准化、专业化、统一化、单纯化，从而达到实现规模效益的目的。

案例来源：MBA智库，http://doc.mbalib.com/view/1d8ac51ce6631388b12013243a166f34.html

思考题：

沃尔玛的物流系统对企业的运营产生了哪些影响？

第一节　物流概述

一、物流概念的起源

物流概念的发展经过了一个漫长而曲折的过程。回顾物流的发展历程并了解历史上经典的物流概念，不仅有利于了解物流的发展规律，更有利于全面深入地理解物流的内涵。

（一）物流概念的起源——市场营销的推动

英国克兰菲尔德物流与运输中心（Cranfield Center for Logistics and Transportation，CCLT）主任、资深物流与市场营销专家马丁·克里斯多夫（Martin Christopher）教授认为，阿奇·萧（Arch W. Shaw）是最早提出"实体配送"（Physical Distribution）概念并进行实际探讨的学者。

阿奇·萧在 1915 年哈佛大学出版社出版的《市场流通中的若干问题》一书中指出，"创造需求与实物供给的各种活动之间的关系说明存在平衡性和依赖性两个原则"，"实体配送是与创造需求不同的一个问题……流通活动中的重大失误都是因为创造需求与实体配送之间缺乏协调造成的"。

1916 年，韦尔达（L. D. H. Weld）在《农产品的市场营销》中指出，市场营销的效用中包括时间效用、场所效用、所有权效用和营销渠道，从而肯定了实体配送在创造产品的市场价值中的时间价值及场所价值中的重要作用。

1922 年，克拉克（F. E. Clark）在《市场营销原理》中将市场营销定义为"影响商品所有权转移的活动和包括实体配送的活动"。

1935 年，美国销售协会对实体配送进行了定义："实体配送是包含于销售之中的物质资料和服务从生产地点到消费地点的流动过程中伴随的种种经济活动。"

（二）物流概念的起源——军事后勤的贡献

以詹姆士·约翰逊（James C. Johnson）和唐纳德·伍德（Donald E. Wood）为代表的学者认为"物流一词首先用于军事"。他们说，1905 年美国少校琼斯·贝克（Chauncey B. Baker）认为"那个与军备的移动和供应相关的战争艺术的分支就叫 Logistics（国内也翻译为'后勤'）"。

美国《韦勃斯特大词典》，在 1963 年把后勤定义为"军事装备物资、设施与人员的获取、供给和运输"。

1970 年，美国空军在一份技术报告中将后勤学定义为"计划和从事部队的输送、补给和维修的科学"。

日本将引进的后勤学译为"兵站学"，并将其含义表述为"除了军需资料的订购、生产计划、采买、库存管理、配给、输送、通用外，还包括规格化、品质管理等军事作战行动所必需的资材管理"。

美国学者鲍尔索克斯（Donald J. Bowersox）在 1974 年出版的《后勤管理》一书中，将后勤管理定义为"以卖主为起点将原材料、零部件与制成品在各个企业间有策略地加以流转，最后达到用户，其间所需的一切活动的管理过程"。这时后勤一词已经不仅仅是军事上的含义了。

1981 年在美国出版的《后勤工程与管理》是用于大学生和研究生课堂教学的教科书，书中引用了美国工程师学会（The Society of Logistics Engineers，SOLE）对后勤学的定义，即"对于保障的目标、计划及其设计和实施的各项要求，以及资源的供应和保持等有关的管理、工程与技术业务的艺术与科学"。

随着时代的发展，源于军事领域的"后勤"一词在企业中得到广泛应用，并出现了商业后勤、流通后勤的提法，使后勤的外延推广到生产和流通等领域。

二、"物流"称谓的由来

1963 年，日本派出"流通技术专业考察团"，由早稻田大学宇野正雄教授率领专家学者一行 12 人赴美国考察，历时一个多月，弄清了日本以往称为"流通技术"的内容就相当于美国的 Physical Distribution（PD），此后日本亦将此类活动改称为 PD。1964年，池田内阁"五年计划"制定小组的平原直谈到 PD 这一术语时，将其翻译为"物的流通"，并在 1965 年的政府文件中正式采用，以后这一术语又逐渐被简称为"物流"。从引进物流概念到 20 世纪 70 年代的近 20 年间，日本逐渐发展成为世界上物流产业最发达的国家之一。

物流概念传入我国主要有两条途径：一是 20 世纪 60 年代末直接从日本引入"物流"这个名词，并沿用 PD 这一英文称谓；另一条途径是 20 世纪 80 年代初，随着欧美的市场营销理论传入我国。欧美的"市场营销"教科书中，几乎毫无例外地都要介绍 PD，使我国的营销领域逐渐开始接受物流观念。

20 世纪 80 年代后期，当西方企业用 Logistics 取代 PD 之后，我国和日本仍把 Logistics 翻译为"物流"，有时也直译为"后勤"。

1988 年中国台湾地区开始使用"物流"这一称谓。

1989 年 4 月，第八届国际物流会议在北京召开，"物流"一词的使用日益普遍。

因此，"物流"称谓是一个不得不坚持的"错误"。

我国在引进物流概念的过程中，为了将 Logistics 与 Physical Distribution 区分开来，也常常将前者称为"现代物流"，而将后者称为"传统物流"。

三、物流的定义

由于学者们不同的学科背景和学术偏好，形成了不同的物流学派，比如军事学派、企业学派、工程学派、管理学派等。这些学派对物流的定义都有各不相同的提法，即便是在同一学派内，也经常会出现不同的物流定义。世界上一些较有影响的物流定义介绍如下。

日本综合研究所编著的《物流手册》中认为，物流是物资资料从供给者向需求者的物理性移动，是创造时间、场所价值的经济活动。从物流的范畴来看，包括包装、装卸、保管、库存管理、流通加工、运输、配送等各种活动。

英国管理协会（BIM）物流管理中心（Center for Physical Distribution Management）：物流指的是企业内部广泛的活动范围，它涉及货物和原材料从生产地到顾客的内向和外向的有效移动。物流管理的目标就是为了实现这种物流活动的最大有效性。

2001 年 4 月 17 日批准颁布的《中华人民共和国国家标准：物流术语》（简称《物流术语》）（GB/T18354—2001）对物流的定义为"物品从供应地向接收地的实体流动过程。根据实际需要，将运输、储存、装卸、搬运、包装、流通加工、配送、信息处理等基本功能实施有机结合。"

2007 年 5 月 1 日，我国将其修订为"物品从供应地向接收地的实体流动过程。根据实际需要，将运输、储存、装卸、搬运、包装、流通加工、配送、回收、信息处理等基本功能实施有机结合"（GB/T 18354—2006）。

综合上述物流的定义可以将其归纳为狭义的和广义的两种：狭义的"物流"，仅指作为商品的物质资料的空间运动过程，属于流通领域的范畴。广义的"物流"，还包括物质资料在生产过程中的运动过程，即物流既发生在流通领域，又包含在生产领域之内。我们研究的是广义的物流。

四、物流效用与分类

(一) 物流的效用

1. 空间效用

空间效用表现为通过商品流通过程中的劳动克服商品生产和消费在地理空间上的分离。不同的地区具有不同的生产优势和生产结构，而产品的消费却可能遍布在另外的地区甚至是全国、全世界。所以正是商品流通所耗劳动创造的空间效用使我们可以享受瑞士生产的咖啡，购买法国的时装和红酒，使用美国微软公司的软件等。

2. 时间效用

时间效用表现为通过商品流通过程中的劳动克服了商品生产和消费时间上的不一致。这种不一致表现有多种情况，如农产品之类的商品只能间断性生产而不必连续消费，又如一些时令性或集中性消费商品，其生产又是长期连续的，更多的情况是虽然生产和消费都是连续的，但是商品从生产到消费有一定的时间差，这种时间差表现为商品生产与消费的时间矛盾。商品流通过程如储存、保管等投入的劳动恰好可以解决这种矛盾，表现为商品时间效用的增加。

3. 品种效用

品种效用表现为通过商品流通过程中的劳动克服商品生产和消费品种方面的不一致。因为无论生产资料还是生活资料消费者需要的是多种多样的商品，而专业化生产使某一生产厂家所提供的商品具有单一性，商品流通则可以集中多家生产商的产品提供给消费者，这方面的劳动投入表现为商品品种效用的增加。如越来越多的流通企业承担起生产厂家"采购代理"任务。

4. 批量效用

批量效用表现为通过商品流通过程中的劳动克服生产和消费批量的不一致。社会化大生产的一种重要方式是生产的专业化和规模化，而很多时候消费的需求量都是很有限的。商品流通中所消耗劳动的一个重要用途就是将生产的大批量分割成最终的小批量需求，在此表现为由整到散的分流过程；反过来的情况也同样存在。即生产尤其是工业化社会中无论生产资料的生产还是生活资料的生产都呈现出一种趋势，即小批量、多品种的生产，这种生产方式与大批量流水生产共同存在。所以可能出现这种情况：虽然生产批量较小，而需求则是大量集中的。这时商品流通中的劳动就要用于分散和货源加以集中，从而表现为从散到整的集流过程。所有这方面投入的劳动成果都表现为批量效用。

5. 信息效用

信息效用表现为专业商品流通企业要收集大量的信息，如买卖双方的信息、产品说明和使用情况、发展情况、用户的意见、供求信息、技术发展趋势等，并对这些信息进行过滤、筛选、整理、分析、总结规律，发现问题。同时指导自己的工作，也将这些信息传递给供求双方，发挥知识学习的作用。

6. 风险效用

风险效用表现在商品流通过程中存在和隐藏着许多风险，如质量风险、信贷风险、政策风险、汇率风险、财务风险等，不管让商品流通双方谁来承担这些风险责任可能都会是一种讨价还价的"扯皮"过程，会极大地加大交易费用甚至阻碍商品流通的真正完成。由专业商品流通企业来承担这些风险无疑会极大地提高供求双方的信心，同时加快流通和再生产的过程。

（二）物流分类

1. 按照经济中的运行角度分类

宏观物流：社会再生产总体的物流活动，从社会再生产总体角度认识和研究物流活动，如国民经济物流、全球物流等。宏观物流研究的主要特点是综合性和全局性。

微观物流：消费者、生产企业所从事的实际的、具体的物流活动。在整个物流活动中的一个局部、一个环节的具体物流活动也属于微观物流。在一个小的区域空间发生的具体的物流活动也属于微观物流。针对某一具体产品所进行的物流活动也是微观物流，如企业物流、生产物流、供应物流、回收物流、销售物流、废弃物流、生活物流等。微观物流研究的特点是具体性和局部性。

2. 按照空间范围角度分类

国际（全球）物流：不同国家（地区）之间的物流。世界发展主流是国家与国家之间的经济交流越来越频繁，国际、洲际的原材料和商品相互流通，形成国际物流。国际物流的研究已成为物流研究的一个重要分支。

国内物流：一个国家内部各地区之间的物流。国内物流的运作应遵守该国物流管理部门所制定的行业标准。国内物流又可分为省区、城镇、乡村等区域物流。

3. 按照经济流动领域分类

生产（制造）企业物流：生产领域物流，一般包括供应物流、生产物流、销售物流、回收物流和废弃物流。

流通企业物流：批发、零售、运输、仓储等流通领域企业物流。

4. 按照运作主体分类

第一方物流：由卖方（生产者或供应方）组织的物流活动，核心业务是生产和供应商品，为了自身生产和销售业务需要而进行自身物流网络及设施设备的投资、经营与管理。

第二方物流：由买方（销售者）组织的物流活动，核心业务是采购并销售商品，为了销售业务需要投资建设物流网络、物流设施和设备，并进行具体的物流业务运作组织和管理。

第三方物流：指物流活动由供方、需方之外的第三方去完成，它是企业物流业务外包的产物。

第四方物流：第四方物流是 1998 年美国埃森哲咨询公司率先提出的，第四方物流（Fourth Party Logistics）是一个供应链的集成商，是供需双方及第三方物流的领导力量。它不是物流的利益方，而是通过拥有的信息技术、整合能力以及其他资源提供一套完整的供应链解决方案，以此获取一定的利润。

五、物流的作用、意义与功能

（一）物流的作用与意义

1. 物流是实现商品价值和使用价值的条件

无论是生产资料商品还是生活资料商品，在进入生产消费和生活消费之前，其价值和使用价值都是潜在的。为了把这种潜在变为现实，物资必须通过其实物的运动即物流才能得以实现。物流是实现商品价值和使用价值的条件。

从生产资料的物流看，物流具有将生产资料按质、按量、及时、完备、均衡地供应给生产单位的功能。生产资料物流的畅通与否将直接决定生产能否顺利进行。

从生活资料的物流看，国民收入中的消费基金能否实现，最终还需要取决于物流的畅通。物流一方面能有效地促进资金的周转、货币的回笼，另一方面又不断地满足消费者对生活资料的需求。

2. 物流是国民经济的动脉，是连接国民经济各个部分的纽带

物流是生产过程不断进行的前提，又是实现商品流通的物质基础。国民经济是一个不断生产、不断消费、连续不断的循环过程。一个企业的生产要不间断地进行，一方面，必须按照生产所需要的数量、质量、品种、规格和时间不间断地供给原材料、燃料、工具和设备等生产资料；另一方面，它又必须把自己生产的产品供应给其他企业。这就是说，物流既是保证物质资料不间断地流入生产企业的条件，又是生产企业生产的产品不间断地流向国民经济各部门的保证。商品流通是商流与物流的有机结合，没有物流就无法完成商品的流通过程。"货畅其流"，物流是其坚实的基础。

3. 物流技术的进步与发展是决定国民经济生产规模和产业结构变化的重要因素

市场经济和商品生产的发展要求生产社会化、专业化、规范化。但是，如果没有物流技术的进步和发展，这些要求是很难实现的。例如，煤炭、石油、钢铁、水泥的大量生产和大量消费要求运输产业的高速发展与之相适应。物流技术的发展，从根本上改变了产品的生产和消费条件，为经济的发展创造了重要前提。而且，随着现代科学技术的发展，物流对生产发展的这种制约作用也越来越明显。

4. 合理的物流对提高全社会的经济效益起着十分重要的作用

所谓经济效益一般是指对社会实践活动中的各种劳动占用和物质消耗有效性的评价。合理的物流不仅能够节约大量的物质资料，而且对于消除迂回运输、相向运输、过远运输等不合理运输、节约运力具有重要的作用。合理的物流，还可以减少库存，加速周转，更充分地发挥现有物资的效用。

（1）提高国民经济效益。物流效率的提高，对降低商品和服务价格、改善国家收支平衡与货币保值、提高企业在国际市场的竞争能力、吸引投资以及增加就业等都将

产生积极的影响。

（2）提高企业经济效益。在保证一定的服务水平下，尽可能降低物流成本，提高竞争力，形成企业第三利润源泉。

（二）物流的功能

1. 运输功能

运输是物流的核心业务之一，也是物流系统的一个重要功能。选择何种运输手段对于物流效率具有十分重要的意义，在决定运输手段时，必须权衡运输系统要求的运输服务和运输成本，可以以运输机具有的服务特性作为判断的基准：运费、运输时间、频度、运输能力、货物的安全性、时间的准确性、适用性、伸缩性、网络性和信息等。

2. 仓储功能

在物流系统中，仓储和运输是同样重要的构成因素。仓储功能包括了对进入物流系统的货物进行堆存、管理、保管、保养、维护等一系列活动。仓储的作用主要表现在两个方面：一是完好地保证货物的使用价值和价值；二是为将货物配送给用户，在物流中心进行必要的加工活动而进行的保存。

3. 包装功能

为使物流过程中的货物完好地运送到用户手中，并满足用户和服务对象的要求，需要对大多数商品进行不同方式、不同程度的包装。包装分工业包装和商品包装两种。工业包装的作用是按单位分开产品，便于运输，并保护在途货物。商品包装的目的是便于最后的销售。

4. 装卸搬运功能

装卸搬运是随运输和保管而产生的必要物流活动，是对运输、保管、包装、流通加工等物流活动进行衔接的中间环节，以及在保管等活动中为进行检验、维护、保养所进行的装卸活动，如货物的装上、卸下、移送、拣选、分类等。

5. 流通加工功能

流通加工功能是在物品从生产领域向消费领域流动的过程中，为了促进产品销售、维护产品质量和实现物流效率化，对物品进行加工处理，使物品发生物理或化学性变化的功能。这种在流通过程中对商品进一步的辅助性加工，可以弥补企业、物资部门、商业部门生产过程中加工程度的不足，更有效地满足用户的需求，更好地衔接生产和需求环节，使流通过程更加合理化，是物流活动中的一项重要增值服务，也是现代物流发展的一个重要趋势。

6. 配送功能

配送是物流中一种特殊的、综合的活动形式，是商流与物流的紧密结合。配送功能的设置，可采取物流中心集中库存、共同配货的形式，使用户或服务对象实现零库存，依靠物流中心的准时配送，而无须保持自己的库存或只需保持少量的保险储备，减少物流成本的投入。配送是现代物流的一个最重要的特征。

7. 信息服务功能

现代物流是需要依靠信息技术来保证物流体系正常运作的。物流系统的信息服务功能，包括进行与上述各项功能有关的计划、预测、动态（运量、收、发、存数）的情报及有关的费用情报、生产情报、市场情报活动。物流情报活动的管理，要求建立情报系统和情报渠道，正确选定情报科目和情报的收集、汇总、统计、使用方式，以保证其可靠性和及时性。

六、传统物流与现代物流区别

传统物流一般指产品出厂后的包装、运输、装卸、仓储，而现代物流提出了物流系统化或总体物流、综合物流管理的概念，并付诸实施。具体地说，就是使物流向两头延伸并加入新的内涵，使社会物流与企业物流有机结合在一起，从采购物流开始，经过生产物流，再进入销售物流，与此同时，要经过包装、运输、仓储、装卸、加工、配送到用户（消费者）手中，最后还有回收物流。可以这样讲，现代物流包含了产品从"生"到"死"的整个物理性的流通全过程。传统物流与现代物流的区别主要表现为：

（1）传统物流只提供简单的位移，现代物流则提供增值服务。

（2）传统物流是被动服务，现代物流是主动服务。

（3）传统物流实行人工控制，现代物流实施信息管理。

（4）传统物流无统一服务标准，现代物流实施标准化服务。

（5）传统物流侧重点到点或线到线服务，现代物流构建全球服务网络。

（6）传统物流是单一环节的管理，现代物流是整体系统优化传统物流。

七、物流相关理论学说

从20世纪50年代到现在，物流的理论经历了许多变革，也有了巨大的发展。总体来看，国内外学术界在对物流理论与实践的分析和研究可以归纳为以下几大理论和学说。

（1）商物分流学说。所谓商物分流，即商流与物流的分离，是指流通中的商业流通和实物流通各自按照自己的规律和渠道独立运动。商物分流是物流学科赖以生存的先决条件。第二次世界大战后，商业流通和实物流通出现了明显的分离，从不同形式逐渐形成了两个有一定独立运动能力的不同运动过程（如图1-1所示）。

图 1-1　商流与物流分离前后的区别

（2）物流成本中心学说。物流成本中心说强调解决物流问题，重点并不在于物流的合理化和现代化，而在于如何通过物流管理的方式来控制和降低成本。所以，成本中心说意味着物流既是主要的成本产生点，又是降低成本的关注点，"物流是降低成本的宝库"等说法正是这种认识的形象表达。

（3）物流冰山学说。1962年4月，美国管理学家彼得·德鲁克首次明确提出物流领域的潜力，具有划时代的意义，从此标志着企业物流管理领域的正式启动。日本西泽修教授在研究物流成本时发现，先行的财务会计制度和会计核算方法都不能掌握物流费用的实际情况，导致对物流费用的了解只是冰山一角，他提出了"物流冰山"学说（如图1-2所示）。他用物流成本具体分析了彼得·德鲁克的"黑大陆"学说。事实证明，物流领域的方方面面对我们而言还是不清楚的，在"黑大陆"中和"冰山"的水下部分正是物流尚待开发的领域，也是物流的潜力所在。

图1-2　物流冰山学说

（4）利润中心学说。第三个利润源的说法也是日本权威学者西泽修先生在1970年提出的。人们把物质资源的节约和劳动消耗的降低分别称为"第一个利润源泉"和"第二个利润源泉"。由于受到科技和管理水平的限制，第一、二个利润源泉已近枯竭，有待于科技的重大突破。"第三个利润源泉"理论认为物流作为"经济领域的黑暗大陆"虽然没有被完全照亮，但经过几十年的实践探索，物流领域绝不会是一个不毛之地，肯定是一片富饶之源。在经历了1973年的石油危机之后，物流"第三个利润源泉"的作用已经得到证实，物流在企业管理中的地位得到巩固。

（5）服务中心学说。服务中心学说代表了美国和欧洲一些学者（如鲍尔索克斯）对物流的认识，他们认为，物流活动的最大作用并不在于为企业节约了成本或增加了利润，而是在于提高了企业对用户的服务水平，进而提高了企业的竞争力。服务中心学说特别强调了物流的服务保障功能，借助于物流的服务保障作用，企业可以通过整体能力的加强来压缩成本、增加利润。目前，在国内有关物流的服务性功能的研究也是一个比较热的话题。有的从顾客满意度的角度，探讨物流服务的功能和作用以及衡量指标体系；也有的从客户关系角度，研究客户关系管理在物流企业中的应用价值和方法。

（6）效益悖反学说。效益悖反是物流领域中很普遍的现象，是这一领域中内部矛盾的反映和表现。效益悖反是指在物流系统中的功能要素之间存在着损益的矛盾，也即物流系统中的某一个功能要素的优化和利益发生的同时，必然会存在系统中的另一个或另几个功能要素的利益损失，这是一种此涨彼消、此盈彼亏的现象，往往导致整个物流系统效率的低下，最终会损害物流系统的功能要素的利益（如图1-3所示）。

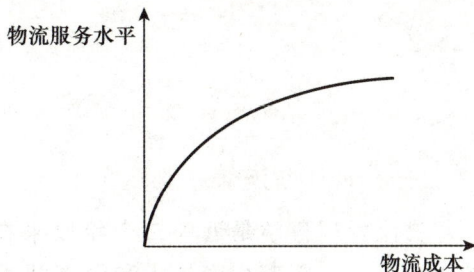

图1-3　效益悖反学说

（7）战略中心学说。物流战略中心说是当前非常盛行的说法，学术界和企业界逐渐意识到物流更具有战略性。这一学说把物流提到了一个相当重要的地位，认为物流会影响到企业总体的生存与发展，应该站在战略的高度看待物流对企业长期发展所带来的深远影响。将物流与企业的生存和发展直接联系起来的观点，对促进物流的发展具有重要意义。郝聚民博士在其研究中构筑了第三方物流公司的发展战略簇。马士华从供应链管理的角度，提出物流管理战略全局化的观念。还有学者从供应链的角度提出了"即时物流战略""一体化物流战略""网络化物流战略"和"物流战略联盟"等。物流规划是物流发展（战略）理论的重要组成部分，此外战略投资、战略技术开发也是近几年企业发展现代物流的重要内容。

（8）供应链学说。目前，对供应链管理理论的研究呈现出多样性，有从管理的角度来研究和阐述供应链管理的理论；也有的从流通企业发展和物流运动的组织形式、组织模式等角度出发来探索供应链理论，目前主要有以下几种理论观点：供应链管理是物流管理的超集；物流是供应链管理的一部分；供应链物流；物流供应链。

（9）绿色物流学说。绿色物流是部分学者近几年提出的一个新课题，从环境和可持续发展的角度建立环境共生型的物流管理系统。目前，对绿色物流还没有形成较为成熟的定义。随着供应链管理理论的发展，绿色供应链、生态供应链的概念也应运而生，绿色物流理论主要是改变原来由"资源—产品—废弃物排放"所构成的开环型物质单向流动模式，而构成一种"资源—产品—再生资源"的闭环型物质流动系统。为此引入了逆向物流的概念，所谓逆向物流是指在废弃物回收利用过程中产生的物流活动。当前研究主要限于绿色物流、绿色供应链管理等概念，研究成果还主要是针对物流系统某些环节的单项技术，缺乏可持续发展的整体思想指导。一方面，研究工作着重于研究物流与环境问题，而忽视了物流与资源消耗、物流与社会发展等问题的研究；另一方面，目前研究工作大多将资源与环境作为外生变量来加以分析，以寻求一些缓解物流与环境两者之间矛盾的办法，并未将资源、环境、物流与经济发展等作为一个整体来进行考虑。

第二节　现代物流管理概述

一、现代物流管理的概念、特点与原则

（一）现代物流管理的概念

物流管理科学是近一二十年以来在国外兴起的一门新学科，它是管理科学的新的重要分支。随着生产技术和管理技术的提高，企业之间的竞争日趋激烈，人们逐渐发现，企业在降低生产成本方面的竞争似乎已经走到了尽头，产品质量的好坏也仅仅是一个企业能否进入市场参加竞争的敲门砖。这时，竞争的焦点开始从生产领域转向非生产领域，转向过去那些分散、孤立的，被视为辅助环节而不被重视的，诸如运输、存储、包装、装卸、流通加工等物流活动领域。人们开始研究如何在这些领域里降低物流成本，提高服务质量，创造"第三个利润源泉"。物流管理从此从企业传统的生产和销售活动中分离出来，成为独立的研究领域和学科范围。物流管理科学的诞生使得原来在经济活动中处于潜隐状态的物流系统显现出来，它揭示了物流活动的各个环节的内在联系，它的发展和日臻完善，是现代企业在市场竞争中制胜的法宝。

物流管理（Logistics Management）是指在社会再生产过程中，根据物质资料实体流动的规律，应用管理的基本原理和科学方法，对物流活动进行计划、组织、指挥、协调、控制和监督，使各项物流活动实现最佳的协调与配合，以降低物流成本，提高物流效率和经济效益。现代物流管理是建立在系统论、信息论和控制论上的专业学科。

物流管理的内容包括三个方面的内容：一是对物流活动诸要素的管理，包括运输、储存等环节的管理；二是对物流系统诸要素的管理，即对其中人、财、物、设备、方法和信息六大要素的管理；三是对物流活动中具体职能的管理，主要包括物流计划、质量、技术、经济等职能的管理等。

（二）现代物流管理的特点

（1）以实现客户满意为第一目标；

（2）以企业整体最优为目的；

（3）以信息为中心；

（4）重效率更重效果。

（三）现代物流管理的原则

在总体上，坚持物流合理化的原则，就是在兼顾成本与服务的前提下，对物流系统的构成要素进行调整改进，实现物流系统整体优化。

在宏观上，除了完善支撑要素建设外，还需要政府以及有关专业组织的规划和指导。

在微观上，除了实现供应链的整体最优管理目标外，还要实现服务的专业化和增值化。现代物流管理的永恒主题是成本和服务，即在努力削减物流成本的基础上，努力提升物流增值性服务。

在服务上，具体表现为7R原则，即适合的质量（Right Quality）、适合的数量（Right Quantity）、适合的时间（Right Time）、适合的地点（Right Place）、优良的印象（Right Impression）、适当的价格（Right Price）和适合的商品（Right Commodity）。即为客户提供上述7个方面的恰当服务。

二、现代物流管理的基本内容

（一）物流作业管理

物流作业管理是指对物流活动或功能要素的管理，主要包括运输与配送管理、仓储与物料管理、包装管理、装卸搬运管理、流通加工管理、物流信息管理等。

（二）物流战略管理

物流战略管理是对企业的物流活动实行的总体性管理，是企业制定、实施、控制和评价物流战略的一系列管理决策与行动，其核心问题是使企业的物流活动与环境相适应，以实现物流的长期、可持续发展。

（三）物流成本管理

物流成本管理是指有关物流成本方面的一切管理工作的总称，即对物流成本所进行的计划、组织、指挥、监督和调控。物流成本管理的主要内容包括物流成本核算、物流成本预测、物流成本计划、物流成本决策、物流成本分析、物流成本控制等。

（四）物流服务

所谓物流服务，是指物流企业或企业的物流部门从处理客户订货开始，直至商品送交客户过程中，为满足客户的要求，有效地完成商品供应、减轻客户的物流作业负荷，所进行的全部活动。

（五）物流组织

物流组织是指专门从事物流经营和管理活动的组织机构，既包括企业内部的物流管理和运作部门、企业间的物流联盟组织，也包括从事物流及其中介服务的部门、企业以及政府物流管理机构。

（六）供应链管理

供应链管理是用系统的观点通过对供应链中的物流、信息流和资金流进行设计、规划、控制与优化，以寻求建立供、产、销企业以及客户间的战略合作伙伴关系，最大限度地减少内耗与浪费，实现供应链整体效率的最优化并保证供应链成员取得相应的绩效和利益，来满足顾客需求的整个管理过程。

复习题

1. 物流的定义是什么？
2. 物流的效用有哪些？
3. 物流的功能有哪些？
4. 现代物流与传统物流的区别是什么？
5. 现代物流管理的概念和内涵是什么？
6. 现代物流管理的特点、原则及基本内容是什么？

第二章
干线运输管理

学习目标

- 熟悉运输作业各工作的岗位职责和要求；
- 了解运输车辆的种类和适用范围；
- 能够掌握各种运输方式的优缺点和适用范围；
- 熟悉常见干线运输模式及特点；
- 能够快速判断不合理运输线路。

导入案例

玻璃运输中的合伙关系

LOF 是一家建筑和汽车玻璃制造商，它所面临的挑战是搬运和运输大量的棘手的产品。LOF 公司对顾客的承诺使其需要这样一种承运人，即既有竞争性的价格，又能提供优越的物流服务。这些服务需求要求 LOF 公司去寻找有创新意识的承运人和实力强大的渠道伙伴。

在过去，LOF 公司曾使用过多达 534 位承运人进行内向和外向运输。玻璃运输往往需要使用专业化设备，以使玻璃损坏降低到最低程度。但如果使用专门化设备，则意味着 LOF 公司无法提供回程运输的产品，因此，承运人要么以竞争性低价揽取回程运输品，要么 LOF 公司支付空载回程费用。

值得庆幸的是，LOF 通过与两位承运人的联盟，解决了这个问题。所用内向和外向的零担装运货物全部安排给罗德威物流服务公司承担。虽然该公司负责与装运有关的所有日常业务、跟踪和支付，但它并不需要运送所有的货物。这种安排使 LOF 公司向其供应商提供免费电话号码，对所有的内向装运给予协作。这种"礼仪路线"系统为内向和外向的装运都选择了最低成本的运输方式和承运人。该系统已在 300 万美元的运输预算中减少了 50 万美元，并排除了 7 万件书面工作。此外，凯斯物流公司提供第三方付款服务，负责用电子手段处理所有的账单信息。

尽管成本是 LOF 联盟所要考虑的一个因素，但在建筑玻璃的整车运输中依然存在着强烈的质量意识。Schneider National 公司的专门化卡车营运需要经过 18 个月的试运，才能获准成为 LOF 的承运人之一。Schneider National 的总裁唐·斯纳德声称，这是他所经历的最严格的审查之一。Schneider National 公司与拖车制造商 Wabash Nation 公司是伙伴关系，他们对一种专业拖车申请了专利，专门来运输 LOF 公司的玻璃。这种拖车使用 A 字形设计，改变了标准的平板卡车结构，也排除了专门化设备所产生的问题，但不适合其他货物的回程运输。在 LOF 公司、Schneider National 公司以及 Wabash Nation 公司之间的排他性安排，确保了所有设备都可以为三方合作人利用，任何一家公司都不会承担发展总量紊乱的风险或是财务风险。由于之中独特的运输合作伙伴关系，使这三家公司分别享受各自在其行业中的竞争优势。

除技术方面外，LOF 公司在其他承诺上也确定了非常高的服务期望和要求。LOF 公司不是利用价格来刺激业务，而是致力于降低总成本。尽管 LOF 公司认识到它的合作人在业务上必须要有充分的回报，但它认为超额的利润反而会损害合作伙伴关系。LOF 公司在所有的组织层次上保持着与合伙人之间的广泛沟通，这有助于进一步了解合作伙伴关系的价值和状况。LOF 公司认为，在这种合作伙伴关系的处理中，将会为其顾客创造重大的价值。

案例来源：MBA 智库 http://doc.mbalib.com/view/bf59086a31dad84d846cd505bc1732b2.html

思考题：

LOF 公司与承运人的合作方式是什么？有何启示？

第一节　物流运输概述

一、基本运输术语

（一）承运人

承运人是指私用运输工具从事货物运输并与托运人订立货物运输合同的经营者。

（二）托运人

托运人是指与承运人订立货物运输合同规定单位和个人。

（三）收货人

收货人是指货物运输合同中托运人指定提取货物的单位和个人。

（四）运输合约

托运人与承运人所订的契约，主要内容包括托送货物范围的界定、运送质量、运价的约定、货物遗失破损赔偿时间和金额以及合约期限等事项。

二、物流运输的定义与内涵

运输，是指人们借助于运输工具，在一定的交通线路上实现运输对象（人或物）

空间位移的有目的的活动。

物流运输，是指用设备和工具，将物品从一地点向另一地点运送的物流活动，其中包括集货、分配、搬运、中转、装载、卸下、分散等一系列操作。

（一）物流运输与一般运输的区别

（1）两者的劳动对象不同。

（2）两者的工作范围不同（如图 2-1 所示）。

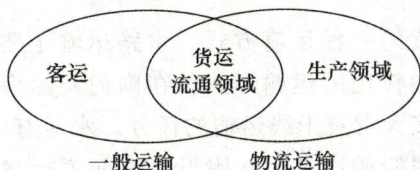

图 2-1 物流运输与一般运输的区别

（二）运输与配送的关系

货物运输分为干线部分的长距离运输和支线部分的短距离运输。从狭义上讲，配送是相对干线运输而言的概念，是面向客户的支线部分的短距离运输。一般来讲，配送中心的辐射范围为 60 公里。配送是物流中一种特殊的、综合的物流活动形式，是在传统的送货基础上发展来的，是商流与物流的紧密结合，包含了商流活动与物流活动。生产厂家到配送中心之间的物品空间移动叫"运输"，从配送中心到顾客之间的物品空间移动叫"配送"。运输和配送的区别可以概括为以下几个方面，如表 2-1 所示。

表 2-1 运输与配送的关系

内容	运输	配送
商物分离	运输是商物分离的产物	配送是商物合一的产物
管理重点	效率、效益优先	服务优先
运输性质	干线运输	支线运输、末端运输
货物类型	少品种、大批量	多品种、少批量
运输工具	大型货车、火车、轮船、飞机等	小型货车
附属功能	装卸、捆包	装卸、搬运、保管、包装、流通加工、订单处理等

第二节 运输方式

一、公路运输

这是主要使用汽车，也使用其他车辆（如人、畜力车）在公路上进行货客运输的一种方式。公路运输主要承担近距离、小批量的货运和水运、铁路运输难以到达地区的长途、大批量货运及铁路、水运优势难以发挥的短途运输。由于公路运输有很强的灵活性，近年来，在有铁路、水运的地区，较长途的大批量运输也开始使用公路运输。

二、铁路运输

这是使用铁路列车运送客货的一种运输方式。铁路运输主要承担长距离、大数量的货运，在没有水运条件地区，几乎所有大批量货物都是依靠铁路运输，是在干线运输中起主力运输作用的运输形式。

三、水路运输

这是使用船舶运送客货的一种运输方式。水路运输主要承载大数量、长距离的运输，是在干线运输中起主力作用的运输形式。在内河及沿海，水运也常作为小型运输工具使用，担任补充及衔接大批量干线运输的任务。水运有以下四种形式。

（1）沿海运输，是使用船舶通过大陆附近沿海航道运送客货的一种方式，一般使用中、小型船舶。

（2）近海运输，是使用船舶通过大陆邻近国家海上航道运送客货的一种运输形式，视航程可使用中型船舶，也可使用小型船舶。

（3）远洋运输，是使用船舶跨大洋的长途运输形式，主要依靠运量大的大型船舶。

（4）内河运输，是使用船舶在陆地内的江、河、湖、川等水道进行运输的一种方式，主要使用中、小型船舶。

四、航空运输

这是使用飞机或其他航空器进行运输的一种形式。航空运输的单位成本很高，因此，主要适合运载的货物有两类，一类是价值高、运费承担能力很强的货物，如贵重设备的零部件、高档产品等；另一类是紧急需要的物资，如救灾抢险物资等。

五、管道运输

这是利用管道输送气体、液体和粉状固体的一种运输方式。其运输形式是靠物体在管道内顺着压力方向循序移动实现的，和其他运输方式重要区别在于，管道设备是静止不动的（如表2-2所示）。

表2-2 五种运输方式比较

方式	优点	缺点	适用情况
公路运输	1. 机动灵活； 2. 可以实现"门到门"的直达运输； 3. 运输途中不需要换装作业，适运距离内运送速度快； 4. 运营时间制定灵活； 5. 操作人员易培训	1. 运载工具小，单位运量耗能较大； 2. 中长距离运输成本高； 3. 环境污染严重	1. 近距离中、小批量的货物运输（300公里以内）； 2. 对运输时间要求较高的货物运输； 3. 独立运输作业； 4. 补充和衔接其他运输环节

续表

方式	优点	缺点	适用情况
铁路运输	1. 运能大，成本低； 2. 运输速度快； 3. 不受气候和季节的影响，正点率高； 4. 能耗小、对环境污染小	1. 原始投资大，建设周期长； 2. 增加了旅客和货物的在途时间； 3. 只能在固定路线上运输，机动性差； 4. 装载次数多，货损率比较高	1. 大宗货物运输； 2. 运输负担能力较低的低值货物运输； 3. 中长距离货物运输（300～1000公里）
水路运输	1. 航道通过能力限制少，单位运量大； 2. 耗能少，运费低廉	1. 运送速度慢； 2. 受自然条件影响大	1. 长距离的干线运输； 2. 大宗和散装货物以及集装箱运输； 3. 国际间货物运输
航空运输	1. 高速直达性； 2. 灵活性好； 3. 安全性好	1. 运价高，运输成本大； 2. 飞机机舱容积和载重量都比较小； 3. 受天气影响较大，准时性和准点性差	1. 鲜活易腐货物； 2. 附加值高，运输承担能力强的货物； 3. 紧急需要的物资
管道运输	1. 运量大； 2. 耗能低，运费低廉； 3. 安全性较好	1. 运送速度慢； 2. 运输过程中容易出现渗漏等情况； 3. 对技术要求较高	1. 原油、成品油； 2. 天然气； 3. 矿浆、煤浆及其他化工流体

第三节　干线运输模式与特点

本部分依据常见干线运输模式中的整车直达运输、零担直达运输、零担中转运输、铁路集装箱运输、铁路零担运输、水路集装箱运输、航空零担运输、特种货物运输、综合运输9个方面分别讲解其模式和特点。

一、整车直达运输

（一）整车直达运输的概念

根据道路货物运输的规定，一次运输3吨以上货物可视为整车运输。如果货物重量不足3吨，但不能与其他货物拼装运输，需单独提供车辆办理运输，也可视为整车运输。以下的货物必须按整车运输：

（1）鲜活货物，如冻肉、冻鱼、鲜鱼，活的羊、牛、猪、兔、蜂等。

（2）需要专车运输的货物，如石油、烧碱等危险货物，粮食、粉剂类散装货等。

（3）易于污染其他货物的不洁货物，如炭黑、皮毛、垃圾等。

（4）不能与其他货物拼装运输的危险品。

(5) 不易于计数的散装货物，如煤、焦炭、矿石、矿砂等。

（二）整车直达运输的特点

(1) 为明确运输责任，整车货物运输通常是一车一张货票、一个发货人。

(2) 整车货物多点装卸，按全程合计最大载重量计算，最大载重量不足车辆额定载重量时，按车辆额定载重量计算。

(3) 托运整车货物由托运人自理装车，未装足车辆标注载重量时，按车辆标注载重量核收运费。

(4) 整车货物运输一般不需中间环节或中间环节很少，送达时间短，相应的货运集散成本较低。

（三）整车直达运输基本作业程序

(1) 整车货物的核实理货；

(2) 收费并开具发票；

(3) 货物的监装；

(4) 运输途中作业；

(5) 货物到达作业。

二、零担直达运输

（一）零担货物运输的含义

零担货物运输是相对整车运输而提出来的，由于现在是多品种、小批量的需求方向，因此零担货物运输非常重要。零担运输是指同一托运人一次托运货物的计费重量不足 3 吨（不足一整车）的运输。

零担直达运输是指在起运站将各个发货人托运的同一到站、性质适宜配载的零担货物同车装运，直接送达目的地的一种运输方式。

（二）零担运输的意义

(1) 汽车零担货运非常适合商品流通中品种繁杂、量小批多、价高贵重、时间紧迫、到达站点分散等特殊要求，弥补了整车运输的不足。

(2) 汽车零担货运机动灵活，可以面向社会各个角落，而且批量不限，多至几吨，少到几千克，又可就地托运，手续简便，运送快速，可以缩短货物的送达时间，有利于加速资金周转。

(3) 随着我国社会主义市场的发展，国民经济呈现持续发展、健康发展格局，市场日益繁荣兴旺，生产资料中的成品、半成品，消费资料中的中、高档商品越来越多地进入流通领域，使零星货物的运量出现猛增的局面。在新形势下，发展汽车零担运输业务，对于促进市场经济发展、满足日益增长的运输需求具有极为重要的意义。

（三）零担货物运输的特点

1. 优点

安全、方便、迅速及时、经济、车辆使用效率高。

2. 缺点

货源的不确定性和来源的广泛性；货运组织工作比较复杂；单位运输成本较高。

三、零担中转运输

零担中转运输是按货物流向或到站进行分类整理，先集中再分散的过程，将来自各个方向仍需继续运输的零担货物卸车后重新集结待运，继续运至终点站。

零担中转运输与零担直达相比，虽属于较低一级的组织形式，但从零担货运运量少、流向分散方面看，它具有重要的现实意义。

（一）零担货物中转作业的基本方法

1. 全部落地中转（落地法）

将整车零担货物全部卸下交中转站入库，由中转站按货物的不同到站重新集结，另行安排零担货车分别装运，继续运到目的地。这种方法，简便易行，车辆载重量和容积利用较好，但装卸作业量大，仓库和场地的占用面积大，中转时间长。

2. 部分落地中转（坐车法）

由始发站开出的零担货车，装运有部分要在途中某地卸下，转至另一路线的货物，其余货物则由原来车继续运送到目的地。这种方法部分货物不用汽车，减少了作业量，加快了中转作业速度，节约了装卸劳力和货位，但对留在车上的货物的装载情况和数量不易检查清点。

3. 直接换装中转（过车法）

当几辆零担车同时到站进行中转作业时，将车内部分中转零担货物由一辆车向另一辆车上直接换装，而不到仓库货位上卸货。组织过车时，既可以向空车上过，也可向留有货物的车上过。

落地法可为各个中转站采用，但随着零担货运量的日益增加，零担货运组织工作也要相应地加强，条件成熟时可逐步推行坐车或过车等方法。采用坐车法或过车法，零担车在起运站装车时，应预先为中转站的作业创造便利条件；中转站也应认真做好零担货物中转配装计划。在条件许可时，如能根据实际情况将三种方法结合运用，将会产生良好的效果。

（二）中转站的作业内容

零担货物中转站除了承担货物的保管工作外，还需进行一些与中转环节相关的理货、堆码、整理、倒载等作业，因此，中转站应配有一定的仓库或货棚等设施。存放零担货物的仓库或货棚应具备良好的通风、防潮、防火、采光、照明等条件，以保证货物的完好和适应各项作业的需要。

此外，中转站的选择必须建立在充分的运输经济调查、结合货源和货流的特点的基础上，中转站的硬件设施与仓库的要求相同。

四、铁路集装箱运输

（一）铁路集装箱的分类

1. 按重量和尺寸

我国《铁路集装箱运输规则》中规定，按重量和尺寸可分为 1 吨箱、10 吨箱、20 英尺箱、40 英尺箱以及经铁道部批准运输的其他重量和尺寸的集装箱。

2. 按箱主

按箱主分为铁路箱和自备箱，其中铁路箱是承运人提供的集装箱，自备箱是托运人自有或租用的集装箱。

3. 按所装货物种类和箱体结构

按所装货物种类和箱体结构分为普通货物箱和特种货物箱。普通货物箱包括通用箱和专用箱，专用箱包括封闭式通风箱、敞顶箱、台架箱和平台箱等；特种货物箱包括保温箱、罐式箱、干散货箱和按货物命名的集装箱等。

4. 按是否符合国家或铁道行业标准

一般分为标准箱和非标箱。此外，集装箱箱主应保证集装箱质量符合国家或铁道行业标准，由具有资质的机构进行鉴定、认可、制造、维修，并按规定进行定期检验，确保集装箱的质量满足铁路运输安全要求。

（二）运输基本条件

本规则所称的集装箱是指具备下列条件的运输设备：

（1）具有足够的强度，可长期反复使用；

（2）适于多种运输方式运送，途中无须倒装货物；

（3）设有供快速装卸的设施，便于从一种运输方式转移到另一种运输方式；

（4）便于箱内货物装满和卸空；

（5）容积不小于 1 立方米。

五、铁路零担运输

（一）铁路零担运输的概念

铁路零担运输，是主要铁道运输方式之一。货主需要运送的货不足一车，则作为零星货物交运，承运部门将不同货主的货物按同一到站凑整一车后再发运的铁路运输形式。零担运输需要等待凑整车，因而速度慢，为克服这一缺点，已发展出定路线、定时间的零担班车，也可利用汽车运输的灵活性，发展上门服务的零担送货运输。

（二）受理托运的基本条件

（1）公布办理零担班车的线路、站点（包括联运、中转站点）、班期及里程运价。

（2）张贴托运须知、包装要求和限运规定。

（三）受理托运的方法

（1）随时受理制。随时受理制对托运日期无具体的规定，在营业时间内，发货人均可随时将货物送到托运站办理托运。

（2）预先审批制。预先审批制要求发货人事先向货运站提出申请，车站再根据各个发货方向及站别的运量，结合站内设备和作业能力加以平衡，分别指定日期进货集结，组成零担班车。

（3）日历承运制。日历承运制是指货运站根据零担货物流量和流向规律，编写承运日期表，事先公布，发货人则按规定日期来站办理托运手续。

（四）铁路零担运输规定

1. 办理零担货物运输的条件

凡不够整车运输条件的货物，可按零担货物托运。零担货物一件体积不得小于0.02立方米。但一件重量在10千克以上时，则不受此最小体积限制。零担货物每批件数不得超过300件。

2. 个人托运物品

个人托运物品按《个人物品运输办法》的规定办理。个人托运物品中禁止夹带金银珠宝、文物字画与贵重物品、有价证券、货币凭证和危险货物。

个人托运的物品除按规定拴挂货签、涂写与货签相同的标记外，还须在有包装的件内放入写有与货物运单记载一致的到站、收货人名称及地址的字条。

3. 零担货物货签、标志

零担货物货签应使用坚韧的材质制作，货签内容、规格必须符合铁路规定的统一的格式。每件货物使用2枚货签，分别粘贴、钉固于包装的两端。货签不宜粘贴或钉固时可使用拴挂方法。

为确保货物运输安全，针对货物性质的不同，货物应有不同要求的图式标志，标志图形必须符合国家标准《包装货运图示标志》的规定。危险零担货物还须使用危险货物包装标志。货件上原有的与本批货物无关的旧货签、旧标志，托运人必须将其撤除或抹消。

六、水路集装箱运输

（一）水路集装箱运输概念及发展

水路集装箱运输是把货物装在集装箱内用船舶运送的一种现代化的水路运输方式。

（二）水路集装箱运输的优越性

（1）高装卸效率，减轻劳动强度；

（2）有利于实行多式联运，避免货物捣载，防止货损货差；

（3）加速车船周转，加快货物送达；

（4）节省包装费用，简化理货手续；

（5）减少营运费用，降低运输成本。

（三）货流特点和组织形式

集装箱货流根据具体航线上的经济地理条件，可有四种不同的组织形式：

（1）货量大，收货量大，在发货地组织整箱货，运到收货地后以整箱货送交收货人。

（2）发货量大，收货量小，在发货地组织整箱货，运到收货地内地仓库作为拼箱货拆箱，再分送各收货人。

（3）发货量小，收货量大，在发货地内地仓库组织拼箱货装箱，运到收货地整箱送交收货人。

（4）发货量小，收货量小，在发货地内地仓库组织拼箱货装箱，运到收货地内地仓库再拆箱分送各收货人。

四种形式中以第一种最有利于组织门到门运输。

七、航空零担运输

（一）航空运输方式

航空运输方式主要有班机运输、包机运输、集中托运和航空快递业务（如图 2-2 所示）。

图 2-2　航空货运装卸

1. 班机运输

班机运输（Scheduled Airline）指具有固定开航时间、航线和停靠航站的飞机运输。这些飞机通常为客货混合型飞机，货舱容量较小，运价较贵，但由于航期固定，有利于客户安排鲜活商品或急需商品的运送。

2. 包机运输

包机运输（Chartered Carrier）是指航空公司按照约定的条件和费率，将整架飞机租给一个或若干个包机人（包机人指发货人或航空货运代理公司），从一个或几个航空站装运货物至指定目的地。包机运输适合于大宗货物运输，费率低于班机，但运送时间则比班机要长些。

3. 集中托运

集中托运（Consolidation）可以采用班机或包机运输方式，是指航空货运代理公司将若干批单独发运的货物集中成一批向航空公司办理托运，填写一份总运单送至同一目的地，然后由其委托当地的代理人负责分发给各个实际收货人。这种托运方式，可降低运费，是航空货运代理的主要业务之一。

（二）货物重量和体积计算

（1）货物的重量按毛重，单位为千克，不到1千克的四舍五入。

（2）贵重物品的重量按实际毛重计，计量单位为0.1千克。

（3）轻泡货物以每 6000 立方厘米折合 1 千克计算。

（4）非宽体飞机承运的货物，每件体积不超过 150×70×100 立方厘米，重量一般不超过 150 千克。

（5）超大超重的货物，应先向航空公司信息部预定仓位，征得同意方可承运。

（三）特殊物品运输

（1）活体动植物（或动植物制品）——需动植物检疫站颁发的动植物检疫证书。注：南航急件仓不收活体动植物，应交至货台，由南航开单。

（2）麻醉药品——需卫计委药政管理局颁发的麻醉品运输凭证。

（3）音像制品——需省社会文化管理委员会办公室颁发的音像制品运输传递证明。

（4）罐装液体、粉状物品——需出产厂家的物品性质证明。

（5）海鲜——不同地方需要不同的海鲜包装箱。南航和白云机场分别要用其指定的专用箱，单用泡沫箱不能装机，需外加纸箱并打包带。

（6）玻璃必须订封闭木箱，打三脚架。

（7）违禁品——爆炸品（如炸药）、压缩气体和液压气体（如煤气）、易燃易爆液体或固体、氧化剂和有机过氧化物（乒乓球）、毒品和感染性物品（如白粉）、放射性物品、腐蚀品（如硫酸）、磁性物品、麻醉物品、电池等。

八、特种货物运输

（一）特种货物的含义

特种货物是与普通货物相对而言的，普通货物一般是在运输、装卸、保管中无特殊要求的货物；特种货物则是在运输、装卸、保管中需采取特殊措施的货物。特种货物一般包括：大型特型笨重物件、危险货物、贵重货物和鲜活货物等。

（二）特种货物运输的特点

特种货物运输的特点主要体现为货物性质、载运工具、装卸技术、储运管理等方面的特殊性。

1. 货物本身的特殊性

体现在化工易燃、易爆货物的危险性，形状与重量的特殊性，鲜活物品的易腐性，以及价值含量与性质具有贵重性等，一旦出问题社会影响很大等方面。

2. 载运工具的专用性

针对特种货物的特殊性，需要使用专用或特种车辆、专用设备进行运输，并且需要专用设施和专用技术与其载运工具相配合，实现其装卸搬运作业。

3. 储运过程的安全性

特种货物运输需要使用专用仓库、专用停车地点，选择特定的运输线路，有的运输线路还具有保密性等要求。在仓储设施建设中既需要满足货物出运要求，还要考虑防范意外事件出现的应急处理方式。

4. 监控过程的完整性

为了确保特种货物运输的万无一失，对一些特种货物的装载、运输、卸载、安装和交付过程要实行全程监控，预防意外事件发生。

5. 人员素质的综合性

从业人员需要具有特种货物及其相关作业的基本知识，需要有对人民、对社会的高度负责精神，从业人员要通过遴选、培训后才能上岗。

九、综合运输

（一）综合运输体系的运输方式构成

综合运输体系中的运输方式结构，包括铁路、公路、水路、航空和管道五个运输子系统。这些子系统各有优势，在一定的地理环境和经济条件下有其各自的合理使用范围。运输系统结构的形式，从不同国家或地区来看，主要有以下几种形式。

1. 串联结构

各运输子系统间为一个串联关系，如图 2-3 所示。串联的运输方式可能是多种，其中具体运输子系统可能不同，如铁—公—水或公—铁—水或水—铁—公等。

图 2-3　综合运输串联结构图

2. 并联结构

各运输子系统间为一个并联关系，如图 2-4 所示。并联结构一般出现在区域面积大、经济发达国家或区域，当然并联运方式可能是多种运输方式的并联。

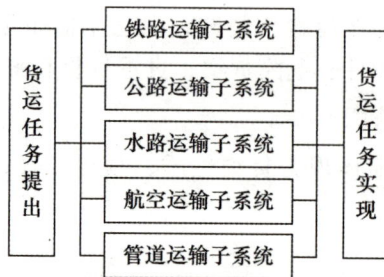

图 2-4　综合运输并联结构图

3. 串并联结构

一个国家或地区交通子系统的组成结构，大多数为串并联关系，如图 2-5 所示。串并联的运输子系统可能又有不同的组合。

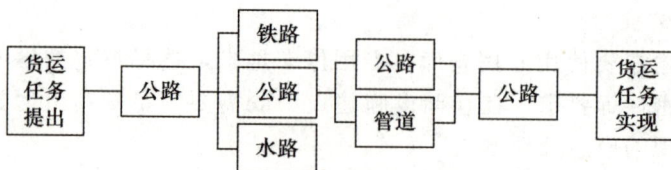

图 2-5　综合运输串并联结构图

（二）综合运输枢纽的分类

根据运输枢纽的不同地理位置和服务功能等，可以进行如下分类。

1. 按地理位置分类

（1）陆路运输枢纽，如北京、郑州、西安等。

（2）海路运输枢纽，如上海、大连、湛江等。

（3）通航江河岸边运输枢纽，长江干流从上海到宜宾共有 13 个此类运输枢纽。

2. 按承运的货运业务分类

（1）中转枢纽，以办理中转或直通货运输业务为主，地方运量比例很小，如郑州、衡阳、宝鸡等。

（2）地方性枢纽，以办理地方作业为主，中转运输量较少，如本溪、鞍山等。

（3）混合枢纽，具有大量的地方业务，同时还办理相当数量的直通货运输业务，如兰州、成都等。

（三）多式联运

1. 多式联运概念

所谓多式联运，就是根据实际运输要求，将不同的运输方式组合成综合性一体化运输，通过一次托运、一次计费、一张单证、一次保险，由各运输区段的承运人共同完成货物的全程运输的运输组织形式。

2. 多式联运的特点

（1）运输方式的通用性；

（2）运输责任的全程性；

（3）运输手续的简单性；

（4）经营人身份的双重性。

第四节　运输合理化

一、物流运输合理化的含义及意义

物流运输合理化就是在保证物资流向合理的前提下，在整个运输过程中，确保运输质量，以适宜的运输工具、最少的运输环节、最佳的运输线路、最低的运输费用使物资运至目的地。其意义体现在以下几个方面。

（1）物流运输合理化，可以充分利用运输能力，提高运输效率，促进各种运输方式的合理分工，以最小的社会运输劳动消耗，及时满足国民经济的运输需要。

（2）物流运输合理化，可以使货物走最合理的路线，经最少的环节，以最快的时间，取最短的里程到达目的地，从而加速货物流通，既可及时供应市场，又可降低物资部门的流通费用，加速资金周转，减少货损货差，取得良好的社会效益和经济效益。

（3）物流运输合理化，可以消除运输中的种种浪费现象，提高商品运输质量，充分发挥运输工具的效能，节约运力和劳动力。否则，不合理运输将造成大量人力、物力、财力浪费，并相应地转移和追加到产品中去，人为地加大产品的价值量，提高产品价格，从而加重需求方的负担。

二、影响物流运输合理化的因素

物流运输合理化，是由各种经济的、技术的和社会的因素相互作用的结果。影响物流运输合理化的因素主要有以下几个方面。

（一）运输距离

在运输时运输时间、运输货损、运费、车辆周转等运输的若干技术经济指标，都与运输距离有一定比例关系，运输距离长短是运输是否合理的一个最基本因素。因此，物流公司在组织商品运输时，首先要考虑运输距离，尽可能实现运输路径优化。

（二）运输环节

因为运输业务活动，需要进行装卸、搬运、包装等工作，多一道环节，就会增加起运的运费和总运费。因此，减少运输环节，尤其是同类运输工具的运输环节，对合理运输有促进作用。

（三）运输时间

"时间就是金钱，速度就是效益"，运输不及时，容易失去销售机会，造成商品积压和脱销，尤其是在国际贸易市场中。

（四）运输工具

各种运输工具都有其使用的优势领域，对运输工具进行优化选择，要根据不同的商品特点，分别利用铁路、水运、汽运等的不同的运输工具，选择最佳的运输线路合理使用运力，以最大限度发挥所用运输工具的作用。

（五）运输费用

运费在全部物流费用中占很大比例，是衡量物流经济效益的重要指标，也是组织合理运输的主要目的之一。

三、不合理运输的表现

物流不合理运输是针对合理运输而言的。不合理运输是违反客观经济效果，违反商品合理流向和各种动力的合理分工，不充分利用运输工具的装载能力，环节过多的运输是导致运力紧张、流通不畅和运费增加的重要原因，不合理的运输一般有以下几个方面。

（一）对流运输

对流运输是指同一种物资或两种能够相互代用的物资，在同一运输线或平行线上，进行相对方向的运输，与相对方向路线的全部或一部分发生对流（如图2-6所示）。对流运输又分两种情况：一是明显的对流运输，即在同一运输线上对流。如一方面把甲地的物资运往乙地，而另一方面又把乙地的同样物资运往甲地，产生这种情况大都是由于货主所属的地区不同有所企业不同所造成的。二是隐蔽性的对流运输，即把同种物资采用不同的运输方式在平行的两条路线上，朝着相反的方向运输。

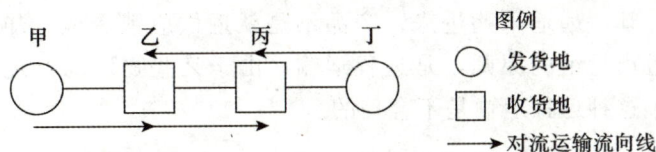

图 2-6　对流运输

（二）倒流运输

倒流运输是指物资从产地运往销地，然后又从销地运回产地的一种回流运输现象（如图 2-7 所示）。倒流运输有两种形式：一是同一物资由销地运回产地或转运地；二是由乙地将甲地能够生产且已消费的同种物资运往甲地，而甲地的同种物资又运往丙地。

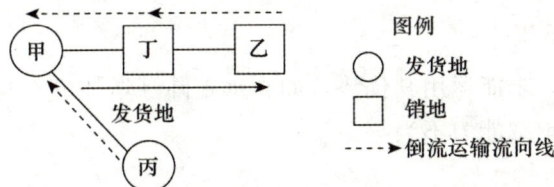

图 2-7　倒流运输

（三）迂回运输

迂回运输是指物资运输舍近求远绕道而行的现象（如图 2-8 所示）。物流过程中的计划不同、组织不善或调运差错都容易出现迂回现象。

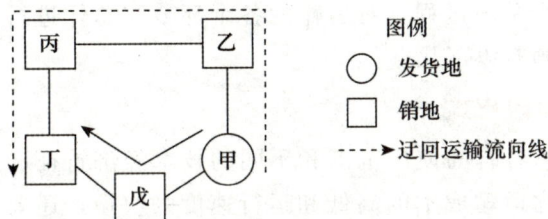

图 2-8　迂回运输

（四）重复运输

重复运输是指某种物资本来可以从起运地一次直运到达目的地，但由于批发机构或商业仓库设置不当或计划不周，人为地运到中途地点（例如，中转仓库）卸下后，又二次装运的不合理现象。重复运输增加了一道中间装卸环节，增加了装卸搬运费用，延长了商品在途时间（如图 2-9 所示）。

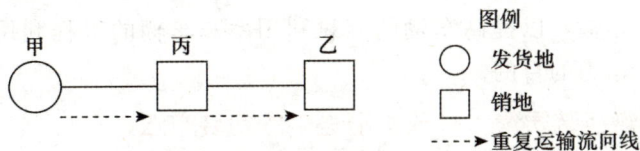

图 2-9　重复运输

（五）过远运输

过远运输是指舍近求远的运输现象（如图2-10所示）。即销地本可以由距离较近的产地供应物资，却从远地采购进来；产品不是就近供应消费地，却调给较远的其他消费地，违反了近产近销的原则，是远程运输，由于某些物资的产地与销地客观上存在着较远的距离，这种远程运输是不合理的。

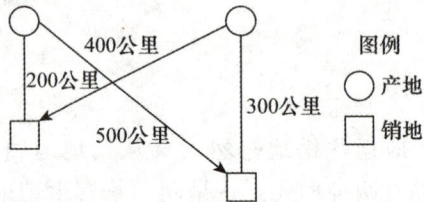

图例
○ 产地
□ 销地

400公里
200公里
300公里
500公里

图 2-10　过远运输

（六）运力选择不当

选择运输工具时，未能运用其优势，如弃水走陆（增加成本），铁路和大型船舶的过近运输，运输工具承载能力不当等。

（七）托运方式选择不当

如可以选择整车运输却选择了零担运输，应当直达却选择了中转运输，应当中转却选择了直达等，没有选择最佳托运方式。

四、物流运输合理化的有效措施

运输合理化是一个系统过程，对运输的各个环节和总体进行分析研究，实现物流运输合理化的有效措施有以下几点。

（一）合理选择运输方式

各种运输方式都有各自的使用范围和不同的技术经济特征，选择时应进行比较和综合分析，不但要考虑运输成本的高低和运行速度的快慢，还要考虑商品的性质、数量的大小、运距的远近、货主需要的缓急及风险程度等。

（二）合理的选择运输工具

根据不同商品的性质、数量选择不同类型，额定吨位及对温度、湿度等有要求的运输车辆。

（三）正确的选择运输线路

运输线路的选择，一般应尽量安排直达、快速运输，尽可能缩短运输时间，否则可安排沿路和循环运输，以提高车辆的容积利用率和车辆的里程利用率，从而达到节省运输费用、节约运力的目的。

（四）提高货物包装质量，并改进配送中的包装方法

货物运输线路的长短、装卸次数的多少都会影响商品的完好，所以，应合理地选

择包装物料，以提高包装质量，另外，有些商品的运输线路较短，且要采取特殊放置方法（如烫好的衣服应垂挂），则应改变相应的包装。货物包装的改进，对减少货物损失、降低运费支出、降低商品成本有明显的效果。

（五）提高运输工具的实载率

实载率的含义有两个：一是单车实际载重与运距之乘积和标定载重与行驶里程之乘积的比率，在安排单车、单船运输时，它是判断装载合理与否的重要指标；二是车船的统计指标，即在一定时期内实际完成的货物周转量（吨·公里）占载重吨位与行驶公里乘积的百分比。提高实载率如进行配载运输等，可以充分利用运输工具的额定能力，减少空驶和不满载行驶的时间，减少浪费从而求得运输的合理化。

（六）减少劳力投入，增强运输能力

运输的投入主要是能耗和基础设施的建设，在运输设施固定的情况下，尽量减少能源动力投入，从而大大节约运费，降低单位货物的运输成本，达到合理化的目的。如在铁路运输中，在机车能力允许的情况下，多加挂车皮；在内河运输中，将驳船编成队行，由机运船顶推前进；在公路运输中，实行汽车挂车运输，以增加运输能力等。

（七）发展社会化的运输体系

运输社会化是指发展运输的大生产优势，实行专业化分工，打破物流企业自成运输体系的状况。单个物流公司车辆自有，自我服务，不断形成规模，且运量需求有限，难以自我调剂，因而经常容易出现空缺、运力选择不当、不能满载等浪费现象，且配套的接、发货设施及装卸搬运设施也很难有效运行，所以浪费颇大。实行运输社会化，可以统一安排运输工具，避免对迂回、倒流、空驶及运力选择不当等多种不合理形式，不但可以追求组织效益，而且可以追求规模效益，所以发展社会化的运输体系是运输合理化的非常重要的措施。

（八）开展中短距离铁路公路分流

这种运输合理化的表现主要有两点：一是对于比较紧张的铁路运输，采用公路分流后，可以得到一定程度的缓解，从而加大这一区段的运输通过能力；二是充分利用瓜路从门到门和在中途运输中速度快且灵活机动的优势，实现铁路运输难以达到的水平。

（九）尽量发展直达运输

直达运输，就是在组织货物运输过程中，越过商业、物资仓库环节或交通中转环节，把货物从产地或起运地直接运到销地或用户所在地，以减少中间环节。直达的优势，尤其是在一次运输批量和用户一次需求量达到了一整车时表现最为突出。

（十）配载运输

配载运输是充分利用运输工具的载重量和容积，合理安排装载的货物以求合理化的一种运输方式。配载运输往往是轻重商品的合理配载，在以重质货物运输为主的情况下，同时搭载一些轻泡货物，如海运矿石、黄沙等重质货物时，在上面捎运木材、

毛竹等。

（十一）进行必要的流通加工

有不少产品由于其本身形态及特性问题很难实现运输的合理化，如果针对货物本身的特性进行适当的加工，就能够有效解决合理运输的问题，例如，将造纸材料在产地加工成纸浆便可以压缩体积。

复习题

1. 运输方式的种类有哪些？
2. 常见运输方式的优缺点和适用范围是什么？
3. 常见干线运输模式及特点是什么？
4. 不合理运输的表现有哪些？
5. 运输合理化的措施有哪些？

第三章

仓储管理

学习目标

- 理解仓储的概念；
- 了解仓库的分类；
- 掌握仓储的功能；
- 了解仓储管理的内容；
- 了解仓储管理的基本原则；
- 理解仓储管理目的；
- 了解自动化立体仓库的构成、分类及优缺点。

导入案例

某企业自动化立体仓库应用情况

20世纪70年代，北京某汽车制造厂建造了一座高层货架仓库（即自动化仓库）作为中间仓库，存放装配汽车所需的各种零配件。此厂所需的零配件大多数是由其协作单位生产，然后运至自动化仓库。该厂是我国第一批发展自动化仓库的企业之一。

该仓库结构分高库和整理室两部分，高库是采用固定式高层货架与巷道堆垛机结构，从整理室到高库之间设有辊式输送机。当入库的货物包装规格不符合托盘或标准货箱时，则还需要对货物的包装进行重新整理，这项工作就是在整理室进行。由于当时各种物品的包装没有标准化，因此，整理工作的工作量相当大。

货物的出入库是运用电脑控制与人工操作相结合的人机系统。这套设备在当时来讲是相当先进的。该库建在该厂的东南角，距离装配车间较远，因此，在仓库与装配车间之间需要进行二次运输，即将所需的零配件先出库，装车运输到装配车间，然后才能进行组装。

自动化仓库建成后，这个先进设施在企业的生产经营中所起的作用并不理想。因此其利用率也逐年下降，最后不得不拆除。

案例来源：唯学网 http://www.vixue.com/html/GLMBA/wl/12616.html

第一节　仓储概述

一、仓储的概念

"仓"即仓库，是存放、保管、储存物品的建筑物和场所的总称，可以是房屋建筑、大型建筑、洞穴或者特定的场所等，具有存放、保护、管理储藏物品的功能；"储"表示将储存对象储存以备用，具有收存、保护、管理、储藏物品及交付使用的意思，即储存。国家标准《物流术语》（GB/T 18354－2006）将其定义为：利用仓库及相关设施设备进行物品的入库、存贮、出库的作业。

仓储是社会生产出现剩余之后产品流通的产物，当产品不能被及时消耗掉需要专门的场所存放时，就产生了静态的仓储。将物品存入仓库并对仓库里的物品进行保管、控制、提供使用便成了动态仓储。可以说，仓储是对有形物品提供存放场所、物品存取过程、对存放物品的保管和控制的过程，是人们的一种有意识的行为。

二、仓库的类型与功能

（一）仓库的类型

仓库是仓储活动的主体，是保管、储存物料的场所的总称，比如库房、货场、货棚等。仓库的种类有很多，承担的任务和仓库所处的地位密切相关，再加上储存物资的种类规格繁多、性能各异，就可以根据不同的分类标准，将仓库分为不同的类型。

1. 按照经营者的性质分类

（1）营业用仓库：仓库拥有者根据相关法律取得营业资格的仓库。

（2）自备仓库：生产经营者为本企业物流业务的需要而建成的。

（3）公共仓库：隶属公共服务的配套设施，为社会物流服务的仓库。

2. 按照仓库的用途分类

仓库按照它在商品流通过程中所起的作用可以分为以下几种。

（1）采购供应仓库：采购供应仓库主要用于储存从生产部门收购的和供国际间进出口的几种产品，一般这一类的仓库库场设在商品生产比较集中的大中城市，或商品运输枢纽的所在地。

（2）批发仓库：批发仓库主要是用于储存从采购供应库场调进或在当地收购的商品，这一类仓库一般靠近商品销售市场，规模同采购供应仓库相比一般要小一些，它既从事批发供货，也从事拆零供货业务。

（3）零售仓库：零售仓库主要用于为商业零售业做短期储存，一般是提供店面销售，零售仓库的规模较小，所储存物资周转快。

（4）储存仓库：这类仓库一般由国家设置，以保管国家应急的储备物资和战备物资。货物在这类仓库中储存时间一般比较长，并且储存的物资会定期更新，以保证物资的质量。

（5）中转仓库：中转仓库处于货物运输系统的中间环节，存放那些等待转运的货物，一般货物在此仅做临时停放，这一类仓库一般设置在公路、铁路的场站和水路运输的港口码头附近，以方便货物在此等待装运。

（6）加工仓库：前面在讲仓库的功能之后已经讲过仓库的加工延迟功能，一般具有产品加工能力的仓库被称为加工仓库。

（7）保税仓库：保税仓库是指为国际贸易的需要，设置在一国国土之上，但在海关关境以外的仓库。外国企业的货物可以免税进出这类仓库而办理海关申报手续，而且经过批准后，可以在保税仓库内对货物进行加工、存储等作业。

3. 按照保管货物的特征分类

（1）原料仓库：原料仓库是用来储存生产所用的原材料的，这类仓库一般比较大。

（2）产品仓库：产品仓库的作用是存放已经完成的产品，但这些产品还没有进入流通领域，这种仓库一般是附属于产品生产工厂。

（3）冷藏仓库：它是用来储藏那些需要进行冷藏储存的货物，一般多是农副产品、药品等对于储存温度有要求的物品。

（4）恒温仓库：恒温仓库和冷藏仓库一样也是用来储存对于储藏温度有要求的产品，这种仓库规模不大，可以存放精密仪器等商品。

（5）危险品仓库：危险品仓库从字面上就比较容易理解，它是用于储存危险品的，危险品由于可能对人体以及环境造成危险，因此在此类物品的储存方面一般会有特定的要求，例如，许多化学用品就是危险品，它们的储存都有专门的条例。

（6）水面仓库：像原木、竹排等能够在水面上漂浮的物品，它们可以储存在水面上。

4. 按照仓库的功能分类

（1）储备仓库：以存储为主的仓库，主要对物料进行保管，以解决生产和消费的不均衡。如季节性的粮食储备。

（2）流通仓库：也称流通中心，具有储存、发货、配送、流通加工等功能。具有灵活、附加值高的特点。

（3）专用仓库：专门用来保管某些特定物料，如钢铁、粮食、药品等。

5. 按照仓库的构造来分类

（1）单层仓库：单层仓库是最常见的，也是使用最广泛的一种仓库建筑类型，这种仓库只有一层，也就不需要设置楼梯。

（2）多层仓库：有单层仓库，必然对应的有多层仓库，多层仓库一般占地面积较小，它一般建在人口稠密、土地使用价格较高的地区，由于是多层结构，所以货物一般是使用垂直输送设备来运送。

（3）立体仓库：立体仓库又被称为高架仓库，它也是一种单层仓库，但同一般的单层仓库的不同在于它利用高层货架来储存货物，而不是简单地将货物堆积在库房地面上，一般在存取设备自动化程度较高时也将这样的立体仓库称为自动化仓库。

（4）简仓：简仓就是用于存放散装的小颗粒或粉末状货物的封闭式仓库，一般这种仓库被置于高架上，简仓经常用来存储粮食、水泥和化肥等。

（5）露天堆场：露天堆场是指用于在露天堆放货物的场所，一般堆放大宗原材料，或者不怕受潮的货物。

6. 按照仓库所处的位置分类

根据仓库所处的地理位置，可以分为码头仓库、内陆仓库等，这是根据仓库的地理位置赋予仓库的特性来进行的分类。

7. 根据储存物料的种类分类

（1）综合性仓库：同时储存一大类以上不同自然属性的物料。

（2）专业性仓库：在一定时期内只储存某一类物料。

（二）仓储的功能

1. 储存功能

这是仓储最基本的功能，用于保护货物及有序整齐地堆放产品。主要用于克服商品产销在时间上的隔离（如季节性生产但全年消费的粮食）、空间上的隔离（如甲地生产、乙地消费），还有克服商品产销的不平衡（供大于求）来保证商品流通的持续性。

2. 拼装功能

所谓的拼装，就是仓库整合来自制造工厂送往某个特定顾客的一系列的材料或产品，把它们拼成单一的一票装运，从而得到最低的运输费率，减少收货台可能发生的堵塞。拼装的流程如图 3-1 所示。

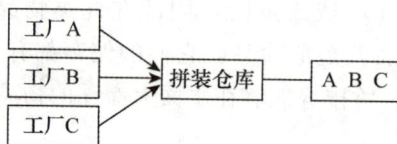

图 3-1　拼装流程

拼装的主要经济利益在于把一些小批量装运的物流流程结合起来联系到一个特定的市场。拼装仓库可以由一家厂商单独使用，也可以由多家厂商联合使用。通过拼装，每个单独的制造商或托运人都能够享受到物流总成本低于各自分别直接装运成本。

3. 分类、交叉功能

分类作业和拼装作业恰恰相反。分类作业接收来自制造商的货物，并把它们装运送给单个客户（如图 3-2 所示）。分类仓库或者分类站把组合订货分割成个别的订货，并安排当地的运输部门装运。

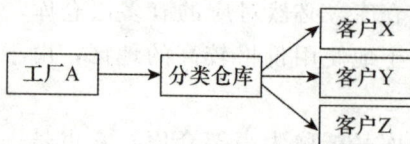

图 3-2　分类流程

当涉及多个制造商和客户的时候，就需要采用交叉作业，如图 3-3 所示。

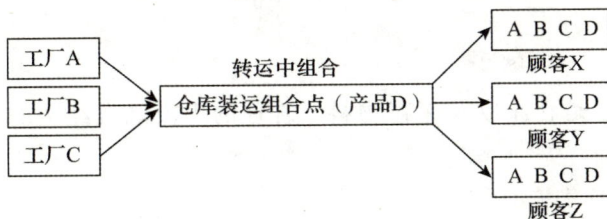

图 3-3　交叉站台作业

4. 加工功能

保管物在保管期间，保管人根据客户的需求对货物进行加工，使货物发生所期望的变化。

5. 生产支持的功能

仓库可以向工厂提供稳定的材料供给。由于可能存在较长的前置时间，或者使用过程中发生重大变化，所以对向外界采购的项目进行安全储备是完全必要的。对此，大多数总成本的解决方案都建议经营一个生产支持仓库，以经济又适时的方式，向装配厂供应材料。

6. 市场信息的传感器

任何产品的生产都是用来满足需求的，社会仓储产品的变化是了解市场需求极为重要的途径。仓储量减少，周转量加大，表明社会需求旺盛；反之则表明社会需求不足。厂家存货增加，表明其产品需求减少或竞争力下降，或者生产规模不合适。仓储环节所获得的市场信息虽然比较滞后，但更为准确集中，且信息成本较低。

7. 提供信息的保证

在大批量货物的实物交易中，买方必须确定货物存在和货物的品质才会交易，即买方可以通过去仓库查验货物。由仓库保管人出具的货物仓单是实物交易的凭证，可以作为买方提供的保证。而仓单可以直接作为融资工具，使用仓单进行质押。

第二节　仓储管理概述

一、仓储管理的含义

仓储管理是指对仓库和仓库中储存的货物进行管理。从广义上看，仓储管理是对物流过程中货物的储存以及由此带来的商品包装、分拣、整理等活动进行的管理。

仓储管理是一门经济管理学科，同时也涉及应用技术科学，所以属于边缘性学科。仓储管理将生产领域内生产力、生产关系以及相应的上层建筑中的有关问题进行综合研究，以探索仓储管理的规模，不断促进仓储管理的科学化和现代化。它已经不再是单纯的货物储存，而是兼有包装、分拣、整理、简单配装等多种辅助性功能。因此，广义上的仓储管理应包括对这些工作的管理。

二、仓储管理的基本内容、任务与原则

（一）仓储管理的基本内容

仓储管理的对象是仓库以及库存物料，管理的手段既有经济的，又有技术的，具体包括如下几个方面。

1. 仓库的选址与建筑问题

包括仓库选址的原则、仓库建筑面积的确定、库内运输道路与作业区域的布置等。

2. 仓库的机械作业的选择与配置问题

包括如何根据仓库作业特点和所储存物资的种类及其理化特性选择机械装备以及应该配备的数量，如何对这些机械进行管理等。

3. 仓库的业务管理问题

包括如何组织货物入库前的验收，如何存放入库物资，如何对库存物资进行保管，如何将物资发放入库，如何分拣配送等。

4. 仓库的库存管理问题

包括如何根据企业生产需求状况储存合理数量的物资，既不因为储存过少而引起生产中断而造成损失，又不因为储存过多而占用过多的流动资金等。

5. 仓库的安全管理问题

包括仓库的治安保卫、仓库消防以及仓库安全作业等。

（二）仓储管理的任务

仓储管理由简单到复杂到现代化，是与整个社会发展水平相对应的。在沿海发达地区以及某些技术、资金力量比较雄厚的部门，已经开始建立自动化立体仓库了，仓库管理也比较快地向现代化的方向迈进。目前仓储管理的任务包括如下几个方面。

1. 利用市场经济手段获得最大的仓储资源配置

市场配置资源以实现资源最大效益为原则，这是企业经营的目的。配置仓储资源就是依据所拥有的资源在时间和空间上进行优化配置，以获得最大的经济效益。

2. 组织管理结构要求的高效率

仓储组织机构的确定需围绕着仓储经营的目标，以实现仓储经营的最终目的为原则，依据管理幅度、因事设岗、负责对等的原则，建立结构简单、分工明确、相互合作和促进的管理机构管理队伍。

3. 开展商务活动不断满足社会需要

仓储商务是经营仓储生存和发展的关键工作，是经营收入和仓储资源充分利用的保证。从功能上来说，商务管理是为了实现收益的最大化，但是作为社会主义的仓储管理，必须遵循社会主义不断满足社会生产和人民生活需要的生产原则，最大限度地提供仓储产品，满足市场需求。满足市场需求包括数量上满足和质量上满足两个方面。

4. 组织高效率、低成本的仓储活动

仓储活动包括货物入仓、堆存、出仓的作业，仓储物验收、理货交换，在仓储期

间的保管照料、质量维护、安全防护等。仓储活动应遵循高效、低耗的原则，充分利用机械设备、先进的保管技术、有效的管理手段，提高仓储利用率，降低成本，不发生差、损、错事故，保持持续、稳定的经营活动。

5. 用优质服务、讲信用建立企业形象

企业形象是企业的无形财富，良好的形象能促进产品的销售，也为企业的发展提供良好的社会环境。作为服务业的仓储业，其企业形象所面向的对象主要是生产、流通经营者，其企业形象的建立主要通过服务质量、产品质量、诚信和友好合作获得，并通过一定的宣传手段在潜在客户中获得。在现代物流管理中，对服务质量的高要求、对合作伙伴的充分信任促使作为物流环节的仓储的企业形象建立极为重要，具有良好形象的仓储经营人才能在物流体系中占一席之地，适应现代物流的发展。

6. 通过制度化、科学化的先进手段不断提高管理水平

任何企业的管理都不可能一成不变，需要随着形势的发展不断变化发展，适应新的变化，仓储管理也要根据仓储企业的经营目的改变、根据社会需求的变化而变化。管理也不可能一步到位，一开始就设计出一套完善的管理制度实施于企业，这样，不仅教条，而且不可能实施。仓储管理要从简单管理到复杂管理，从直接管理到间接管理，在管理实践中不断补充、修正、完善，不断提高实行动态的仓储管理。

7. 培养高素质的员工队伍

员工的素质包括员工每个人的技术素质和精神素质。通过不断的、系统的培训，严格的考核，保证每个员工熟练掌握其从事的劳动岗位应知、应会的操作，管理技术和理论的知识，且要求精益求精，跟得上技术和知识的发展和不断更新；明白岗位的工作制度、操作规程；明确岗位所承担的责任。

（三）仓储管理的基本原则

1. 效率原则

仓储的效率表现在仓容利用率，货物周转率、进出库时间、装卸车时间的指示上，高效率仓储表现出快进、快出、多储存、保管好的特点。

仓储生产管理的核心就是效率管理，实现最少的劳动量的投入，获得最大的产品产出。劳动量的投入包括生产工具、劳动力数量以及它们的作业时间和使用时间。效率是仓储及其他管理的基础，没有生产的效率就没有经营的效益，就无法展开优质的服务。

2. 经济效益原则

厂商生产经营的目的是为了追求最大化利润，这是经济学的基本假设条件，也是社会现实的反映。实现利润最大化需要做到经营收入最大化和经营成本最小化。但也需要承担部分社会责任，履行保护环境、维护社会安定的义务，满足社会不断增长的需要等，实现生产经营的社会效益。

3. 服务原则

仓储活动本身就是向社会提供服务产品。服务时贯穿在仓储中的一条主线，从仓储的定位、仓储的具体操作、对储存货物的控制都围绕着服务进行。仓储管理就需要

围绕着服务定位、如何提供服务、改善服务、提高服务质量开展的管理，包括直接的服务管理和以服务为原则的生产管理。

仓储的服务水平与仓储经营成本有着密切的相关性，两者相互对立。服务好，成本高，收费也就高，仓储服务管理就是在降低成本和提高（保持）服务水平之间保持平衡。

三、仓储管理目的

（一）仓储管理不当带来的损失

仓储管理对企业的物料存货管理影响很大，不良的仓储管理往往会造成企业的重大损失。常见的不良仓储管理造成的损失列举如下。

1. 存货管理不当，丧失客户

记录不准确或者存货品质不良，将影响交货，导致客户抱怨，丧失商机。

2. 存货控管不佳，挤压资金

存货控管不确实，发生生产过多、生产过早、采购过多、采购过早导致的存货情况，从而导致成本过高，资金积压。

3. 临时性缺料，导致停工待料现象，增加成本

存货控管不确实或品质不良，导致临时发现缺料，紧急补充物料以避免停工待料现象，使得成本增加；仓储部门发料不足，也会影响生产效率。

4. 存货管理不当，间接增加人工成本

存货记录不确实或者管理不当，将增加相关部门临时工作量，比如重新安排生产进度、重新采购、重复性寻找存货或盘点等工作，增加成本。

5. 无法确保仓储作业的安全性

仓储管理不当容易造成仓储的爆炸、火灾等状况，危及员工生命安全。

6. 增加仓储空间成本

未妥善运用仓储空间，将增加仓储空间租金成本。

7. 管理不当，造成呆废料损失

呆废料闲置在仓库而不能加以利用，使一部分资金滞压于呆废料上，增加资金的积压。

（二）仓储管理的目的

对上述仓储管理上常见的问题进行分析，并主动完成仓储管理工作、实现仓储管理的目的，是仓储管理人员最主要的任务。仓储管理的目的是为了做好以下事项。

1. 妥善保管好存货

已入库的存货应该妥善保管，以使存货保持最适品质，账物一致。

2. 发挥仓储服务的功能

适时提供生产、营销、研发等使用部门所需的物料、零件、半成品、成品等存货，以发挥仓储部门的功能。

3. 降低仓储成本

良好的控管存货，使得存货的仓库成本合理化。

第三节　自动化立体仓库

自动化立体仓库系统（AS/RS-Automated Storage and Retrieval System）是人工不直接进行处理的自动存储和取出货物的系统。

自动化立体仓库是现代物流系统中迅速发展的一个重要组成部分，它具有节约用地、减轻劳动强度、消除差错、提高仓储自动化水平及管理水平、提高管理和操作人员素质、降低储运损耗、有效地减少流动资金的积压、提高物流效率等诸多优点（如图 3－4 所示）。与厂级计算机管理信息系统联网以及与生产线紧密相连的自动化立体仓库更是当今 CIMS（计算机集成制造系统）及 FMS（柔性制造系统）必不可少的关键环节。

图 3－4　自动化立体仓库一角

一、自动化立体仓库的构成与分类

（一）自动化立体仓库的构成

自动化立体仓库主要由以下三大类设施组成，其大致构成如图 3－5 所示。

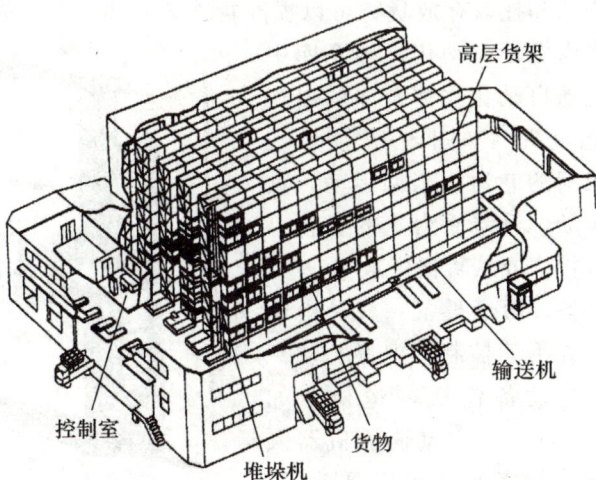

图 3－5　自动化立体仓库的基本构成

1. 土建及公用工程设施

（1）库房。库存容量和货架规格是库房设计的主要依据。

（2）消防系统。对于自动化立体仓库而言，由于库房规模大，存储的货物和设备较多且密度大，而仓库的管理和操作人员较少，所以仓库内一般都采用自动消防系统。

（3）照明系统。

（4）动力系统。

（5）通风及采暖系统。

（6）其他设施。如排水设施、避雷接地设施和环境保护设施等。

2. 机械设备

（1）高层货架。货架的材料一般选用钢材。钢货架的优点是构件尺寸小，制作方便，安装建设周期短，而且可以提高仓库的库容利用率。自动化立体仓库的货架一般都分隔成一个个的单元格，用于存放托盘或直接存放货物（如图 3-6 所示）。

图 3-6　高层货架

（2）货箱与托盘。货箱和托盘的基本功能是装小件的货物，以便叉车和堆垛机的叉取和存放。采用货箱和托盘存放货物可以提高货物装卸和存取的效率。

（3）堆垛机。堆垛机是自动化立体仓库中最重要的设备，它是随自动化立体仓库的出现而发展起来的专用起重机（如图 3-7 所示）。堆垛机可在高层货架间的巷道内来回运动，其升降平台可做上下运动，升降平台上的货物存取装置可将货物存入货格或从货格中取出。

（4）周边搬运设备。搬运设备一般是由电力来驱动的，由自动或手动控制，把货物从一处移到另一处。这类设备包括输送机（如图 3-8所示）、自动导向车、自动码垛机器人（如图 3-9 所示）等，设备形式可以是单机、双轨、地面的、空中的、一维运行（即沿水平

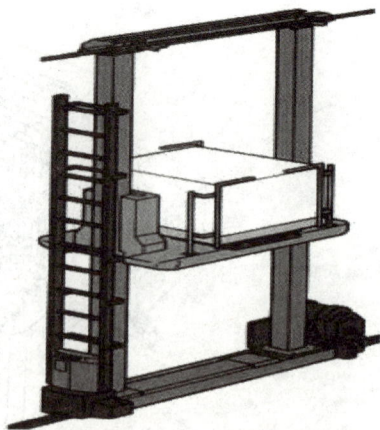

图 3-7　堆垛机

直线或垂直直线运行）、二维运行、三维运行等。其作用是配合巷道机完成货物的输送、转移、分拣等作业。在仓库内的主要搬运系统因故停止工作时，周边设备还可以发挥其作用，使作业继续进行。

图 3 - 8　辊筒式输送机

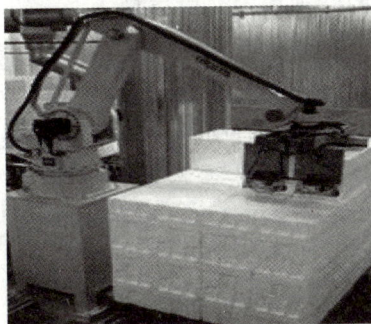

图 3 - 9　码垛机器人

3. 电气与电子设备

自动化立体仓库的电气与电子设备主要包括检测装置、信息识别设备、控制装置、监控及调度设备、计算机管理系统、数据通信设备、大屏幕显示器等。常见的自动化立体仓库的控制系统如图 3 - 10 所示。

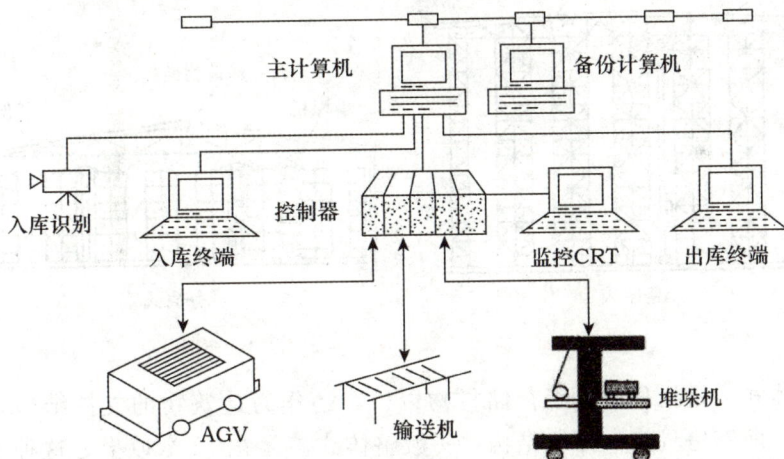

图 3 - 10　自动化立体仓库控制系统

（1）检测装置。检测装置是用于检测各种作业设备的物理参数和相应的化学参数，通过对检测数据的判断和处理可为系统决策提供最佳依据，以保证系统安全可靠地运行。

（2）信息识别设备。在自动化立体仓库中，这种设备必不可少，它用于采集货物的品名、类别、货号、数量、等级、目的地、生产厂、货物地址等物流信息。这类设备通常采用条形码、磁条、光学字符和射频等识别技术。

（3）控制装置。自动化立体仓库内所配备的各种存取设备和输送设备必须具有控制装置，以实现自动化运转。这类控制装置包括普通开关、继电器、微处理器、单片机和可编程序控制器等。

（4）监控及调度设备。监控及调度设备主要负责协调系统中各部分的运行，它是自动化立体仓库的信息枢纽，在整个系统中举足轻重。

（5）计算机管理系统。计算机管理系统用于进行仓库的账目管理和作业管理，并可与企业的管理系统交换信息。

（6）数据通信设备。自动化立体仓库是一个构造复杂的自动化系统，它由众多的子系统组成。各系统、各设备之间需要进行大量的信息交换以完成规定的任务，因此需要大量的数据通信设备作为信息传递的媒介，这类设备包括电缆、远红外光、光纤和电磁波等。

（7）大屏幕显示器。这是为了仓库内的工作人员操作方便，便于观察设备情况而设置的。

（二）自动化立体仓库的分类

自动化立体仓库是一个复杂的综合自动化系统，作为一种特定的仓库形式，一般有以下几种分类方式。

1. 按照建筑物形式分类

按建筑形式可分为整体式和分离式两种（如图3-11所示）。

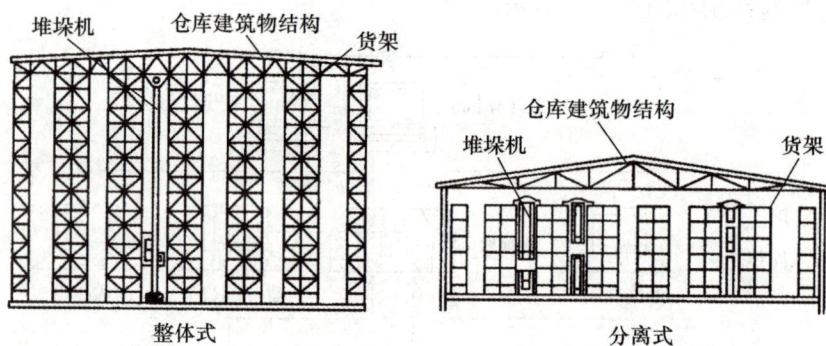

图 3-11 整体式与分离式自动化立体仓库

（1）整体式：是指货架除了存储货物以外，还作为建筑物的支撑结构，构成建筑物的一部分，即库房货架一体化结构，一般整体式高度在12米以上。这种仓库结构重量轻，整体性好，抗震好。

（2）分离式：分离式中存货物的货架在建筑物内部独立存在。分离式高度在12米以下，但也有15米至20米的。适用于利用原有建筑物做库房，或在厂房和仓库内单建一个高货架的场所。

2. 按照货物存取形式分类

按照货物存取形式分为单元货架式、移动货架式和拣选货架式（如图3-12所示）。

（1）单元货架式：单元货架式是常见的仓库形式。货物先放在托盘或集装箱内，再装入单元货架的货位上。

（2）移动货架式：移动货架式由电动货架组成，货架可以在轨道上行走，由控制装置控制货架合拢和分离。作业时货架分开，在巷道中可进行作业；不作业时可将货架合拢，只留一条作业巷道，从而提高空间的利用率。

图 3 - 12　移动货架式自动化立体仓库

（3）拣选货架式：拣选货架式中分拣机构是其核心部分，分为巷道内分拣和巷道外分拣两种方式。人到货前拣选是拣选人员乘拣选式堆垛机到货格前，从货格中拣选所需数量的货物出库。货到人处拣选是将存有所需货物的托盘或货箱由堆垛机至拣选区，拣选人员按提货单的要求拣出所需货物，再将剩余的货物送回原地。

3. 按照货架构造形式分类

按照货架构造形式可分为单元货格式、贯通式、水平旋转式和垂直旋转式。

（1）单元货格式：类似单元货架式，巷道占去了 1/3 左右的面积。

（2）贯通式：为了提高仓库利用率，可以取消位于各排货架之间的巷道，将个体货架合并在一起，使每一层、同一列的货物互相贯通，形成能一次存放多货物单元的通道，而在另一端由出库起重机取货，成为贯通式仓库（如图 3 - 13 所示）。根据货物单元在通道内的移动方式，贯通式仓库又可分为重力式货架仓库和穿梭小车式货架仓库。重力式货架仓库每个存货通道只能存放同一种货物，所以它适用于货物品种不太多而数量又相对较大的仓库。梭式小车可以由起重机从一个存货通道搬运到另一通道。

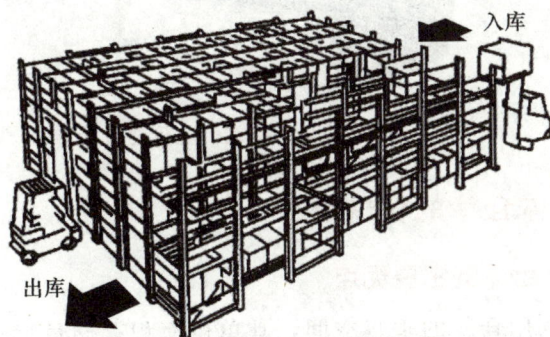

图 3 - 13　贯通式自动化立体仓库

（3）水平旋转货架式：这类仓库本身可以在水平面内沿环形路线来回运行（如图 3 - 14 所示）。每组货架由若干独立的货柜组成，用一台链式传送机将这些货柜串联起来。每个货柜下方有支撑滚轮，上部有导向滚轮。传送机运转时，货柜便相应运动。需要提取某种货物时，只需在操作台上给予出库指令。当装有所需货物的货柜转到出货口时，货架停止运转。这种货架对于小件物品的拣选作业十分合适。它简便实用，充分利用空间，适用于作业频率要求不太高的场合。

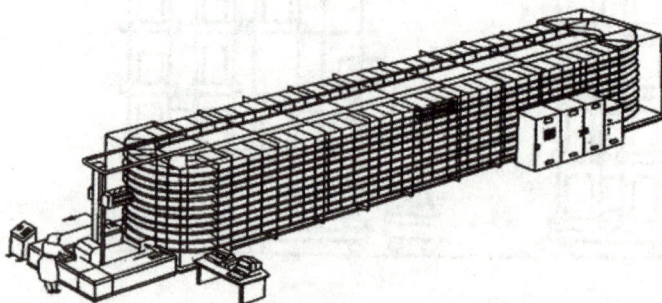

图3-14　水平旋转货架式自动化立体仓库

（4）垂直旋转货架式：与水平旋转货架式仓库相似，只是把水平面内的旋转改为垂直面内的旋转（如图3-15所示）。这种货架特别适用于存放长卷状货物，如地毯、地板革、胶片卷、电缆卷等。

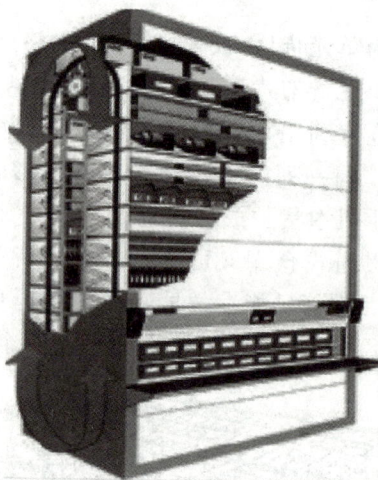

图3-15　垂直旋转货架式自动化立体仓库

二、自动化立体仓库的优缺点

（一）自动化立体仓库的主要优点

（1）由于能充分利用仓库的垂直空间，其单位面积存储量远远大于普通的单层仓库（一般是单层仓库的4～7倍）。目前，世界上最高的立体仓库可达40多米，容量多达30万个货位。

（2）仓库作业全部实现机械化和自动化，一方面能大大节省人力，减少劳动力费用的支出，另一方面能大大提高作业效率。

（3）采用计算机进行仓储管理，可以方便地做到"先进先出"，并可防止货物自然老化、变质、生锈，也能避免货物的丢失。

（4）货位集中，便于控制与管理，特别是使用电子计算机，不但能够实现作业的自动控制，而且能够进行信息处理。

（5）能更好地适应黑暗、低温、有毒等特殊环境的要求。例如，胶片厂把胶片卷轴存放在自动化立体仓库里，在完全黑暗的条件下，通过计算机控制可以实现胶片卷轴的自动出入库。

（6）采用托盘或货箱存储货物，货物的破损率显著降低。

（二）自动化立体仓库的主要缺点

（1）由于自动化立体仓库的结构比较复杂，配套设备也比较多，所以需要的基建和设备的投资也比较大。

（2）货架安装精度要求高，施工比较困难，而且工期相应较长。

（3）存储弹性小，难以应付高峰的需求。

（4）对可存储的货物品种有一定限制，需要单独设立存储系统用于存放长、大、笨重的货物以及要求特殊保管条件的货物。

（5）自动化立体仓库的高架吊车、自动控制系统等都是技术含量极高的设备，维护要求高，因此必须依赖供应商，以便在系统出现故障时能得到及时的技术援助。这就增强了对供应商的依赖性。

（6）对建库前的工艺设计要求高，在投产使用时要严格按照工艺作业。

复习题

1. 仓储的概念是什么？
2. 仓库的分类有哪些？
3. 仓储的功能是什么？
4. 仓储管理的内容有哪些？
5. 仓储管理的基本原则是什么？
6. 自动化立体仓库的构成、分类及优缺点有哪些？

第四章

配送与配送中心管理

学习目标

- 熟练掌握配送与配送中心的基本概念；
- 掌握现代配送与传统送货的区别；
- 了解现代配送对物流的影响及现代配送在物流业中的地位和作用；
- 了解配送的特点及类型、配送作业的基本程序；
- 掌握配送的三个基本环节和工艺流程；
- 熟知配送的一般应用以及配送中心的基本功能和类别等。

导入案例

7-Eleven 便利店的配送系统

这家 70 多年前发源于美国的商店是全球最大的便利连锁店，在全球 20 多个国家拥有 2.1 万家左右的连锁店。到 2016 年 1 月底，仅在中国台湾地区就有 2690 家 7-Eleven店，美国有 5756 家，泰国有 1521 家，日本是最多的，有 8478 家。

一家成功的便利店背后一定有一个高效的物流配送系统，7-Eleven 从一开始采用的就是在特定区域高密度集中开店的策略，在物流管理上也采用集中的物流配送方案，这一方案每年大概能为 7-Eleven 节约相当于商品原价 10% 的费用。

7-Eleven 的物流系统模式先后经历了三个阶段三种方式的变革。起初，7-Eleven 并没有自己的配送中心，货物配送是靠批发商来完成的。而且每个批发商一般都只代理一家生产商，这个批发商就是联系物流、信息流和资金流的通道。供应商把自己的产品交给批发商以后，对产品的销售就不再过问，所有的配送和销售都会由批发商来完成。对于 7-Eleven 而言，批发商就相当于自己的配送中心，它所要做的就是把供应商生产的产品迅速有效地运送到 7-Eleven 手中。为了自身的发展，批发商需要最大限度地扩大自己的经营，尽力向更多的便利店送货，并且要对整个配送和订货系统做出规划，以满足 7-Eleven 的需要。

随着 7-Eleven 便利店规模的不断扩大，这种分散化的由各个批发商分别送货的方式无法再满足 7-Eleven 便利店的需要，7-Eleven 开始和批发商及合作生产商构建统一的集约化的配送和进货系统，在这种系统下，7-Eleven 改变了以往由多家批发商分别向各个便利店送货的方式，改由一家在一定区域内的特定批发商统一管理该区域内的同类供应商，然后向 7-Eleven 统一配货，这种方式称为集约化配送。集约化配送有效地降低了批发商的数量，减少了配送环节，为 7-Eleven 节约了物流费用。

配送中心的好处提醒了 7-Eleven，与其让别人掌握自己的经脉，不如自己把自己的脉。7-Eleven 的物流共同配送系统就这样浮出水面。共同配送中心代替了特定的批发商，分别在不同的区域统一进集货、统一配送。配送中心有一个电脑网络配送系统，分别与供应商及 7-Eleven 店铺相连。为了保证不断货，配送中心一般会根据以往的经验保留 4 天左右的库存，同时，中心的电脑系统每天都会定期收到各个店铺发来的库存报告和要货报告，配送中心把这些报告集中分析，最后形成一张张向不同供应商发出的订单，由电脑网络传递给供应商，而供应商则会在预定的时间内向配送中心派送货物。7-Eleven 配送中心在收到所有货物后，对各个店铺所需的货物分别打包，等待发送。第二天一早，派送车就会从配送中心鱼贯而出，择路向自己配送区域内的 7-Eleven 连锁店送货，整个过程就这样循环往复。

配送中心的优点还在于 7-Eleven 从批发商手上夺回了配送的主动权，7-Eleven 能随时掌握在途商品、库存货物等数据，对财物信息和供应商的其他信息也能握于股掌之中，对于一个零售企业来讲，这些数据是至关重要的。

配送的细化。随着店铺的扩大和商品的增多，7-Eleven 的物流配送越来越复杂，配送时间和配送种类的细分势在必行。以中国台湾地区的 7-Eleven 为例，全省的物流配送就细分为出版物、常温食品、低温食品和鲜食品四个类别，各个区域的配送中心要根据不同商品的特征和需求量每天做出不同频率的配送，以确保食品的新鲜度，以此来吸引更多的顾客。新鲜、即时、便利和不缺货是 7-Eleven 店铺最大的卖点。

案例来源：MBA 智库 http://doc.mbalib.com/view/50a1467e4cd0ac6a6bdded05cd4f0782.html

思考题：

通过 7-Eleven 的配送系统，我们能得到什么启示？

第一节　配送概念及类型

一、配送的定义与内涵

（一）配送的定义

配送是有千年历史的送货形式在现代经济社会中的发展、延伸和创新，特别需要指出的是，不能用传统的送货来理解现代的配送，虽然两者之间有历史渊源关系，但是两者之间不能等同。如果一定要将两者挂钩，那么，可以将配送理解为现代送货形式。

国家标准《物流术语》（GB/T 18354—2006）中对"配送"的解释是：在经济合理区域内，根据用户的要求，对物品进行拣选、加工、包装、分割、组配等作业，并按时送达指定地点的物流活动。一般来说，配送一定是根据用户的要求，在物流据点内进行分拣、配货等工作。它将商流和物流紧密结合起来，既包含了商流活动，也包含了物流活动中若干功能要素。

（二）配送的内涵

关于配送的内涵，应当掌握以下几个要点。

1. 配送的资源配置作用

配送是"最终配置"，因而是接近顾客的配置。对于现代企业而言，"接近顾客"是至关重要的。美国兰得公司对《幸福》杂志所列的 500 家大公司进行的一项调查表明"经营战略和接近顾客至关重要"，所以，接近顾客的配送，自然取得了它在现代经济中的地位。

2. 配送的实质是送货

配送的主要经济活动，尤其是接近顾客的经济活动是送货。

3. 配送是现代送货

"现代"两个字表述了配送和一般送货的区别。其区别主要在于：① 一般送货可以是一种偶然的行为，而配送却是一种体制行为，是市场经济的一种体制形式。② 一般送货是完全被动的服务行为，而配送则是有一定组织形式的计划行为。③ 配送依靠现代生产力，依靠科技进步支撑。

4. 配送是"配"和"送"有机结合的形式

配送利用有效的分拣、配货等理货工作，使送货达到一定的规模，以利用规模优势取得较低的送货成本。如果不进行分拣、配货，有一件运一件，需要一点送一点，这就会大大增加活劳动和物化劳动的消耗，使送货并不优于取货。所以，追求整个配送的优势，分拣、配货等工作是必不可少的。

5. 配送是市场经济下的一种形式

配送是在市场经济条件下，在供大于求的买方市场环境中所派生的一种形式。在买方市场环境下，用户具有选择权，而卖方需要通过有效的服务来推销出自己的产品，争夺一块份额，这就形成了有提供者、有需求者的理想市场环境，使配送得以发展。

6. 配送以用户要求为出发点

在定义中强调"根据用户要求"明确用户的主导地位。配送是从用户利益出发、按用户要求进行的一种活动，因此，在观念上必须明确"用户第一""质量第一"，配送企业的地位是服务地位而不是主导地位，因此不能从本企业利益出发而应从用户利益出发，在满足用户利益基础上取得本企业的利益。更重要的是，不能利用配送损伤或控制用户，不能利用配送作为部门分割、行业分割、割据市场的手段。

7. 配送是按时送达指定地点的物流活动

过分强调"按用户要求"是不妥的，受用户本身的局限，用户要求有时候存在不合理性，在这种情况下会损失自我或双方的利益。对于配送而言，在满足用户要求、按时送达指定地点的同时，应当在时间、速度、服务水平、成本、数量等多方面寻求最优，实现双方共同受益即"双赢"的原则。

二、配送的特点、分类及作用

（一）配送的特点

1. 配送不仅仅是送货

配送业务中，除了送货，在活动内容中还有"拣选""分货""包装""分割""组配""配货"等工作，这些工作难度很大，必须具有发达的商品经济和现代的经营水平才能做好。在商品经济不发达的国家及历史阶段，很难按用户要求实现配货，要实现广泛的高效率的配货就更加困难。因此，一般意义的送货和配货存在着时代的差别。

2. 配送是送货、分货、配货等活动的有机结合体

配送是许多业务活动有机结合的整体，同时还与订货系统紧密联系。要实现这一点，就必须依靠现代情报信息，建立和完善整个大系统，使其成为一种现代化的作业系统。这也是以往的送货形式无法比拟的。

3. 配送的全过程有现代化技术和装备的保证

现代化技术和装备的采用，使配送在规模、水平、效率、速度、质量等方面远远超过以往的送货形式。在活动中，由于大量采用各种传输设备及识码、拣选等机电装备，使得整个配送作业像工业生产中广泛应用的流水线，实现了流通工作的一部分工厂化。因此，可以说，配送也是科学技术进步的一个产物。

4. 配送是一种专业化的分工方式

以往的送货形式只是作为推销的一种手段，目的仅仅在于多销售一些商品，而配送则是一种专业化的分工方式，是大生产、专业化分工在流通领域的体现。因此，如果说一般送货是一种服务方式的话，配送则可以说是一种体制形式。

（二）配送的分类

为了满足不同产品、不同企业、不同流通环境的要求，经过较长一段时期的发展，国内外创造出多种形式的配送。这些配送形式都有各自的优势，但同时也存在一定的局限性。

1. 按配送组织者不同来分类

（1）商店配送。这种配送形式的组织者是商业或物资的门市网点，这些网点主要承担商品的零售，一般来说规模不大，但经营品种却比较齐全。除日常经营的零售业务外，这种配送方式还可根据用户的要求，将商店经营的品种配齐，或代用户外购一部分本商店平时不经营的商品，与商店经营的品种一起配齐运送给用户。

（2）配送中心配送。这种配送的组织者是专职配送中心，规模比较大；其中有的配送中心由于需要储存各种商品，储存量也比较大；也有的配送中心专职组织配送，因此储存量较小，主要靠附近的仓库来补充货源。

（3）仓库配送。这种配送形式是以一般仓库为据点来进行配送。它可以是把仓库完全改造成配送中心，也可以是在保持仓库原功能前提下，以仓库原功能为主，再增加一部分配送职能。由于不是专门按配送中心要求设计和建立，所以，仓库配送规模较小，配送的专业化较差，但可以利用原仓库的储备设施及能力、收发货场地、交通运输线路等，所以是开展中等规模的配送可选择的配送形式，也是较为容易利用现有条件而不需要大量投资、上马较快的形式。

（4）生产企业配送。这种配送的组织者是生产企业，尤其是进行多品种生产的生产企业，可以直接由本企业开始进行配送而无须再将产品发运到配送中心进行中心配送，生产企业配送由于避免了一次物流中转，所以有其一定优势。但是生产企业，尤其是现代生产企业，往往是进行大批量低成本生产，品种较单一，因而不能像配送中心那样依靠产品凑整运输取得优势，实际上生产企业配送不是配送的主体。

2. 按配送商品种类及数量不同来分类

（1）单（少）品种大批量。一般来说，对于工业企业需要量较大的商品，由于单独一个品种或几个品种就可以达到较大输送量，可以实行整车运输，这种情况下就可以由专业性很强的配送中心实行配送，往往不需要再与其他商品进行搭配。这种情况下，由于配送中心的内部设置、组织、计划等工作也较为简单，因此配送成本较低。但是，如果可以从生产企业将这些商品直接运抵用户，同时又不至于使用户库存效益下降时，采用直送方式则往往效果更好一些。

（2）多品种、少批量配送。多品种、少批量配送是根据用户的要求，将所需的各种物品（每种物品的需要量不大）配备齐全，凑整装车后由配送据点送达用户。这种配送作业水平要求高，配送中心设备要求复杂，配货送货计划难度大，因此需要有高水平的组织工作保证和配合。而且在实际中，多品种、少批量配送往往伴随多用户、多批次的特点，配送频度往往较高。

（3）配套成套配送。这种配送方式是指根据企业的生产需要，尤其是装备型企业的生产需要，把生产每一台产品所需要的全部零部件配齐，按照生产节奏定时送达生产企业，生产企业随即可将此成套零部件送入生产线以装配产品。

3. 按配送时间及数量不同来分类

（1）定时配送。定时配送是指按规定时间间隔进行配送，比如数天或数小时等；而且每次配送的品种及数量可以根据计划执行，也可以在配送之前以商定的联络方式（比如电话、计算机终端输入等）通知配送的品种及数量。

（2）定量配送。定量配送是指按照规定的批量，在一个指定的时间范围内进行配送。这种配送方式数量固定，备货工作较为简单，可以根据托盘、集装箱及车辆的装载能力规定配送的定量，能够有效利用托盘、集装箱等集装方式，也可做到整车配送，配送效率较高。

（3）定时定量配送。定时定量配送是指按照所规定的配送时间和配送数量进行配送。这种方式兼有定时、定量两种方式的优点，但是其特殊性强、计划难度大，因此适合采用的对象不多，不是一种普遍的方式。

（4）定时、定线路配送。定时、定线路配送是指在规定的运行路线上，制定到达时间表，按运行时间表进行配送，用户则可以按规定的路线及规定的时间接货以及提出配送要求。

（5）即时配送。即时配送是指完全按照用户突然提出的时间、数量方面的配送要求，随即进行配送的方式。这是有很高灵活性的一种应急方式，采用这种方式的品种可以实现保险储备的零库存，即用即时配送代替保险储备。

4. 按加工程度不同来分类

（1）加工配送。加工配送是指与流通加工相结合的配送。即在配送据点中设置流通环节，或是流通加工中心与配送中心建立在一起。如果社会上现成的产品不能满足用户需要，或者是用户根据本身的工艺要求，需要使用经过某种初加工的产品时，可以在经过加工后进行分拣、配货再送货到户。

（2）集疏配送。集疏配送是指只改变产品数量组成形态而不改变产品本身的物理、化学形态的，与干线运输相配合的一种配送方式。比如大批量进货后小批量、多批次发货，零星集货后以一定批量送货等。

5. 按经营形式不同来分类

（1）销售配送。销售配送是指配送企业是销售性企业，或者是指销售企业将其作为销售战略一环所进行的促销型配送。一般来讲，其配送对象是不固定的，用户也往往是不固定的，配送对象和用户往往是根据对市场的占有情况而定，其配送的经营状况也取决于市场状况，因此，这种形式的配送随机性较强，而计划性较差。各种类型的商店配送一般多属于销售配送。

（2）供应配送。供应配送是指用户为了自己的供应需要所采取的配送形式。在这种配送形式下，一般来讲是由用户或用户集团组建配送据点，集中组织大批量进货（以便取得批量折扣），然后向本企业配送或向本企业集团若干企业配送。在大型企业或企业集团或联合公司中，常常采用这种配送形式组织对本企业的供应，例如，商业中广泛采用的连锁商店，就常常采用这种方式。

（3）销售—供应一体化配送。销售—供应一体化配送是指对于基本固定的用户和基本确定的配送产品，销售企业可以在自己销售的同时，承担用户有计划供应者的职能，既是销售者，同时又成为用户的供应代理人，起到用户供应代理人的作用。销售—供应一体化的配送是配送经营中的重要形式，这种形式有利于形成稳定的供需关系，有利于采取先进的计划手段和技术手段，有利于保持流通渠道的畅通稳定。

（4）代存代供配送。代存代供配送是指用户将属于自己的货物委托给配送企业代存、代供，有时还委托代订，然后组织对本身的配送。这种配送在实施时不发生商品所有权的转移，配送企业只是用户的委托代理人。商品所有权在配送前后都属于用户所有，所发生的仅是商品物理位置的转移。配送企业仅从代存、代送中获取收益，但不能获得商品销售的经营性收益。在这种配送方式下，商、物是分流的。

（三）配送的作用

1. 完善了输送及整个物流系统

配送环节处于支线运输，灵活性、适应性、服务性都较强，能将支线运输与小搬运统一起来，使运输过程得以优化和完善。

2. 提高了末端物流的经济效益

采取配送方式，通过增大经济批量来达到经济进货。它采取将各种商品配齐集中起来向用户发货和将多个用户小批量商品集中在一起进行发货等方式，以提高末端物流经济效益。

3. 通过集中型库存，可使企业实现低库存或零库存

实现了高水平配送之后，尤其是采取准时制配送方式之后，生产企业可以完全依靠配送中心的准时制配送而不需要保持自己的库存。或者，生产企业只需保持少量保险储备而不必留有经常储备，这就可以实现生产企业多年追求的"零库存"，将企业从库存的包袱中解脱出来，同时解放出大量储备资金，从而改善企业的财务状况。实行集中库存，集中库存的总量远低于不实行集中库存时各企业分散库存之总量。

4. 简化手续、方便用户

采取配送方式，用户只需要向配送中心一处订购，就能达到向多处采购的目的，只需组织对一个配送单位的接货便可代替现有的高频率接货，因而大大减轻了用户工作量和负担，也节省了订货、接货等一系列费用开支。

5. 提高了供应保证程度

生产企业自己保持库存，维持生产，供应保证程度很难提高（受库存费用的制约）。采取配送方式，配送中心可以比任何企业的储备量更大，因而对每个企业而言，中断供应、影响生产的风险便相对缩小，使用户免去短缺之忧。

第二节　配送的作业程序

一、配送的基本环节

从总体上看，配送是由备货、理货和送货三个基本环节组成的，其中每个环节又包含着若干项具体的、枝节性的活动。

（一）备货

1. 备货的概念

备货即指准备货物的系列活动。它是配送的准备工作或基础环节，又是决定配送成败与否、规模大小的最基础环节。同时，它也是决定配送效益高低的关键环节。如果备货不及时或不合理，成本较高，会大大降低配送的整体效益。

2. 备货的具体活动内容

严格说来，备货工作应当包括两项具体活动：筹集货物和储存货物。

（1）筹集货物是由订货（或购货）、进货、集货及有关的质量检查、结算、交接等一系列活动组成的。配送的优势之一，就是可以集中用户的需求进行一定规模的备货。备货是决定配送成败的初期工作，如果备货成本太高，会大大降低配送的效益。

（2）储存货物是购货、进货活动的延续。在配送活动中，货物储存有两种表现形态：一种是暂存形态；另一种是储备（包括保险储备和周转储备）形态。

（二）理货

1. 理货的内容

理货是配送的一项重要内容，也是配送区别于一般送货的重要标志。理货包括货物分拣、配货和包装等经济活动。

2. 货物分拣的主要方式

货物分拣采用适当的方法和手段，从储存的货物中分出（或拣选）用户所需要的货物。分拣货物一般采取两种方式来操作：一是摘取式，二是播种式。

（1）摘取式分拣就像在果园中摘果子那样去拣选货物。具体做法是：作业人员拉着集货箱（或称分拣箱）在排列整齐的仓库货架间巡回走动，按照配送单上所列的品种、规格、数量等将客户所需要的货物拣出并装入集装箱内。

摘取式分拣的工艺过程：储物货位相对固定，而拣选人员或工具相对运动，所以又称作人到货前式工艺。形象地说，类似于人们进入果园，在一棵树上摘下熟了的果子后，再转到另一棵树前去摘果。

（2）播种式分拣货物类似于田野中的播种操作。具体做法是：将数量较多的同种货物集中运到发货场，然后，根据每个货位货物的发送量分别取出货物，并分别投放到每个代表用户的货位上，直到配货完毕。

播种式分拣的工艺过程：用户的分货位固定，而分货人员或工具携货物相对运动，所以又称作货到人前式工艺。形象地说，又类似于一个播种者，一次取出几亩地所需要的种子，在地里边巡回边播种，所以又称之为播种方式。

（三）送货（发送）

送货是配送活动的核心，也是备货和理货工序的伸延。在物流运动中，送货的现象形态实际上就是货物的运输（或运送），因此，常常以运输代表送货。但是，组成配送活动的运输（有人称之为"配送运输"）与通常所讲的"干线运输"是有很大区别的：前者多表现为对用户的"末端运输"和短距离运输，并且运输的次数比较多；后者多为长距离运输（"一次运输"）。由于配送中的送货（或运输）需面对众多的客户，并且要多方向运动，因此，在送货过程中，常常要进行运输方式、运输路线和运输工具的三种选择。按照配送合理化的要求，必须在全面计划的基础上，制定科学的、距离较短的货运路线，选择经济、迅速、安全的运输方式和适宜的运输工具。通常，配送中的送货（或运输）都把汽车（包括专用车）作为主要的运输工具。

（四）配送加工

配送加工是配送企业在配送系统内，按用户要求，设立加工场所进行的加工活动，如卷板展平、开片、下料，原木锯材，型材加工，玻璃集中套裁等，把货物变为用户需要的尺寸、规格或成分；还有器件组装、包装、集装、换装等（这时所说的包装是指对于经过分拣的一个用户所需要的货物，为保持在运送过程中完好无损和便于识别，需要进行重新包装。这种包装要记载货物的品种、数量，收货人的地址、姓名以及送货时间等）。配送企业必须按照所配送商品的特点和用户的基本要求来确定其加工内容，并设置加工设备，配备一定加工及其技术管理人才，按生产加工程序组织生产，努力提高劳动生产率和加工质量，降低劳动消耗，提高配送加工的经济效益。

二、配送的工艺流程

配送工艺流程有两种形态：一般流程和特殊流程。一般流程即配送运动必须经过的基本工艺流程，也是各种货物的配送活动共同具有的工艺流程。从现象上看，一般流程是一般意义上的配送工艺流程，而不是所有的货物配送都必须经历的运动过程。特殊工艺流程则刚好相反，它是适应于特殊需要和特殊产品运动而设计和实施的工艺流程，而不是所有的货物配送都必须经历的运动过程。

（一）配送的一般流程与特殊流程

1. 配送的一般流程

配送的一般流程基本上是这样的一种运动过程：进货→存储→分拣→配货、配装→送货。每个流程的作业内容如下所述。

（1）进货。进货亦即组织货源。其方式有两种：① 订货或购货（表现为配送主体向生产商订购货物，由后者供货）；② 集货或接货（表现为配送主体收集货物，或者接收用户所订购的货物）。前者的货物所有权（物权）属于配送主体，后者的货物所有权属于用户。

（2）储存。储存即按照用户提供的要求并依据配送计划将购买到或收集到的各种货物进行检验，然后分门别类地储存在相应的设施或场地中，以备拣选和配货。储存作业一般都包括这样几道程序：运输→卸货→验收→入库→保管→出库。存储作业依产品性质、形状不同而形式各异。有的是利用仓库进行储存，有的是利用露天场地储存，特殊商品（如液体、气体）则需储存在特制的设备中。

（3）分拣、配货。分拣和配货是同一个工艺流程中的两项有着紧密关系的经济活动。有时，这两项活动是同时进行和同时完成的（如散装物的分拣和配货）。在进行分拣、配货作业时，少数场合是以手工方式进行操作的，更多的场合是采用机械化或半机械化方式去操作的。

（4）送货。在送货流程中，包括这样几项活动：搬运、配装、运输和交货。其作业程序为：配装→运输→交货。送货是配送的终结，故在送货流程中除了要圆满地完成货物的移交任务以外，还必须及时进行货款（或费用）结算。在送货这道工序中，运输是一项主要的经济活动。据此，在进行送货作业时，选择合理的运输方式和使用先进的运输工具，对于提高送货质量至关重要。就前者而言，应选择直线运输、"配载运输"（即充分利用运输工具的载重量和容积，合理安排装载的货物和载运方法的一种运输方式）方式进行作业。

2. 配送的特殊流程

在实践中，某些有特殊性质、形状的货物，其配送活动有许多独特之处（例如，液体状态的物质资料的配送就不存在配货、配装等工序，金属材料和木材等生产资料的配送常常附加流通加工工序），据此，在配送的一般流程的基础上，又产生了配送的特殊流程。其作业程序有以下几种：

（1）进货→储存→分拣→送货。

（2）进货→储存→送货。

（3）进货→加工→储存→分拣→配货→配装→送货。

（4）进货→储存→加工→储存→装配→送货。

上面所述的几种配送流程中，第一项为各类食品的配送工序；第二项为煤炭等散货的配送流程；第三项为木材、钢材等原材料配送经常采用的作业工序；第四项为机电产品中的散件、配件的配送流程。

三、配送的应用

（一）在销售环节的应用

销售配送的经营管理模式有以下几种。

1. 电子商务型销售配送

（1）和 B2C 电子商务配套的"门到人"销售配送。这种销售配送的用户是以生活资料为主体的最终消费者。这就决定了在管理上要面临数量庞大的用户、需求不稳定的用户、个性化及突发性需求的用户、每次需求品种及数量都较小的用户，当然，在这种情况下，很难实行计划配送，因而有非常大的管理难度。

（2）和 B2B 电子商务配套的"门到门"配送。这种销售配送的用户是以生产产品为主体的企业，或是以零售为主的商业企业。这些用户的特点是需求品种规格较多、数量较大、需求较稳定而且用户的数量确定，用户的随机性较小。所以，这种类型的销售配送，比较容易建立精细的计划管理。

2. 批发分销型销售配送

批发分销型销售配送的应用领域主要是大型商业批发企业、大型工业、农业企业在国际贸易中或全国性、大范围的批发分销。

3. 零售型销售配送

零售型销售配送是面向广大消费者的配送，主要是"门到人"和"门到门"方式的配送。零售型销售配送可以采用电子商务的交易方式，也可以采用电话订货、传真订货、通信订货以及现在广泛采用的商店购货等方式进行交易活动，然后采用"商物分离"的方式，由配送中心或者商店进行配送。

（二）在供应环节的应用

供应配送往往是针对特定的用户，用配送方式满足特定用户的供应需求的配送方式。这种方式配送的对象是确定的，用户的需求是确定的，用户的服务要求也是确定的，所以，这种配送可以形成较强的计划性、较为稳定的渠道，有利于提高配送的科学性和强化管理。有了这个前提条件，才可以建立"供应链管理"的管理方式。供应配送有以下两种方式。

1. 由企业自己组织企业供应需求的配送

这种配送组织管理方式多发生在巨型企业和集团企业。这种类型的企业可以实行统一订货、集中库存、准时配送的方式，以保证车间和分厂或分公司的供应配送服务，甚至可以达到"零库存"的配送供应服务。由于是在同一企业之内，可以建立比较完善的信息系统，有统一的计划、指挥系统，可以做到企业内需求和供应的同步，有较强的科学性。

2. 由社会物流服务商（第三方物流）进行供应配送

这种配送组织管理方式，是由社会物流服务商对某一企业或者若干企业的供应需求实行统一订货、集中库存、准时配送或其他配送服务的方式。依靠社会物流服务商的专业配送服务，可以使企业专注于本身的核心竞争力和核心生产力，把供应服务委托给专业的第三方物流企业去做，往往可以取得更好的供应保障和更低的成本。这种供应配送按用户送达要求的不同可以分为以下几种形式。

（1）"门到门"供应配送。即由配送企业将用户的供应需求配送到用户"门口"，以后的事情由用户自己去做，有可能在用户企业内部进一步延伸成企业内的配送。

（2）"门对库"供应配送。由配送企业将用户的供应需求直接配送到企业内部各个环节的仓库。

（3）"门到线"供应配送。由配送企业将用户的供应需求直接配送到生产线。显然，这种配送可以实现企业的"零库存"，对配送的准时性和可靠性要求较高。

3. 销售—供应—体化配送

由生产企业或者是销售企业以自己生产和经营的产品供应给用户的配送形式。第三方物流只是受用户之委托，以自己的专业特长和配送渠道代理用户进行供应，而不是货物的所有者。货物所有者在实现销售的同时对用户完成了供应，这是在有连锁产品关系的企业之间、子企业和母企业之间经常采用的方式。

第三节　配送中心概述

一、配送中心的概念与功能

（一）配送中心的定义

配送中心是以组织配送性销售或供应，以及执行实物配送为主要职能的流通型结点。在配送中心，为了能做好送货的编组准备，必然需要采取零星集货、批量进货等多种资源搜集工作和对货物的分整、配备等工作，因此它也具有集货中心、分货中心的职能。为了更有效、更高水平地配送，配送中心往往还有比较强的流通加工能力。此外，配送中心还必须执行货物配备后送达到户的使命，这是和分货中心只管分货不管运达的重要不同之处。国家标准《物流术语》（GB/T18354—2006）中关于配送中心是这样定义的：从事配送业务的物流场所或组织。配送中心一般应符合下列要求：

　　（1）主要为特定的用户服务；

　　（2）配送功能健全；

　　（3）完善的信息网络；

　　（4）辐射范围小；

　　（5）多品种、小批量；

　　（6）以配送为主，储存为辅。

（二）配送中心的基本功能

　　配送中心是专门从事货物配送活动的经济组织。换个角度来说，它又是集加工、理货、送货等多种职能于一体的物流据点。具体说，配送中心有如下几种功能。

1. 采购功能

　　配送中心必须首先采购所要供应配送的商品，才能及时准确无误地为其用户即生产企业或商业企业供应物资。配送中心应根据市场的供求变化情况，制订并及时调整统一的、周全的采购计划，并由专门的人员与部门组织实施。

2. 存储功能

　　配送中心的服务对象是为数众多的生产企业和商业网点（比如连锁店和超级市场），配送中心需要按照用户的要求及时将各种配装好的货物送交到用户手中，满足生产和消费需要。为了顺利有序地完成向用户配送商品（货物）的任务，而且为了能够更好地发挥保障生产和消费需要的作用，配送中心通常要兴建现代化的仓库并配备一定数量的仓储设备，存储一定数量的商品。

3. 配组功能

　　由于每个用户企业对商品的品种、规格、型号、数量、质量、送达时间和地点等的要求不同，配送中心就必须按用户的要求对商品进行分拣和配组。配送中心的这一功能是其与传统仓储企业的明显区别之一，这也是配送中心的最重要的特征之一。可以说，没有配组功能，就无所谓配送中心。

4. 分拣功能

　　作为物流节点的配送中心，其服务对象（即客户）是为数众多的企业（在国外，配送中心的服务对象少则几十家，多则有数百家）。这些为数众多的企业不仅各自的性质不同，而且其经营规模也大相径庭。因此，在订货或进货时，不同的用户对于货物的种类、规格、数量会提出不同的要求。针对这种情况，为了有效地进行配送，即为了同时向不同的用户配送多种货物，配送中心必须采取适当的方式对组织进来的货物进行拣选，并且在此基础上，按照配送计划分装和配装货物。

5. 分装功能

　　从配送中心的角度来看，它往往希望采用大批量的进货来降低进货价格和进货费用。但是用户企业为了降低库存、加快资金周转、减少资金占用，则往往要采用小批量进货的方法。为了满足用户的要求，即用户的小批量、多批次进货，配送中心就必须进行分装。

6. 集散功能

在物流实践中，配送中心凭借其特殊的地位以及其拥有的各种先进的设施和设备，能够将分散在各个生产企业的产品（货物）集中到一起，然后经过分拣、配装向多家用户发运。与此同时，配送中心也可以做到把各个用户所需要的多种货物有效地组合（或配装）在一起，形成经济、合理的货载批量。配送中心在流通实践中所表现出来的这种功能即（货物）集散功能，也有人把它称为"配货、分散"功能。

7. 加工功能

为了扩大经营范围和提高配送水平，目前，国内许多配送中心都配备了各种加工设备，由此具备了一定的加工（系初加工）能力。这些配送中心能够按照用户提出的要求和根据合理配送商品的原则，将组织进来的货物加工成一定的规格、尺寸和形状。这些加工功能是现代配送中心服务职能的具体体现。

（三）配送中心的类别

为了深化及细化认识配送中心，就要对配送中心做出适当的划分。从理论上和配送中心的作用上来划分，可以把配送中心分成许多种类。下面仅就已在实际中运转的配送中心类别概述如下。

1. 按配送中心承担的流通职能分类

（1）供应配送中心。供应配送中心是专门为某个或某些用户组织供应的配送中心。例如，为大型连锁超级市场组织供应的配送中心；代替零件加工厂送货的零件配送中心，使零件加工厂对装配厂的供应合理化；我国上海地区六家造船厂的配送钢板中心，也属于供应型配送中心。

（2）销售配送中心。销售配送中心是以销售经营为目的，以配送为手段的配送中心。建立销售配送中心大体有三种类型：一种是生产企业为本身产品直接销售给消费者建立的配送中心，在国外，这种类型的配送中心很多；一种是流通企业作为本身经营的一种方式，建立配送中心以扩大销售，我国目前拟建的配送中心大多属于这种类型，国外的例证也很多；第三种是流通企业和生产企业联合建立的协作性配送中心。比较起来看，国外和我国的发展趋向，都向以销售配送中心为主的方向发展。

2. 按配送领域的广泛程度分类

（1）城市配送中心。城市配送中心是以城市范围为配送范围的配送中心。由于城市范围一般处于汽车运输的经济里程内，这种配送中心可直接配送到最终用户，且采用汽车进行配送，所以，这种配送中心往往和零售经营相结合。由于运距短，反应能力强，因而从事多品种、少批量、多用户的配送较有优势。

（2）区域配送中心。区域配送中心是以较强的辐射能力和库存准备，向省（州）际、全国乃至国际范围的用户配送的配送中心。这种配送中心配送规模较大，一般而言，用户规模也较大，配送批量也较大，而且，往往是既配送给下一级的城市配送中心，也配送给营业所、商店、批发商和企业用户，虽然也从事零星的配送，但不是主体形式。

3. 按配送中心的内部特性分类

（1）储存型配送中心。储存型配送中心是有很强储存功能的配送中心。一般来讲，在买方市场，企业成品销售需要有较大库存支持，其配送中心可能有较强储存功能；在卖方市场，企业原材料、零部件供应需要有较大库存支持，这种供应配送中心也有较强的储存功能。大范围配送的配送中心，需要有较大库存，也可能是储存型配送中心。我国目前已建立的配送中心，都采用集中库存形式，库存量较大，多为储存型。瑞士 GIBA-GEIGY 公司的配送中心拥有世界上规模居于前列的储存库，可储存 4 万个托盘；美国赫马克配送中心拥有一个有 16.3 万个货位的储存区，可见存储能力之大。

（2）流通型配送中心。流通型配送中心是基本上没有长期储存功能，仅以暂存或随进随出方式进行配货、送货的配送中心。这种配送中心的典型方式是，大量货物整进并按一定批量零出，采用大型分货机，进货时直接进入分货机传送带，分送到各用户货位或直接分送到配送汽车上，货物在配送中心仅做少许停滞。例如，阪神配送中心，中心内只有暂存货物，大量储存则依靠一个大型补给仓库。

（3）加工型配送中心。加工型配送中心以加工产品为主，因此在其配送作业流程中，储存作业和加工作业居主导地位。由于流通加工多为单品种、大批量产品的加工作业，并且是按照用户的要求安排的，因此，对于加工型的配送中心，虽然进货量比较大，但是分类、分拣工作量并不太大。

4. 按照配送中心的专业化情况分类

（1）专业配送中心。专业配送中心大体上有两个含义：一是配送对象、配送技术属于某一专业范畴，在某一专业范畴有一定的综合性，综合这一专业的多种物资进行配送，例如，多数制造业的销售配送中心，我国目前在石家庄、上海等地建立的配送中心大多采用这一形式；二是以配送为专业化职能、基本不从事经营的服务型配送中心。

（2）柔性配送中心。在某种程度上讲，柔性配送中心是与专业配送中心相辅相成的配送中心，这种配送中心不向固定化、专业化方向发展，而向能随时变化、对用户要求有很强的适应性、不固定供需关系、不断发展配送用户并向改变配送用户的方向发展。

（3）特殊的配送中心。所谓特殊的配送中心是指某类配送中心进行配送作业时所经过的程序是特殊的，包括不设储存库（或储存工序）的配送工艺流程和分货型配送中心。

①不设储存库的配送中心。在流通实践中，主要从事配货和送货活动（或者说专职于配货和送货），其本身不设储存库和存货场地，而是利用设立在其他地方的"公共仓库"来补充货物的配送中心，称作不设储存库的配送中心。一般配送生鲜食品的配送中心通常属于此类。

②分货型配送中心。这种配送中心是以中转货物为主要职能的配送中心。在一般情况下，这类配送中心在配送货物之前都先按照要求把单品种、大批量的货物（比如不需要加工的煤炭、水泥等物资）分堆，然后再将分好的货物分别配送到用户指定的接货点。

二、配送中心的运作

（一）配送中心的作业流程

不同类型的配送中心，其作业流程的长短不一，内容各异；但作为一个整体，其作业流程又是统一的、一致的。

1. 配送中心的一般作业流程

所谓的一般作业流程指的是作为一个整体来看待，配送中心在进行货物配送作业时所展现出的工艺流程。从一定意义上说，一般作业流程也就是配送中心的总体运动所显示的工艺流程。

配送中心的一般作业流程是以中、小件杂货配送为代表的配送中心流程，由于货种多，为保证配送，需要有一定储存量，属于有储存功能的配送中心。理货、分类、配货、配装的功能要求较强，但一般来讲，很少有流通加工的功能。配送中心的一般作业流程如图4-1所示。

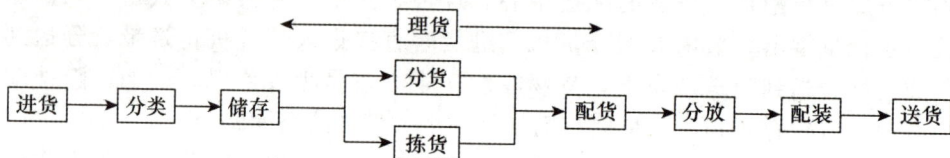

图4-1 配送中心的一般作业流程

固体化工产品、小型机电产品、水暖卫生材料、百货及没有保质期要求的食品配送中心等也采取这种流程。

这种流程也可以说是配送中心的典型流程，其主要特点是有较大的储存场所，分货、拣选、配货场所及装备也较大。

2. 配送中心的特殊作业流程

所谓的特殊作业流程是指某一类配送中心（即个别配送中心）进行配送作业时所经过的程序（或过程）。其中包括不设储存库（或储存工序）的配送工艺流程、带有加工工序的配送工艺流程和分货型配送工艺流程。

（1）不带储存库的配送中心作业流程。有的配送中心专门以配送为职能，而将储存场所尤其是大量储存场所转移到配送中心之外的其他地点，专门设置补货型的储存中心，配送中心中则只有为一时配送备货的暂存，而无大量储存。暂存设在配货场地中，在配送中心不单独设储存库。配送中心的特殊作业流程如图4-2所示。

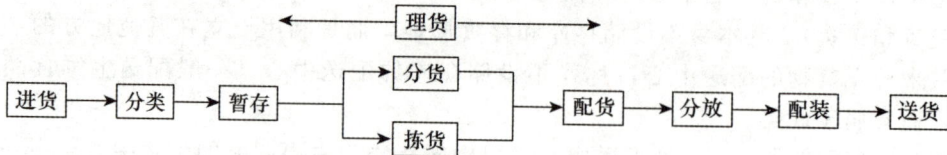

图4-2 不带储存库的配送中心作业流程

这种配送中心和第一种类型配送中心的流程大致相同，主要工序及主要场所都用于理货、配货，区别只在于大量的储存在配送中心外部而不在其中。

这种类型的配送中心，由于没有集中储存的仓库，占地面积比较小，也可以省却仓库、现代货架的巨额投资。至于补货仓库，可以采取外包的形式，采取协作的方法解决，也可以自建补货中心，实际上在若干配送中心基础上，又共同建设一个更大规模集中储存型补货中心。此外，还可以采用虚拟库存的办法来解决。

（2）加工型配送中心的作业流程。加工型配送中心也不是一个模式，随着加工方式的不同，配送中心的作业流程也有区别。

这种加工型配送中心作业流程的特点，以平板玻璃为例，进货是大批量、单（少）品种的产品，因而分类的工作不重或基本上无需分类存放。储存后进行加工，和生产企业按标准、系列加工不同，加工一般是按用户要求。因此，加工后产品便直接按用户分放、配货。所以，这种类型配送中心有时不单设分货、配货或拣选环节。配送中心中加工部分及加工后分放部分占较多位置。加工型配送中心作业流程如图4-3所示。

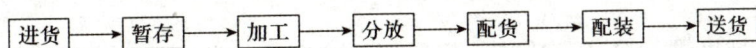

进货 → 暂存 → 加工 → 分放 → 配货 → 配装 → 送货

图4-3 加工型配送中心作业流程

（3）分货型配送中心的作业流程。分货型配送中心是将批量大、品种较单一产品进货，转换成小批量发货式的配送中心，不经配煤、成型煤加工的煤炭配送和不经加工的水泥、油料配送的配送中心大多属于这种类型。分货型配送中心的作业流程如图4-4所示。

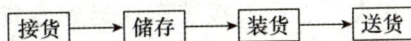

接货 → 储存 → 装货 → 送货

图4-4 分货型配送中心的作业流程

这种配送中心流程十分简单，基本不存在分类、拣选、分货、配货、配装等工序，但是由于是大量进货，储存能力较强，储存工序及装货工序是主要工序。

（二）配送中心的结构

配送中心虽然是在一般中转仓库基础上演化和发展起来的，但配送中心内部结构和布局与一般仓库有较大的不同。一般配送中心的内部工作区域结构配置如图4-5所示。

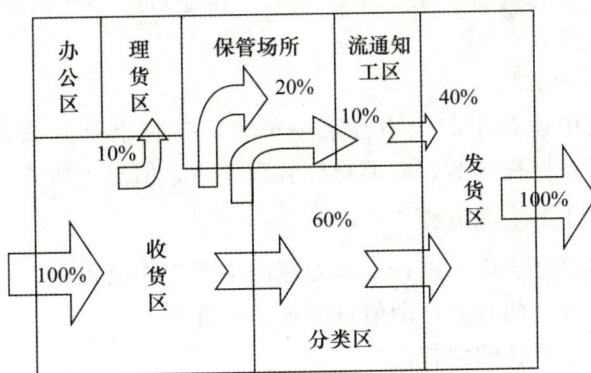

图4-5 配送中心基本结构布局及物流量示意图

1. 收货区

在这个区域里完成接货及入库前的工作，如接货、卸货、清点、检验、分类入库准备等。接货区的主要设施是：

（1）进货铁路和公路。

（2）靠卸货站台。

（3）暂存验收检查区域。

2. 保管区

在这个区域里储存或分类储存所进的物资。由于这是个静态区域，进货要在这个区域中有一定时间的放置。所以和不断进出的接货区比较，这个区域所占的面积较大。在许多配送中心中，这个区域往往占总面积一半左右。对某些特殊配送中心（如水泥、煤炭配送中心），这一部分在中心总面积中占一半以上。

3. 理货区

在这个区域里进行分货、拣货、配货作业，为送货做准备。这个区域面积随不同的配货中心而有较大的变化。例如，对多用户的多品种、少批量、多批次配送（如中、小件杂货）的配送中心，需要进行复杂的分货、拣货、配货等工作，所以，这部分占配送中心很大一部分面积。也有一些配送中心这部分面积不大。

4. 分类区

在这个区域里，按用户需要，将配好的货暂放暂存等待外运，或根据每个用户货堆状况决定配车方式、配装方式，然后直接装车或运到发货站台装车。这一个区域对货物进行暂存，暂存时间短、周转快，所以所占面积相对较小。

5. 发货区

在这个区域将准备好的货装入外运车辆发出。外运发货区结构和接货区类似，有站台、外运线路等设施。有时候，外运发货区和分放配装区还是一体，所分好之货直接通过传送装置进入装货场地。

6. 流通加工区

有许多类型的配送中心还设置流通加工区，在这个区域进行分装、包装、切裁、下料、混配等各种类型的流通加工。流通加工区在配送中心所占面积较大，但设施装置随加工种类不同有所区别。

7. 管理指挥区（办公区）

这个区域可以集中设置于配送中心某一位置，有时也可分散设置于其他区域中。主要的内涵是营业事务处理场所、内部指挥管理场所、信息场所等。

（三）配送中心订单处理流程

配送中心收到客户订单后，进行订单处理的主要工作流程如下：

（1）检查订单是否全部有效，即信息是否完全准确。

（2）信用部门审查顾客的信誉。

（3）市场销售部门把销售额记入有关销售人员的账下。

（4）会计部门记录有关的账务。

（5）库存管理部门选择和通知距离客户最近的仓库分拣客户订货、包装备运并及时登记公司的库存控制总账，扣减库存，同时将货物及托运单送交运输商。

（6）运输部门安排货物运输，将货物从仓库发运至收货地点，同时完成收货确认，即签收。

（7）配送中心在订单处理完毕后，将发货单寄给客户。这一过程也可由计算机网络完成。有了电子订货系统和订单处理系统，便于客户与配送中心之间的联系。物流企业可自行设计订单的格式，便于客户和配送中心上机使用，便于计算机处理。

此外，货物拣选完毕后，要核对集中起来的货物。如库存缺货，应立即通知营业部门修正原始文件。通常要填制包装清单放入每件货物中，以说明其中货物品类、数量，收货人也据此核收货物。

三、配送中心规划与设计

（一）物流配送中心选址规划设计原则

物流配送中心选址规划设计时要注重对规划设计原则的把握，遵循规划设计原则，保证物流配送中心选址的合理性。物流配送中心选址规划设计原则主要有以下几点。

1. 适应性原则

配送中心的选址和规划应与国家、省、市的经济发展整体方针、政策相适应，与我国物流资源分布和需求相适应，与国民经济和社会发展的阶段相适应。

2. 协调性原则

协调发展是配送中心选址和规划过程中应该遵循的原则之一，在配送中心的选址与规划时，应考虑物流网络大系统，使配送中心的设施设备在地域分布、物流作业生产力、技术水平等方面互相协调。

3. 经济性原则

配送中心的选址和规划应考虑建设费用及物流费用。在配送中心发展过程中，有关选址和规划的费用，主要包括建设费用及物流费用两部分。选址时应统筹规划物流配送中心这两部分费用以总费用最低作为配送中心选址的经济性原则。

4. 战略性原则

配送中心的选址和规划应具备战略眼光，统筹兼顾局部与全局，近期利益与长远利益。做到局部要服从全局，近期利益要服从长远利益，既要考虑目前的实际需要，又要考虑日后发展的可能。

（二）物流配送中心选址的主要考虑因素

物流配送中心的选址规划主要考虑的是宏观因素，由于不同行业的设施设备性质与特点不一样，因此在物流配送中选址时要充分考虑不同物流设施的性质与特点。

1. 目标市场客户及供应商分布

选址时首先要考虑的就是目标市场所服务的客户的地理位置分布，无论何种类型的企业，其设施的地理位置一定要和客户接近，并且是越近越好。要考虑选址该如何与产品的需求状况、消费水平与产品及服务水平相适应。这样，缩短配送中心与客户的距离，能更好地提高反应速度，及时高效地应对市场需求，减少运输成本，从而进一步降低总成本。另外，在选址过程中还应该考虑原材料、燃料、动力、水资源等条件。对于供应型配送中心而言，还应考虑供应商的分布，因为物流的商品全部是由供应商提供，越靠近供应商越能更好地将安全库存控制在较低水平，减少库存压力降低总成本。

2. 交通运输条件

交通运输条件是影响物流成本及效率的主要因素之一。交通运输的便利性与否将直接影响车辆运输能否正常快速进行，因此必须考虑本地区交通运输条件及未来交通的发展状况。物流配送中心的选址首先保障所选场址的交通运输的便利性和可选择性，尤其是一些大型的综合性的配送中心，其大量的业务及种类繁多的业务必然会接触到多种运输方式，所以配送中心选址和规划对于其运输条件要求甚高，优越的交通条件对于选址有着极为重要的意义。

3. 自然环境条件

自然条件在物流配送中心选址时也是要必须考虑的，实现了解当地的自然环境有助于降低配送中心建构的风险。例如，地质构造及起伏度、地展、河川等地理因素，以及降雨量、湿度、台风、地震、山洪、泥石流等因素都应考虑在内，其在配送中心的选址及建造上都会有着一定的影响。物流配送中心选址时应充分考虑自然条件，避免投资的盲目性和尽可能降低其以后的安全隐患风险。

4. 土地条件

综合土地与地形的限制和土地价格的考量，对于土地的使用必须遵照国家或地区相关的法律法规及开发规划的限制。配送中心的场址应尽量选在物流园区、工业园区或经济开发区。

5. 社会环境与政策因素

社会环境和政策因素也是物流选址评估和总体规划的重点之一，不同的社会环境有时对选址也有着不同程度的影响，特别是在国外建设实施时更应该注意当地的社会和政治环境。在物流也蓬勃发展的今天，政府政策的支持，更有利于物流业的发展。

除了上述影响因素外，道路、邮电通信、动力、燃料管线等基础设施对建立物流设施投资多寡影响也很大。

（三）物流配送中心选址规划流程

物流配送中心设施场址选择是物流设施规划的重要环节，也是物流配送中心选址规划的重要内容。物流设施场址的选择决定物流网络构成，其不仅影响着企业的物流能力而且还影响着企业实际物流营运效率与成本，对于企业来说是非常重要的物流战略规划决策，其决策不但直接影响到日后配送中心自身的运营成本和服务水平，而且影响到整个物流系统的经济效益与社会效益，物流配送中心的场址选择与规划是一个非常重要的环节。

一般来讲，物流配送中心选址网点布局应本着低成本、高服务、经济效益辐射性强以及社会综合效益高为主要目标，其选址网点布局规划决策程序大致分为筹划准备、地区选择及整体规划、具体地点的选择以及方案优化四个阶段（如图4-6所示）。这是一个逐步缩小区域范围、优化具体场址的筛选过程。

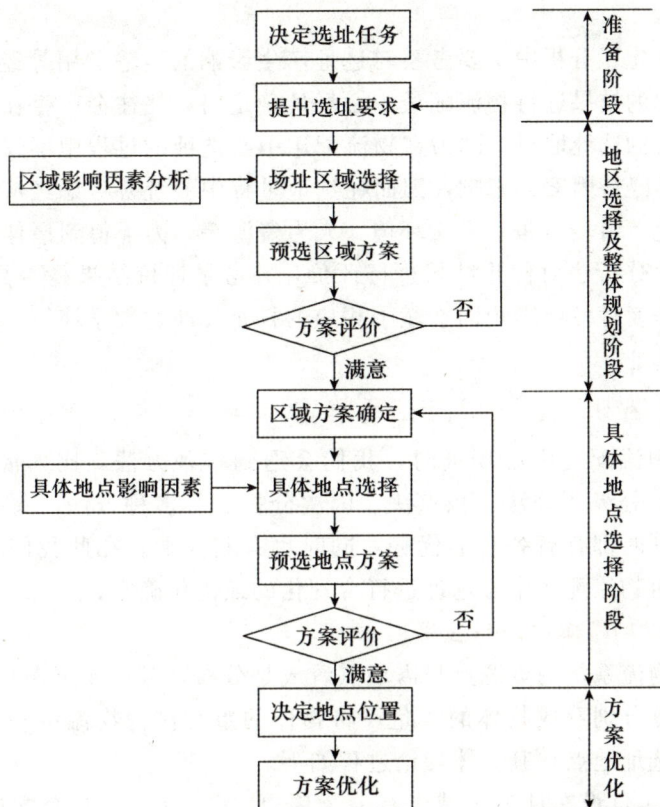

图 4 - 6　物流配送中心选址及网点布置基本程序图

1. 筹划准备阶段

在对大量的历史资料的收集整理及对物流系统现状的进一步了解的情况下，根据服务对象的需求条件，对选址目标提出要求，确定物流配送中心的选址原则并提出选址所需要的技术经济指标（产品、生产规模、运输条件、需要的物力资源和人力资源，以及各种技术经济指标）。通过大量的调研和对所需资料数据的科学分析来明确选址的科学性及重要性。

2. 地区选择及整体规划阶段

主要为调查研究收集资料。如向有关部门征询选址意见，调查可选地区的社会、经济、资源、气象、运输、环境等条件，进行比较分析，提出初步意见，并在企业经营决策的基本方针及中心建设的必要性基础上，确定配送中心的定位。

3. 具体地点的选择阶段

在对提出的几个备选地址进行深入调查、勘测和历史资料的科学分析后，进一步确定物流配送中心的场址，详细考察若干个具体地点。可以在此基础上建立数学模型，在定性分析的基础上通过数学演算进行定量分析。采用各种计算机仿真方法或系统评价方法对备选方案进行比较、分析和评价，并从中确定一个最佳物流配送中心场址。

4. 方案优化

由于在重心法定量分析中主要考察对选址产生影响的运输费用等经济性因素，在该定量模型直接得出的结果进行物流配送中心场址确定时，往往会产生在经济上最为可取但实际上无法实现的选址地点，因为在物流配送中心选址的过程中不仅有经济性因素的影响，还有很多非经济因素的影响，因而在选址过程中要统筹考虑经济因素与非经济性因素，如气候变化、市场竞争、人文环境、人力资源等。为了得到最佳的配送中心的场址，我们运用因次分析法对优化结果进行评价，并考量评价结果是否具有现实可行性，根据它们的影响程度对各项影响因素赋予相应的权重，通过数学演算，科学地确定最终同时也是最优的选址。

（四）物流配送中心选址规划方法原理

在规划设计物流配送中心场址时，我们会遇到多种方法，比如混合整数规划法、重心法、启发法、分级评分法、积点法、因次分析法等多种方法。每一种方法在物流配送中心选址规划时都有着各自的优势，同时也有其弊端。在此我们将运用重心法和因次分析法逐步对物流配送中心选址进行合理化的最优化确定。

1. 重心法选址的基本原理与应用

重心法是将物流系统的资源点与需求点看成是分布在某一平面范围内的物体系统，各资源点与需求点分别看成物体的重量，将物体的重心作为物流中心的最佳位置，通过计算得出最佳选址地点。其具体理论过程如下。

如图 4-7 所示，设在计划区域内有 n 个用户（$C_1 \sim C_n$）、一个配送中心（P_0）和每个需求点的需求量 w_i，每个用户的需求量和所在位置的坐标已给出，求配送中心的规模和最佳区域位置。

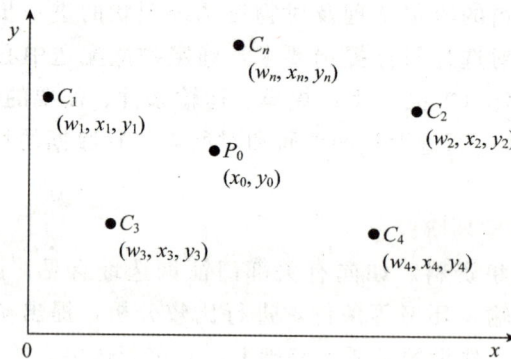

图 4-7　配送中心与客户的坐标

图中 $C_1 \sim C_n$ 旁括号内的变量分别表示需求量、横坐标、纵坐标，P_0 旁括号内的变量分别表示横坐标、纵坐标。

设配送中心到各需求点或资源点的运费率为 c_i，费用为 T_i，则有：

$$T = c_i w_i d_i \tag{4-1}$$

式中，d_i 为配送中心到各客户的距离，可写成以下形式：

$$d_i = [(x_0 - x_i)^2 + (y_0 - y_i)^2]^{\frac{1}{2}} \tag{4-2}$$

设配送中心到各客户的运输费用总和为 T，则：

$$T = \sum_{i=1}^{n} c_i w_i d_i = \sum_{i=1}^{n} c_i w_i [(x_0 - x_i)^2 + (y_0 - y_i)^2]^{\frac{1}{2}} \tag{4-3}$$

为了使总费用 T 最小，分别对 x_0，y_0 求偏导数，使其等于零，则：

$$\frac{\partial T}{\partial x_0} = \sum_{i=1}^{n} c_i w_i (x_0 - x_i)/d_i = 0 \tag{4-4}$$

$$\frac{\partial T}{\partial y_0} = \sum_{i=1}^{n} c_i w_i (y_0 - y_i)/d_i = 0 \tag{4-5}$$

由以上两式解得：

$$x_0 = \frac{\sum_{i=1}^{n} c_i w_i x_i/d_i}{\sum_{i=1}^{n} c_i w_i/d_i} \tag{4-6}$$

$$y_0 = \frac{\sum_{i=1}^{n} c_i w_i y_i/d_i}{\sum_{i=1}^{n} c_i w_i/d_i} \tag{4-7}$$

由上述两式可解得配送中心最佳位置坐标为：

$$x_0^* = \frac{\sum_{i=1}^{n} c_i w_i x_i/d_i}{\sum_{i=1}^{n} c_i w_i/d_i} \tag{4-8}$$

$$y_0^* = \frac{\sum_{i=1}^{n} c_i w_i y_i/d_i}{\sum_{i=1}^{n} c_i w_i/d_i} \tag{4-9}$$

由于上述两式子中含有 d_i，而 d_i 中仍然含有未知数 x_0 和 y_0。因此无法直接求出最佳位置。要想求出上述最佳位置，需要从确定初始值开始，一直求出 T 在最小为止，期间需要多次迭代计算。

迭代方法计算步骤如下：

①确定配送中心的初始地址 $(x_{00}，y_{00})$；

②利用式（4-3），计算 $(x_{00}，y_{00})$ 相对应的总运输费用 T_0；

③将 $(x_{00}，y_{00})$ 分别代入式（4-2）、（4-8）和（4-9）中，计算出配送中心的改进位置 $(x_{01}，y_{01})$；

④利用式（4-3）计算出与 $(x_{01}，y_{01})$ 相对应的总运输费用 T_1；

⑤将 T_1 与 T_0 进行比较，若 $T_1 < T_0$，则返回步骤③的计算，将 $(x_{01}，y_{01})$ 分别代入式（4-2）、（4-8）和（4-9）中，如此反复进行③～⑤的迭代计算，直至 $T_k \geqslant T_{k-1}$，求出 $(x_{0k-1}，y_{0k-1})$ 这一最优解为止。

通过上述理论计算过程，我们不难发现重心法在选址中的优缺点。

优点：计算原理简单，搜集数据比较容易并且易于理解。在不需要对物流系统进行整体分析评估的情况下，重心法在单一选址规划定位上使用起来比较简便易行。

缺点：该方法多是在过多假设的情况下使用，而实际生活中很难做到，比如运费等。它没有考虑到实际情况，在受多种因素的影响下，其得出的结果很可能是不可行的。其次，在模型中将距离用坐标来表示，这样就把运输费用看成了两点间直线距离的函数，这显然与实际不符。为了进一步逼近实际需要和克服重心法在配送中心选址应用过程中的缺点与不足，我们将运用因次分析法做进一步的研究，并最终得出最佳选址。

实例应用

某一著名连锁超市是一家具有多年历史的精品店面，在一地区拥有多家连锁超市零售点，随着此地区的经济快速发展企业也迎来了大发展的机遇，为扩大市场占有率，提高市场反应速度以更好地应对竞争，公司经研究决定在该地区单独建立一个超市配送中心。经统计研究得到各超市的以下具体情况，各超市地理坐标和商品需求量如表4-1。

表4-1　六个超市的数据表

零售点 D_i	货物需求量（w_i）（吨）	运输费率（c_i）［元／（吨·公里）］	坐标（x_i，y_i）（公里）	
1	20	5	20	30
2	25	5	35	80
3	15	5	40	28
4	40	5	50	65
5	30	5	28	46
6	35	5	55	60

第一步，根据各超市需求货物的重量，求出各超市所构成图形的重心，设重心的坐标（x_0，y_0）可以利用公式计算如下。

$$x_0 = \sum_{i=1}^{n} c_i w_i x_i \Big/ \sum_{i=1}^{n} c_i w_i = \frac{20 \times 20 + 25 \times 35 + 15 \times 40 + 40 \times 50 + 30 \times 28 + 35 \times 55}{20 + 25 + 15 + 40 + 30 + 35} = 40（公里）$$

$$y_0 = \sum_{i=1}^{n} c_i w_i y_i \Big/ \sum_{i=1}^{n} c_i w_i = \frac{20 \times 30 + 25 \times 80 + 15 \times 28 + 40 \times 65 + 30 \times 46 + 35 \times 60}{20 + 25 + 15 + 40 + 30 + 35} = 55（公里）$$

由上式计算可得物流配送中心位置坐标的初始值 P_0 为（40，55），按公式（4-2）计算出配送中心到各超市的距离见表4-2。按照公式（4-3）计算出初始位置为 P_0 时的总费用 T_0 为16200元。

表4-2　初始物流配送中心位置 P_0 到各超市的直线距离

距离	$P_0 - D_1$	$P_0 - D_2$	$P_0 - D_3$	$P_0 - D_4$	$P_0 - D_5$	$P_0 - D_6$
距离 d_i	32	25	27	14	15	16

将上述表格中的数值分别代入式（4-8），式（4-9）计算出第一次迭代的位置。

$$x_0^* = \frac{\sum\limits_{i=1}^{n} c_i w_i x_i / d_i}{\sum\limits_{i=1}^{n} c_i w_i / d_i}$$

$$= \frac{20 \times 20/32 + 25 \times 35/25 + 15 \times 40/27 + 40 \times 50/14 + 30 \times 28/15 + 35 \times 55/16}{20/32 + 25/25 + 15/27 + 40/14 + 30/15 + 35/16} = 42 \text{（公里）}$$

$$y_0^* = \frac{\sum\limits_{i=1}^{n} c_i w_i y_i / d_i}{\sum\limits_{i=1}^{n} c_i w_i / d_i}$$

$$= \frac{20 \times 30/32 + 25 \times 80/25 + 15 \times 28/27 + 40 \times 65/14 + 30 \times 46/15 + 35 \times 60/16}{20/32 + 25/25 + 15/27 + 40/14 + 30/15 + 35/16} = 57 \text{（公里）}$$

同理，按照 P_1（42，57）计算出物流配送中心到各超市直线距离 d_i 的运输总费用 $T_1 = 15192$ 元，由于 $T_1 = 15192$ 小于 $T_0 = 16200$，由此可知运输费用有进一步降低的可能，应返回式（4-2）、式（4-8）、式（4-9）中，计算出进一步改进后的物流配送中心的位置坐标 P_2，总费用 T_2，$T_1 < T_2$。因此 P_1（42，57）已是最优解，P_1（42，57）点为所选物流配送中心 P 最合理的位置。

2. 因次分析法选址的基本原理

物流配送中心选址时考虑的不只地理位置这一单一因素，经常要考虑诸多成本因素，还有许多非成本因素，而这些元素往往很难用金钱等成本来衡量，此时就很难决定最终选址的确定。为了更客观、更合理地确定区位的选择，我们就需要用因次分析法来决定更合理的位置选择。这是一种将各候选方案的成本因素和非成本因素同时加权并加以比较的方法。其实施步骤如下。

（1）研究要考虑的各种因素，从中确定必要的因素有哪些。若某一选址不能满足一项必要因素时，应将其删除。而确定必要因素的目的是将不适宜的选址排除在外。

（2）将各种必要因素分为客观因素（成本因素）和主观因素（非成本因素）两大类。客观因素是定量的，主观因素是定性的。同时要决定客观因素和主观因素的所占比重，用以反映客观因素与主观因素的相对重要性。设 $X=$ 主观因素的比重值，$1-X$ = 客观因素的比重值，$0 \leqslant X \leqslant 1$。如 X 接近 1，主观因素比客观因素更重要，反之客观因素更重要。X 值通常由选址的具体情况或通过征询专家意见来决定。

（3）确定客观量度值。对每一可行选址可以找到一个客观量度值 OM_i，此值的大小受选址的各项成本的影响。

$$OM_i = \left[C_i \sum_{i=1}^{N} \frac{1}{C_i} \right]^{-1} \tag{4-10}$$

式中：i 项选址方案总成本 C_i 为各项成本 C_{ij} 之和，即

$$C_i = \sum_{j=1}^{M} C_{ij} \tag{4-11}$$

式中：C_i——第 i 选址方案的总成本；

C_{ij}——第 i 选址方案的第 j 项成本；

OM_i——第 i 选址方案的客观量度值；

M——客观因素数目；

N——选址方案数目。

若将各选址方案的亮度值相加，总和必等于 1，即 $\sum_{i=0}^{N} OM_i = 1$。

（4）确定主观评比值。各主观因素因为是定性的没有量化值作为比较，所以用强迫选择法作为衡量各选址优劣的比较。强迫选择法是将每一选址方案和其他选址方案分别做出成对的比较。令较佳的比重值为 1，较差的比重值则为 0。根据各选址方案所得到的比重与总比重的比值来计算该选址的主观评比值 S_{ik}。用公式表示为：

$$S_{ik} = \frac{W_{ik}}{\sum_{i=1}^{N} W_{ik}} \tag{4-12}$$

式中：S_{ik}——第 i 选址方案对 k 因素的主观评比值；

W_{ik}——第 i 选址方案 k 因素占的比重。

$\sum_{i=1}^{N} W_{ik}$——k 因素的总比重值

主观评价值为一量化的比较值。此时则可以用数值来比较各方案的优劣。此值的变化区间为（0~1），数值愈接近 1 说明此选址方案越优越。

（5）确定主观量度值。主观因素不止一个且各主观因素间的重要性也各不相同。所以对各主观因素配上一个重要性指数 I_k。I_k 的分配方法可用步骤（4）中所述的强迫选择法来确定，然后再以每因素的主观评比值与该因素的重要性指数 I_k 相乘，分别计算每一选址方案的主观量度值 SM_i。可用下式表示：

$$SM_i = \sum_{k=1}^{M} I_k S_{ik} \tag{4-13}$$

式中：I_k——主观因素的重要性指数；

S_{ik}——第 i 选址方案对于 A 因素的主观评比值；

M——主观因素的数目。

（6）确定位置量度值。位置量度值 LM_i 为选址方案的整体评估值，其计算式为：

$$LM_i = X \times SM_i + (1 - X) \times OM_i \tag{4-14}$$

式中：X——主观比重值；

$(1 - X)$——客观比重值；

SM_i——第 i 选址的主观量度值；

OM_i——第 i 选址的客观量度值。

位置量度值最大者为最佳选择方案。

实例应用

上述一超市在用重心法粗略确定选址后，又邀请了部分专家对超市物流配送中心的选址进行了进一步的分析研究，在此基础上又提出了几个可供选择的候选场址 A、B、C 三处，因为所处地理位置的不同建设成本和维护费用亦有区别，各场址每年的费用如表 4-3 所示。此外，为最终确定场址，专家们还考虑了一些重要的非成本因素，比如当地的气候变化、市场竞争力、人力资源和周围的人文环境等。对于气候变化适宜度而言，A 比 B 好，C 最好；就竞争力来说，C 地最强，A、B 两地持平；至于人力资源和人文环境，B 地最优，其次为 C 地、A 地。假设各主观因素的重要性指数 d、e、f 依次为 0.6、0.3 和 0.1，此时我们用因次分析法来进一步评定最佳场址在何处。

表 4-3　各候选场址每年费用成本

成本因素 选址成本	成本（万元）		
	A	B	C
工资	260	240	258
运输费用	180	200	195
租金	75	85	95
其他费用	18	10	25
C_i	533	535	573

注：为计算方便运输费用进行了同步扩大。

根据上述表格所给出的数值，首先计算出 A、B、C 三处的位置量度值，然后再进行比较。由上述所给的原理计算如下。

第一，计算出客观量度值 OM_i：

$$OM_A = \left[C_i \sum_{i=1}^{N} \frac{1}{C_i} \right]^{-1} = \left[533 \times \left(\frac{1}{533} + \frac{1}{535} + \frac{1}{573} \right) \right]^{-1} = 0.3417$$

同理可得：$OM_B = 0.3404$

$OM_C = 0.3179$

第二，计算出主观评比值 S_{ik}，根据三个不同的主观因素，A、B、C 三处的主观评比值 S_{ik} 如表 4-4、表 4-5、表 4-6 所示：

表 4-4　气候环境两两相比

场址	C	B	A	比重	S_{ia}
A	0	1		1	0.33
B	0		0	0	0
C		1	1	2	0.67

①气候环境（C＞A＞B）。

总比重值：3。

②市场竞争力比较（C＞A＝B）。

表 4 - 5　市场竞争力两两相比

场址	C	B	A	比重	S_{ib}
A	0	0		0	0
B	0		0	0	0
C		1	1	2	1

总比重值：2。

③人力资源与人文环境（B＞C＞A）。

表 4 - 6　人力资源与人文环境两两相比

场址	C	B	A	比重	S_{ic}
A	0	0		0	0
B	1		1	2	0.67
C		0	1	1	0.33

总比重值：3。

根据各主观因素的重要性指数 I_k 和各选址位置的主观评比值 S_{ik}，可以计算出每一个可行位置的主观量度值 SM_i。然后将各主观因素进行评比总结，各候选场址评比值如表 4 - 7 所示。

表 4 - 7　各候选场址评比值 S_{ik}

因素 k		A	B	C	重要性 I_k
a	S_{ia}	0	0	1	0.6
b	S_{ib}	0.33	0	0.67	0.3
c	S_{ic}	0	0.67	0.33	0.1

由上述表格计算可得：$SM_A = 0 \times 0.6 + 0.33 \times 0.3 + 0 \times 0.1 = 0.099$

$$SM_B = 0 \times 0.6 + 0 \times 0.3 + 0.67 \times 0.1 = 0.067$$

$$SM_C = 1 \times 0.6 + 0.67 \times 0.3 + 0.33 \times 0.1 = 0.834$$

第三，计算位置量度值。通过实际情况勘察和专家研究后给定，主观因素和客观因素两者的比重相等即同等重要，所以给定的主观因素比重值 $x = 0.5$。

由公式：$LM_i = X \times SM_i + (1 - X) \times OM_i$

解之得：$LM_A = 0.5 \times 0.099 + 0.5 \times 0.3417 = 0.22035$

$$LM_B = 0.5 \times 0.067 + 0.5 \times 0.3404 = 0.2037$$

$$LM_C = 0.5 \times 0.834 + 0.5 \times 0.3179 = 0.57595$$

由上式的计算结果很容易得知 LM_i 越大者越优越，C 场址所得位置量度值在三个候选地址中最高，故 C 是最佳的物流配送中心选址地点。

复习题

1. 配送与配送中心的基本概念是什么？
2. 现代配送与传统送货的区别有哪些？
3. 如何理解现代配送在物流业中的地位和作用？
4. 配送的特点与类型有哪些？
5. 配送作业的基本程序是什么？
6. 配送的基本环节和工艺流程是什么？
7. 配送中心的基本功能和类别有哪些？

第五章

货物装卸搬运与堆码

▶ 学习目标

- 了解装卸搬运的基本概念；
- 了解现代装卸搬运的作业方式；
- 掌握装卸搬运设备的选择与运用；
- 熟练掌握货物堆码的技巧和安全操作知识。

▶ 导入案例

云南双鹤医药的装卸搬运成本

云南双鹤医药有限公司是北京双鹤这艘医药"航母"部署在西南战区的一艘战舰，是一个以市场为核心、现代医药科技为先导、金融支持为框架的新型公司，是西南地区经营药品品种较多、较全的医药专业公司。

虽然云南双鹤已形成规模化的产品生产和网络化的市场销售，但其流通过程中物流管理严重滞后，造成物流成本居高不下，不能形成价格优势。这严重阻碍了物流服务的开拓与发展，成为公司业务发展的"瓶颈"。

装卸搬运活动是衔接物流各环节活动正常进行的关键，而云南双鹤恰好忽视了这一点，由于搬运设备的现代化程度低，只有几个小型货架和手推车，大多数作业仍处于人工作业为主的原始状态，工作效率低，且易损坏物品。另外仓库设计不合理，造成长距离的搬运。并且库内作业流程混乱，形成重复搬运，大约有70%的无效搬运，这种过多的搬运次数，容易损坏商品，也浪费了时间。

从云南双鹤医药的装卸搬运成本案例不难看出，装卸搬运应减少操作次数，提高装卸搬运活性指数，实现装卸作业的省力化等。

案例来源：豆丁网 http://www.docin.com/p-767901552.html

思考题：

1. 结合案例分析说明云南双鹤药业公司业务发展的"瓶颈"。
2. 面对云南双鹤药业的现状，你能提出哪些改进措施？

第一节　装卸搬运概述

装卸搬运与运输、储存不同，运输是解决物品空间距离的，储存是解决时间距离的，装卸搬运没有改变物品的时间或空间价值，因此往往不会引起人们的重视。可是一旦忽略了装卸搬运，生产和流通领域轻则发生混乱，重则造成生产活动停顿。

一、装卸搬运的定义

按照国家标准《物流术语》（GB/T 18354—2006）中的解释是这样的：

装卸是物品在指定地点以人力或机械装入运输设备或卸下。

搬运是在同一场所内，对物品进行水平移动为主的物流作业。

二、装卸搬运的特点

（一）装卸搬运是附属性、伴生性的活动

装卸搬运是物流每一项活动开始及结束时必然发生的活动，因而有时常被人忽视，有时被看作进行其他操作时不可缺少的组成部分。

（二）装卸搬运是支持、保障性的活动

装卸搬运的附属性不能理解成被动的，实际上，装卸搬运对其他物流活动有一定决定性。装卸搬运会影响其他物流活动的质量和速度。

（三）装卸搬运是衔接性的活动

在任何其他物流活动互相过渡时，都是以装卸搬运来衔接的，因而，装卸搬运往往成为整个物流的"瓶颈"。

（四）装卸搬运是增加物流成本的活动

由于装卸搬运反复进行的次数多，累计成本的数量是不可忽视的。

三、物流中心装卸搬运的发展过程

从技术发展的角度来看物流中心物品装卸搬运的发展过程，主要经历了以下阶段：

（一）手工物品搬运

早期的物流中心由于包装形式和机械手段的缺乏，多数以手工搬运的形式进行车辆的装卸货物作业。

（二）机械化物品搬运

随着搬运设备技术的发展，物流中心开始采用机械设备代替人工搬运，从而节省了大量的人工。

（三）自动化物品搬运

计算机技术的发展为物流中心实现自动化装卸及搬运提供了可能，如自动化仓库或自动存取系统（AS/RS）、自动导向小车（AGV）、电眼以及条形码、机器人等的使用，大大加快了物流中心的货品装卸速度。

（四）集成化物品搬运系统

物流中心装卸货，存储上架，拆垛补货，单件分拣集成化物品搬运系统是通过计算机使若干自动化搬运设备协调动作组成一个集成系统并能与生产系统相协调，取得更好的效益。

（五）智能化物品搬运系统

结合与物流中心相关联的信息来源，将计划自动分解成人员、物品需求计划并对物品搬运进行优化和实施，达到物流中心智能化管理的目的。

目前我国多数物流中心采用的是以人工搬运和机械化搬运相结合的手段。以信息化为前提的智能化和集成化是物流中心搬运作业的发展方向。

第二节　现代装卸搬运的作业方式

一、决定装卸方法的条件

决定装卸方法的条件可以分为两大类：一类是由运输（配送）、保管、装卸三者相互关系决定的外部条件，一类是由装卸本身所决定的内在条件。此外，在装卸作业组织工作中还要考虑货车装卸的一般条件。

（一）决定装卸方法的外在条件

决定装卸作业方法的外在条件主要有以下几方面。

1. 货物特征

货物经由包装、集装等形成的形态、质量、尺寸（如件装、集装、散装货物）等，对装卸作业方法的选择有至关重要的影响。

2. 作业内容

装卸作业中的重点是堆码、装车、拆垛、分拣、配载、搬运等作业，其中以哪一种作业为主或哪几种作业组合，也影响到装卸作业方法的选择。

3. 运输设备

不同的运输设备，例如，汽车、轮船、火车、飞机等的装载与运输能力、装运设备尺寸都影响到装卸作业方法的选择。

4. 运输、仓储设施

运输、仓储设施的配置情况、规模、尺寸大小影响到作业场地、作业设备以及作业方法的选择。

（二）决定装卸方法的内在条件

由装卸作业本身所决定的装卸方法的内在条件主要有以下几方面。

1. 货物状态

主要指货物在装卸前后的状态。

2. 装卸动作

指在货物装卸各项具体作业中的单个动作及组合。

3. 装卸机械

装卸机械所能实现的动作方式、能力大小、状态尺寸、使用条件、配套工具等以及与其他机械的组合也成为影响装卸方法选择的因素。

4. 作业组织

参加装卸作业的人员素质、工作负荷、时间要求、技能要求对装卸作业方法的选择有重要的影响作用。

（三）货车装卸一般条件

1. 零担货物装卸

较多地使用人力和手推车、台车和输送机等作业工具，也可使用笼式托盘（托盘笼）、箱式托盘（托盘箱），以提高货车装卸、分拣及配货等作业的效率。

2. 整车货物装卸

较多采用托盘系列及叉车进行装卸作业。

3. 专用货车装卸

往往需要适合不同货物的固定设施、装卸设备，以满足装卸时需要的特殊技术要求。

以上所述的决定装卸作业方法的外在条件，同时也是决定其内在条件的因素，而内在条件受外部条件影响，所采取的货物状态、作业动作、装卸机械、工作环境和方式方法，成为直接决定装卸方法的因素。

二、现代装卸搬运作业方法

（一）单件作业法

装卸一般单件货物，通常是逐件由人力作业完成的，对于一些零散货物，诸如搬家货物等也常采用这种作业方法；长大笨重货物、不宜集装的危险货物以及行包等仍然采用单件作业法。单件作业依作业环境和工作条件可以采用人工作业法、机械化作业法、半机械化作业法、半自动化作业法。

（二）集装作业法

集装作业法是将货物集装化后再进行装卸作业的方法。常见的集装作业法有托盘作业法、集装箱作业法、框架作业法、货捆作业法、滑板作业法、网袋作业法、挂车作业法。

1. 托盘作业法

托盘作业法是用托盘系列集装工具将货物形成成组货物单元，以便于采用叉车等设备实现装卸作业机械化的装卸作业方法。常见托盘一般是川字型和田字形，如图5-1、图5-2、图5-3所示。

图5-1　川字形托盘

图5-2　田字形托盘

一些不宜采用平托盘的散件货物可采用笼式托盘形成成组货物单元（如图5-4所示）。

图5-3　轻型托盘

图5-4　笼式托盘

一些批量不很大的散装货物，如粮食、食糖、啤酒等可采用专用箱式托盘形成成组货物单元（如图5-5所示），再辅之以相应的装载机械、泵压设备等的配套，实现托盘作业法。

图5-5　箱式托盘

2. 集装箱作业法

集装箱的装卸作业通常采用垂直装卸法和水平装卸法进行，有的集装箱在货物堆场也可采用能力很大的集装箱叉车装卸。

（1）垂直装卸法。垂直装卸法在港口可采用集装箱起重机，目前以跨运车应用为最广，但龙门起重机方式最有发展前途（如图5-6所示）。在车站以轨行式龙门起重机方式为主，配以叉车较为经济合理，轮胎龙门起重机方式、跨运车方式、动臂起重机方式、侧面装卸机方式也较多采用。

图5-6　集装箱起重机与轨行式龙门起重机

（2）水平装卸法。水平装卸法在港口是以挂车和叉车为主要装卸设备。在车站主要采用叉车或平移装卸机的方式，在车辆与挂车间或车辆与平移装卸机间进行换装。

（3）集装箱装卸作业的配套设施。集装箱装卸作业的配套设施有维修、清洗、动力、照明、监控、计量、信息和管理设施等。在工业发达国家集装箱堆场作业全自动化已付诸实施。

3. 框架作业法

框架通常采用木制或金属材料制作，要求有一定的刚度、韧性，质量较轻，以保护商品、方便装卸、有利于运输作业。主要用于管件以及各种易碎建材，如玻璃产品等，一般适用于各种不同集装框架实现装卸机械化。

4. 货捆作业法

货捆作业法是用捆装工具将散件货物组成一个货物单元，使其在物流过程中保持不变，从而能与其他机械设备配合，实现装卸作业机械化。主要用于木材、建材、金属之类货物最适于采用货捆作业法。

常用带有与各种货捆配套的专用吊具的门式起重机和悬臂式起重机是货捆作业法的主要装卸机械，叉车、侧叉车（如图5-7所示）、跨车等是配套的搬运机械。

图 5-7　侧叉车

5. 滑板作业法

滑板是用纸板、纤维板、塑料板或金属板制成的与托盘尺寸一致的、带有翼板的平板，用以承放货物组成的搬运单元。滑板作业法虽具有托盘作业法的优点且占用作业场地少，但带推拉器的叉车较重、机动性较差，对货物包装与规格化的要求很高，否则不易顺利作业（如图 5-8 所示）。

与其匹配的装卸作业机械是带推拉器的叉车。叉货时推拉器的钳口夹住滑板的翼板（又称勾百或卷边），将货物支上货叉，卸货时先对好位，然后叉车后退、推拉器前推，货物放置就位。

图 5-8　带推拉器的叉车

图 5-9　集装袋

6. 网袋作业法

将粉粒状货物装入多种合成纤维和人造纤维编织成的集装袋、将各种袋装货物装入多种合成纤维或人造纤维编织成的网、将各种块状货物装入用钢丝绳编成的网，这种先集装再进行装卸作业的方法称为网袋作业法（如图 5-9 所示）。

它的特点是网袋集装工具体积小、自重轻，回送方便，可一次或多次使用。适宜于粉粒状货物、各种袋装货物、块状货物、粗杂物品的装卸作业。

7. 挂车作业法

挂车作业法是先将货物装到挂车里，然后将空车拖上或吊到铁路平板车上的装卸作业方法。通常将此作业完成后形成的运输组织方式称背负式运输，是公铁联运的常用组织方式。

(三) 散装作业法

散装货物装卸一般采用重力法、倾翻法、机械法、气力输送法。

1. 重力法

重力法是利用货物的势能来完成装卸作业的方法。它主要适用于铁路运输，汽车也可利用这种装卸作业法。重力法装车设备有筒仓（见图 5-10）、溜槽（见图 5-11）、隧洞等几类。

图 5-10 筒仓

图 5-11 溜槽

重力法卸车主要指底门开车或漏斗车在高架线或卸车坑道上自动开启车门、煤或矿石依靠重力自行流出的卸车方法。

2. 倾翻法

倾翻法是将运载工具的载货部分倾翻因而将货物卸出的方法。主要是用于铁路敞车和自卸汽车的卸载方法，汽车一般是依靠液压机械装置顶起货厢实现卸载的（如图 5-12所示）。

图 5-12 液压自卸车

3. 机械法

机械法是采用各种机械，使其工作机构直接作用于货物，如通过舀、抓、铲等作业方式达到装卸目的的方法。常用的机械有带式输送机、堆取料机、装船机、链斗装车机、单斗和多斗装载机、挖掘机及各种抓斗等。

4. 气力输送法

气力输送又称气流输送。它利用气流的能量，在密闭管道内沿气流方向输送颗粒状物料，是流态化技术的一种具体应用。气力输送装置的结构简单，操作方便，可进行水平的、垂直的或倾斜方向的输送，在输送过程中还可同时进行物料的加热、冷却、干燥和气流分级等物理操作或某些化学操作。

在以上三种装卸作业法中，集装作业法和散装作业法都是随物流量增大而发展起来的，并与现代运输组织方式（如集装箱运输）、储存方式（如高层货架仓库）等相互联系，互为条件、互相促进、相互配合，加速了物流现代化进程。

三、现代装卸搬运的作业准则

（一）防止无效装卸

无效装卸是消耗在有用货物必要装卸劳动之外的多余装卸劳动。具体反映在以下几个方面。

1. 过多的装卸次数

从发生的费用来看，一次装卸的费用相当于几十公里的运输费用，因此，每增加一次装卸，费用就会有较大比例的增加。此外，装卸又是降低物流速度的重要因素。

2. 过大的包装装卸

包装过大过重，在装卸时实际上是反复在包装上消耗较大的劳动，这一消耗不是必需的，因而形成无效劳动。

3. 无效物质的装卸

进入物流过程的货物，有时混杂着没有使用价值或对用户来讲使用价值不对路的各种掺杂物，如煤炭中的矸石、矿石中的水分、石灰中的未烧熟石灰及过烧石灰等，在反复装卸时，实际对这些无效物质反复消耗劳动，因而形成无效装卸。

（二）充分利用重力和消除重力影响，进行少消耗的装卸

1. 利用重力的合理化装卸

在装卸时考虑重力因素，可以利用货物本身的重量，进行有一定落差的装卸，以减少或根本不消耗装卸的动力，这是合理化装卸的重要方式。例如，从卡车、铁路货车卸物时，利用卡车与地面或小搬运之间的高度差，使用溜槽、溜板之类的简单工具，可以依靠货物本身重量，从高处自动滑到低处，这就无须消耗动力。

2. 尽量消除或削弱重力的合理化装卸

在装卸时尽量消除或削弱重力的影响，也会求得减轻体力劳动及其他劳动消耗的合理性。使货物平移，从甲工具转移到乙工具上，这就能有效消除重力影响，实现合理化。

（三）充分利用机械，实现"规模装卸"

追求规模效益的方法，旨在是通过各种集装实现间断装卸时一次操作的最合理装卸量，从而使单位装卸成本降低，也通过散装实现连续装卸的规模效益。

（四）提高"物"的装卸搬运活性

1. 装卸搬运活性的含义

装卸搬运活性是指从物的静止状态转变为装卸搬运运动状态的难易程度。如果很容易转变为下一步的装卸搬运而不需过多做装卸搬运前的准备工作，则活性就高；如果难于转变为下一步的装卸搬运，则活性低。

2. 活性指数的含义

为了对活性有所区别，并能有计划地提出活性要求，使每一步装卸搬运都能按一定活性要求进行操作，对于不同放置状态的货物做了不同的活性规定，活性指数就是标准定活性的一种方法。

3. 活性指数等级

活性指数分为0~4共5个等级，如表5-1所示。

表5-1　活性指数的5个等级

放置状态	需要进行的作业				活性指数
	整理	架箱	提起	拖运	
散放地上	需要	需要	需要	需要	0
置于一般容器	0	需要	需要	需要	1
集装化	0	0	需要	需要	2
无动力车	0	0	0	需要	3
动力车辆或传送带	0	0	0	0	4

四、现代装卸搬运的作业组织工作

（一）装卸作业的基本要求

1. 减少不必要装卸环节

从物流过程分析，装卸作业环节不仅不增加货物的价值和使用价值，反而有可能增加货物破损的可能性和相应的物流成本。系统地分析研究物流过程各个装卸作业环节的必要性，取消、合并装卸作业和次数，避免进行重复的或可进行也可不进行的装卸作业，这是减少不必要装卸环节的重要保证。

2. 提高装卸作业的连续性

必须进行的装卸作业应按流水作业原则运作，各工序间应密切衔接。必须进行的换装作业，也应尽可能采用直接换装方式。

3. 相对集中装卸地点

装载、卸货地点的相对集中，可以提高装卸工作量，易于采用机械化作业方式。在货物堆场上，应将同类货物的作业集中在一起进行，以便于采用装卸作业的机械化、自动化作业。

4. 力求装卸设备、设施、工艺等标准化

为了促进物流各环节的协调，就要求装卸作业各工艺阶段间的工艺装备、设施、

效率与组织管理工作相协调。装卸作业的工艺、装备、设施、货物单元或包装、运载工具、集装工具、信息处理等作业的标准化、系列化、通用化，这是装卸作业实现机械化、自动化的基本前提。

5. 提高货物集装化或散装化作业水平

成件货物集装化、粉粒状货物散装化是提高作业效率的重要方向。所以，成件货物尽可能集装成托盘系列、集装箱、货捆、货架、网袋等货物单元再进行装卸作业。各种粉粒状货物尽可能采用散装化作业，直接装入专用车、船、库。不宜大量化的粉粒状货物也可装入专用托盘箱、集装箱内，提高货物活化指数，便于采用机械设备进行装卸作业。

6. 做好装卸现场组织工作

使装卸现场的作业场地、进出口通道、作业线长度、人机配置等布局设计合理，能让现有的和潜在的装卸能力充分发挥或发掘出来。避免由于组织管理工作不当造成装卸现场拥挤、阻塞、紊乱现象，确保装卸工作能够安全顺利地进行。

（二）装卸组织工作

1. 制定科学合理的装卸工艺方案

装卸作业是货物、设备设施、劳动力、作业方法和信息工作等因素组成的整体。因此，装卸工艺方案应该从物流系统角度分析制定与装卸作业有关的装卸作业定额，按组织装卸工作的要求分析工艺方案的优缺点，并加以完善。

2. 加强装卸作业调度指挥工作

装卸调度员应根据货物信息、装卸设备的性质和数量、车辆到达时间，装卸点的装卸能力、装卸工人的技术专长和体力情况等合理调配组织。比如在装卸量大、装卸劳动力充沛、货物条件许可的情况下可采用集中出车、一次接送装卸工人的方法；在作业点分散的地区可以划分装卸作业区，通过加强装卸调度工作，以减少装卸工人的运送调遣。

3. 加强和改善装卸劳动管理

制定各种装卸作业时间定额是加强和改善装卸劳动管理、提高装卸效率的重要手段。装卸作业时间定额要建立在先进合理的水平上，并要根据相关条件的变化，定期加以修订完善。

4. 加强现代通信系统应用水平

移动通信应用水平或固定通信系统应用水平对装卸作业组织工作有重要的影响。及时掌握车辆到达时间等有关信息，是减少车辆等待装卸作业时间的有效措施。应当根据有关技术条件的应用情况，建立车辆到达预报系统，根据车辆到达时间、车号、货物名称、收发单位等的报告，事先安排装卸机具和劳动力，做好装卸前的准备工作，保证车到即可及时装卸。

5. 提高装卸机械化水平

提高装卸机械化水平的同时，要提高现代通信水平，这是做好装卸工作组织和做好物流工作的重要技术组织基础。

要从物流系统的组织设计做起，使得车辆、装卸机具、仓库等移动设备、固定设备的设计合理，从而可以提高装卸质量、装卸效率、减少装卸成本。

6. 应用数学方法改善装卸劳动力的组织工作

采用数学方法改善装卸劳动力的组织工作也是一种有效的途径。

第三节　装卸搬运设备的选择与运用

一、装卸搬运设备的分类

（一）按作业性质的分类

按装卸及搬运两种作业性质不同可分成装卸机械、搬运机械及装卸搬运机械三类。

1. 装卸机械

单一装卸功能的机械种类不多，手动葫芦最为典型，固定式吊车如卡车吊、悬臂吊等吊车虽然也有一定移动半径，也有一点搬运效果，但基本上还是看成单一功能的装卸机具。

2. 搬运机械

单一功能的搬运机具种类较多，如各种搬运车、手推车及斗式、刮板式输送机之外的各种输送机等。

3. 装卸搬运机械

物流科学很注重装卸、搬运两功能兼具的机具，这种机具可将两种作业操作合而为一，因而有较好的系统效果。这类机具中最主要的有叉车、港口用的跨运车、车站用的龙门吊以及气力装卸输送设备等。

（二）按机具工作原理分类

按照机具工作原理可分为叉车类、吊车类、输送机类、作业车类和管道输送设备类。

1. 叉车类

叉车主要包括各种通用和专用叉车。

2. 吊车类

吊车主要包括门式、桥式、履带式、汽车式、岸壁式、巷道式各种吊车。

3. 输送机类

输送机主要包括辊式、轮式、皮带式、链式、悬挂式等各种输送机。

4. 作业车类

作业车主要包括手车、手推车、搬运车、无人搬运车、台车等各种作业车辆。

5. 管道输送设备类

管道输送设备主要包括液体、粉体的装卸搬运一体化的由泵、管道为主体的一类设备。

（三）按有无动力分类

1. 重力式装卸输送机

有辊式、滚轮式等输送机属于此类。

2. 动力式装卸搬运机具

有内燃式及电动式两种，大多数装卸搬运机具属于此类。

3. 人力式装卸搬运机具

用人力操作作业，主要是小型机具和手动叉车、手车、手推车、手动升降平台等。

二、装卸搬运设备的选择

（一）以满足现场作业为前提

1. 装卸机械首先要符合现场作业的性质和物资特点、特性要求

如在有铁路专用线的车站、仓库等，可选择门式起重机；在库房内可选择桥式起重机；在使用托盘和集装箱作业的生产条件下，可尽量选择叉车以及起重机。

2. 机械的作业能力（吨位）与现场作业量之间要形成最佳的配合状态

装卸机械吨位的具体确定，应对现场要求进行周密的计算、分析。在能完成同样作业效能的前提下，应选择性能好、节省能源、便于维修、利于配套、成本较低的装卸机械。

3. 其他影响条件

影响物流现场装卸作业量的最基本因素是吞吐量，此外还要考虑堆码、卸垛作业量、装卸作业的高峰量等因素的影响。

（二）控制作业费用

装卸机械作业发生的费用主要有设备投资额、运营费用和装卸作业成本等项。

1. 设备投资额

设备投资额是平均每年机械设备投资的总和（包括购置费用、安装费用和直接相关的附属设备费用）与相应的每台机械在一年内完成装卸作业量的比值。

2. 装卸机械的运营费用

装卸机械的运营费用是指某种机械一年运营总支出（包括维修费用、劳动工资、动力消耗、照明等项）和机械完成装卸量的比值。

3. 装卸作业成本

装卸作业成本是指在某一物流作业现场，机械每装卸 1 吨货物所支出的费用，即每年平均设备投资支出和运营支出的总和与每年装卸机械作业现场完成的装卸总吨数之比。

（三）装卸搬运机械的配套

装卸搬运机械的配套是指根据现场作业性质、运送形式、速度、搬运距离等要求，合理选择不同类型的相关设备。

按装卸作业量和被装卸物资的种类进行机械配套，在确定各种机械生产能力的基

础上，按每年装卸货物量来确定机械台数和每台机械所担任装卸物资的种类和每年完成装卸货物的吨数进行配套。

此外，还可以采用线性规划方法来设计装卸作业机械的配套方案，即根据装卸作业现场的要求，列出数个线性不等式，并确定目标函数，然后求出最优的各种设备台数。

第四节 货物堆码

一、货物堆码原则与要求

货物堆码是根据货物的特性、形状、规格、重量及包装质量等情况，综合考虑地面的负荷、储存的要求，将货物分别叠堆成各种码垛。科学的货物堆码技术、合理的码垛，对提高入库货物的储存保管质量、提高仓容利用率、提高收发作业及养护工作的效率，都有着不可低估的重要作用。

（一）堆码的原则

1. 分类存放

不同类别的物品分类存放，甚至分区分库存放；不同规格、批次的物品分位、分堆存放；残损物品要与原货分开；需要分拣的物品，在分拣之后，应分类存放，以免混串；不同流向、经营方式的商品分类存放。

2. 选择适当的搬运活性

为了减少作业时间、次数，提高仓库物流速度，应根据物品作业的要求，合理选择物品的搬运活性，对搬运活性高的入库存放物品，也应注意摆放整齐，以免堵塞通道，浪费仓容。

3. 面向通道、不围不堵

一是所有物品的货垛、货位都有一面与通道相连，处在通道旁，以便能对物品进行直接作业；二是货垛以及存放物品的正面，尽可能面向通道，以便察看。物品的正面是指标注主标志的一面。

4. 尽可能地向高处码放，提高保管效率

有效利用库内容积应尽量向高处码放，为防止破损，保证安全，应当尽可能使用货架等保管设备。

5. 注意上轻下重，确保稳固

当货物重叠堆码时，应将重的货物放在下面，轻的货物放在上面。

6. 根据出库频率选定位置

出货和进货频率高的货物应放在靠近出入口、易于作业的地方；流动性差的货物放在距离出入口稍远的地方；季节性货物则依其季节特性来选定放置的场所。

7. 同一品种在同一地方保管

为提高作业效率和保管效率，同一货物或类似货物应放在同一地方保管。员工对

库内货物放置位置的熟悉程度直接影响着出入库的时间，将类似的货物放在邻近的地方也是提高效率的重要方法。

8. 便于识别原则

将不同颜色、标记、分类、规格、样式的商品分别存放。

9. 便于点数原则

每垛商品可按"五五化"堆垛，以五为基本计算单位，堆码成各种总数为五的倍数的货垛，以五或五的倍数在固定区域内堆放，使货物"五五成行、五五成方、五五成包、五五成堆、五五成层"（如图 5-13 所示），堆放整齐，上下垂直，过目知数。便于货物的数量控制、清点盘存。

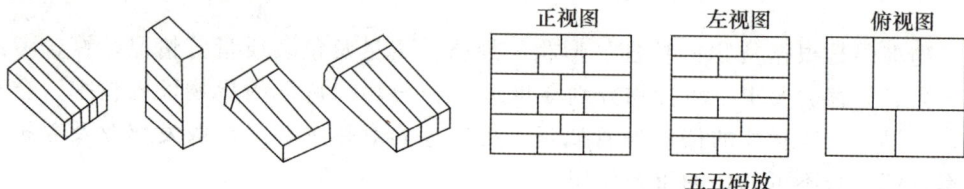

图 5-13　"五五化"堆垛示意图

10. 依据形状安排保管方法

依据物品形状来保管也是很重要的，如标准化的商品应放在托盘或货架上来保管。

（二）货物堆码的要求

1. 对堆码场地的要求

堆码场地可分为三种：库房内堆码场地、货棚内堆码场地和露天堆码场地。不同类型的堆码场地，进行堆码作业时，会有不同的要求。

库房内堆码场地：用于承受货物堆码的库房地坪，要求平坦、坚固、耐摩擦，一般要求 1 平方米的地面承载能力为 5～10 吨。堆码时货垛应在墙基线和柱基线以外，垛底须适当垫高。

货棚内堆码场地：货棚是一种半封闭式的建筑，为防止雨雪渗漏、积聚，货棚堆码场地四周必须有良好的排水系统，如排水沟、排水管道等。货棚内堆码场地的地坪应高于棚外场地，并做到平整、坚实。堆码时，货垛一般应垫高 20～40 厘米。

露天堆码场地：露天货场的地坪材料可根据堆存货物对地面的承载要求，采用夯实泥地、铺沙石、块石地或钢筋水泥地等。应坚实、平坦、干燥、无积水、无杂草，四周同样应有排水设施，堆码场地必须高于四周地面，货垛必须垫高 40 厘米。

2. 对堆码货物的要求

货物在正式堆码前，须达到以下要求：

（1）货物的名称、规格、数量、质量已全查清。

（2）货物已根据物流的需要进行编码。

（3）货物外包装完好、清洁、标志清楚。

（4）部分受潮、锈蚀以及发生质量变化的不合格货物，已加工恢复或已剔除。

（5）准备堆码的货物已进行集装单元化，以便于机械化作业。

二、商品堆垛设计的内容

为了达到商品堆垛的基本要求，必须根据保管场所的实际情况、商品本身的特点、装卸搬运条件和技术作业过程的要求，对商品堆垛进行总体设计。设计的内容包括垛基、垛形、货垛参数、堆码方式、货垛苫盖、货垛加固等。

（一）垛基

垛基是货垛的基础，其主要作用是：承受整个货垛的重量，将商品的垂直压力传递给地坪；将商品与地面隔离，起防水、防潮、通风的作用；垛基空间为搬运作业提供方便条件。因此，对垛基提出以下要求。

1. 将整垛商品的压力均匀地传递给地坪

垛基本身要有足够的抗压强度和刚度。为了防止地坪被压陷，应扩大垛基同地坪的接触面积，衬垫物要有足够的密度。

2. 保证垛基上存放的商品不发生变形

露天场地应平整夯实，衬垫物应放平摆正，所有衬垫物要同时受力，且受力均匀，大型设备的重心部位应增加衬垫物。

3. 保证良好的防潮和通风

垛基应为敞开式，有利于空气流通。可适当增加垛基的高度，特别是露天货场的垛基，其高度应为 30～50 厘米，必要时可增设防潮层，露天货场的垛基应保持一定的坡度，以利于排水。

垛基分为固定式和移动式两种。移动式又分为整体式和组合式，组合式垛基机动灵活，可根据需要进行拼装。

（二）垛形

垛形是指仓库场地码放的货物外部轮廓形状。按垛底的平面形状可分为矩形、正方形、三角形、圆形、环形等。按货垛立面的形状可分为矩形、正方形、三角形、梯形、半圆形，还可以组成矩形—三角形、矩形—梯形等复合形状。如图 5-14 所示。

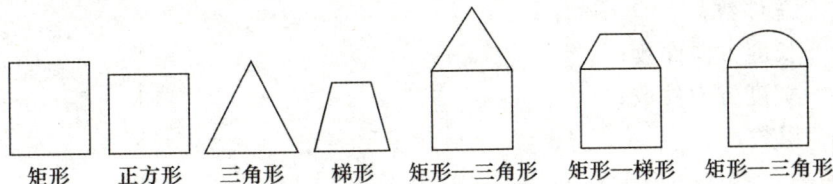

矩形　　正方形　　三角形　　梯形　　矩形—三角形　　矩形—梯形　　矩形—三角形

图 5-14　货垛立面示意图

各种不同的立面货垛的特点如下：

（1）矩形垛、正方形垛易于堆码，盘点计数方便、库容整齐，能充分利用仓库空间，但稳定性较差。

（2）梯形垛、三角形垛、半圆形垛的稳定性好、易苫盖、排水性能好，但不易堆码，不便于计数，不能充分利用仓库空间。

（3）矩形—三角形、矩形—梯形等复合型货垛恰好兼有两者的优点，多用于露天存货的堆垛。

垛形的确定需要根据商品的特性、保管的需要，实施作业方便、迅速和充分利用仓容的原则。仓库常见的垛形有平台垛、起脊垛、行列垛、立体梯形垛、井形垛、梅花形垛等。

1. 平台垛

平台垛即先在底层以同一个方向平铺摆放一层货物，然后垂直继续向上堆积，每层货物的件数、方向相同，垛顶呈平面，垛形呈长方体（如图5-15所示）。实际操作中并不都是采用层层加码的方式，往往是从一端开始，逐步后移。平台垛适用于同一包装规格整份批量货物，包装规则、能够垂直叠放的方形箱装货物，大袋货物，规则的成组货物，托盘成组货物等。平台垛可以用于仓库内和无须遮盖的堆场存放的货物码垛。

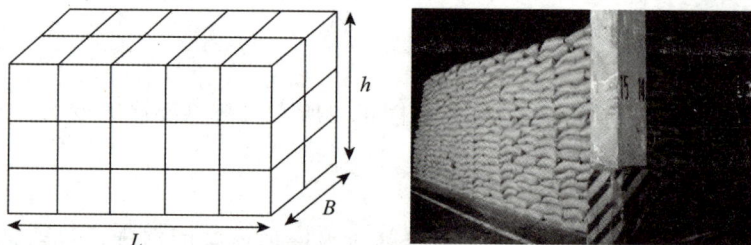

图5-15 平台垛

平台垛具有整齐、便于清点、占地面积小、方便堆垛操作的优点。但该垛形不具有很强的稳定性，特别是硬包装、小包装的货物有货垛端头倒塌的危险，所以在必要时（如太高、长期堆存、端头位于主要通道等）要在两端采取一定的加固措施。对于堆放很高的轻质货物，往往在堆码到一定高度后，向内收半件货物后再向上堆码，从而使货垛更加稳固。

标准平台垛的货物件数为：

$$A = L \times B \times h \tag{5-1}$$

式中：A——总件数；

L——长度方向件数；

B——宽度方向件数；

h——层数。

2. 起脊垛

先按平台垛的方法码垛到一定的高度，以卡缝的方式将每层逐渐缩小，最后使顶部形成屋脊形（如图5-16所示）。起脊垛是堆场场地堆货的主要垛形，货垛表面的防雨遮盖从中间起向下倾斜，方便排泄雨水，防止水湿货物。有些仓库由于陈旧或建筑简陋有漏水现象，仓内的怕水货物也应采用起脊垛堆垛并遮盖。

起脊垛是平台垛为了适应遮盖、排水需要而做的变形，故具有平台垛操作方便、占地面积小的优点，适用平台垛的货物同样可以适用起脊垛堆垛。但是起脊垛由于顶

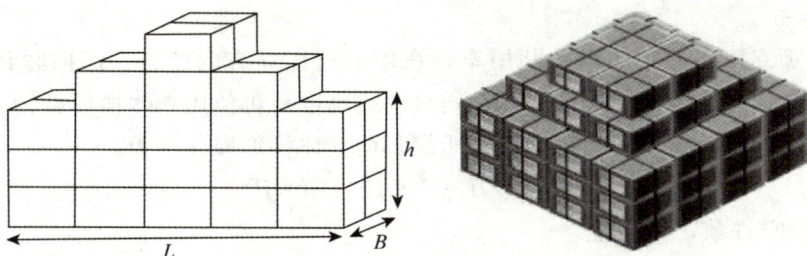

图 5 - 16　起脊垛

部压缝缩小以及形状不规则，造成清点货物不便，顶部货物的清点需要在堆垛前以其他方式进行。另外，由于起脊的高度使货垛中间的压力大于两边，因而采用起脊垛时库场使用定额要以脊顶的高度来确定，以免中间底层货物或库场被压坏。

起脊垛的货物件数为：

$$A = L \times B \times h + 起脊件数 \tag{5-2}$$

式中：A——总件数；

　　　L——长度方向件数；

　　　B——宽度方向件数；

　　　h——未起脊层数。

3. 行列垛

行列垛将每批货物按行或列的方式进行排放，每行或列为一层或数层高。货垛呈长条形（如图 5 - 17 所示）。行列垛适用于批量小的货物的码垛，如零担货物。为了避免混货，每批货物单独码放。长条形的货垛使每个货垛的端头都延伸到通道边，作业方便而且不受其他阻挡。但每垛货量较少，垛与垛之间都需留空，垛基小而不能堆高，因此占用较大的库场面积，库场利用率较低。

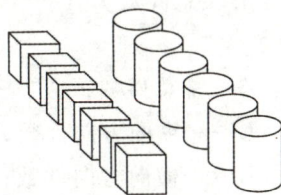

图 5 - 17　行列垛示意圈

4. 立体梯形垛

立体梯形垛是在最底层以同一方向排放货物的基础上，向上逐层同方向减数压缝堆码，垛顶呈平面，整个货垛呈下大上小的立体梯形状（如图 5 - 18 所示）。

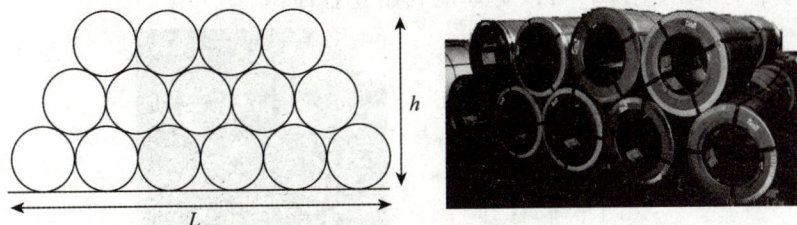

图 5 - 18　立体梯形垛

立体梯形垛适用于包装松软的袋装货物和上层面非平面而无法垂直叠码的货物的堆码，如横放的卷形、桶装、捆包货物。立体梯形垛极为稳固，可以堆放得较高，充分发挥仓容利用率。对于在露天堆放的货物采用立体梯形垛，为了排水需要可以起脊变形。

为了增加立体梯形垛的空间利用率，在堆放可以立直的筐装、矮桶装货物时，底部数层可以采用平台垛的方式堆放，在码放一定高度后再使用立体梯形垛。

每层两侧面（长度方向）收半件（压缝）的立体梯形垛件数为：

$$A＝（2×L－h＋1）×h×B/2 \tag{5-3}$$

式中：A——总件数；

L——长度方向件数；

B——宽度方向件数；

h——层数。

5. 井形垛

井形垛用于长形的钢管、钢材及木方的堆码。它是在以一个方向铺放一层货物后，以垂直方向进行第2层的码放，货物横竖隔层交错逐层堆放。垛顶呈平面（如图5-19所示）。井形垛垛形稳固，但每垛边上的货物可能滚落，需要捆绑或者收进。井形垛不方便作业，需要不断改变作业方向。

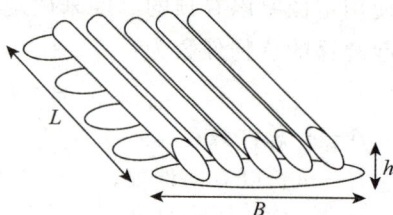

图 5-19　井形垛示意图

井形垛总件数为：

$$A＝（L＋B）×h/2 \tag{5-4}$$

式中：A——总件数；

L——纵向方向件数；

B——横向方向件数；

h——层数。

6. 梅花形垛

对于需要立直存放的大桶装货物，将第1排（列）货物排成单排（列），第2排（列）的每件靠在第1排（列）的两件之间的卡缝，第3排（列）同第1排（列）一样，然后每排（列）按卡缝依次排放，形如梅花（如图5-20所示）。这种垛形较为紧凑，充分利用了货件之间的空隙，可以更好地利用仓容面积。

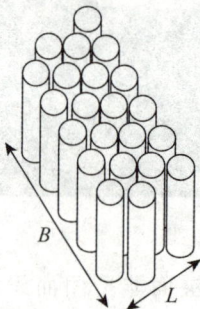

图 5-20　梅花形垛示意图

对于能够多层堆码的桶装货物，在码放第 2 层时，将每件货物压放在下层的 3 件货物之间，四边都缩少半件，形成立体梅花形垛。

单层梅花形垛总件数为：

$$A=（2×B-1）×L/2 \tag{5-5}$$

式中：A——总件数；

　　L——长度方向件数；

　　B——宽度方向件数。

（三）货垛参数

货垛参数是指货垛的长、宽、高，即货垛的外形尺寸。货垛的三个参数决定了货垛的大小，每个货垛不宜太大，以利于先进先出和加速商品的周转。

三、堆码作业操作

（一）堆垛前的准备工作

1. 码垛可堆层数、占地面积的确定

商品在堆垛前，必须先计算码垛的可堆层数及占地面积。对于规格整齐、形状一致的箱装商品，占地面积（单位：平方米）可参考以下公式计算。

$$占地面积=总件数/可堆层数×每件商品底面积 \tag{5-6}$$

其中，码垛可堆层数有两种计算方法：

（1）地坪不超重可堆层数计算方法（在仓库地坪安全负载范围内不超重）。指堆垛的重量必须在建筑部门核定的仓库地坪安全负载范围内（通常以千克/平方米为单位），不得超重。因此，商品在堆垛前，应预先计算码垛不超重可堆高的最多层数。

①以一件商品来计算（单位：层）。

$$不超重可堆高层数=仓库地坪每平方米核定载重量/商品单位面积重量 \tag{5-7}$$

$$其中，商品单位面积重量=每件商品的毛重/商品的底面积 \tag{5-8}$$

②以整垛商品来计算（单位：层）。

$$不超重可堆高层数=整垛商品实占面积×仓库地坪每平方米核定载重量/（每层商品的件数×每件商品的毛重） \tag{5-9}$$

（2）码垛不超高可堆层数计算方法（单位：层）。计算公式如下。

$$不超高可堆高层数=仓库可用高度/每件货物的高度 \tag{5-10}$$

在确定码垛可堆高层数时，除了应考虑以上两个因素外，还必须注意底层商品的可负担压力，不得超过商品包装上可叠堆的件数。根据上述三个可堆高层数的考虑因素，计算出的可堆高层数中取其中最小的可堆高层数，作为堆垛作业的堆高层数。

（二）码垛底层排列

码垛底层排列一般应计算出码垛可堆高层数，再进行码垛底层排列，它主要包括以下两个内容。

1. 码垛底数计算

底层商品数的多少，与货位的面积成正比，与每件商品的占地面积成反比；与码垛总件数成正比，与码垛可堆高层数成反比。

计算公式为：

$$底数＝码垛总件数／可堆高层数 \qquad (5-11)$$

2. 码垛底形排列

码垛底形排列的方式一般是根据货位的面积及每件商品的实占面积来综合安排的。底形排列的好坏，直接关系到码垛的稳定性、收发货作业方便性，应重视抓好。

3. 做好机械、人力、材料准备

垛底应该打扫干净，放上必备的垫墩、垫木等垫垛材料，如果需要密封货垛，还需要准备密封货垛的材料等。

（三）货垛的规范要求

货垛的规范要求主要是指"五距"，即垛距、墙距、柱距、顶距和灯距。叠垛时，不能依墙、靠柱、碰顶、贴灯；不能紧挨旁边的货垛，必须留有一定的间距。

1. 垛距

货垛与货垛之间的必要距离，称为垛距，常以支道作为垛距。垛距能方便存取作业，起通风、散热的作用，方便消防工作。库房垛距一般为0.5～1米，货场垛距一般不少于1.5米。

2. 墙距

为了防止库房墙壁和货场围墙上的潮气对货物的影响，也为了开窗通风、消防工作、建筑安全、收发作业，货垛必须留有墙距。墙距分为库房墙距和货场墙距，其中，库房墙距又分为内墙距和外墙距。内墙是指墙外还有建筑物相连，因而潮气相对少些；外墙则是指墙外没有建筑物相连，所以墙上的湿度相对大些。库房的外墙距为0.3～0.5米；内墙距为0.1～0.2米，货场只有外墙距，一般为0.8～3米。

3. 柱距

为了防止库房柱子的潮气影响货物，也为了保护仓库建筑物的安全，必须留有柱距，一般为0.1～0.3米。

4. 顶距

货垛堆放的最大高度与库房、货棚屋顶间的距离，称为顶距。顶距能便于搬运作业，能通风散热，有利于消防工作，有利于收发、查点。顶距的一般规定是：平库房，0.2～0.5米；人字形库房，以屋架下弦底为货垛的可堆高度；多层库房，底层与中层为0.2～0.5米，顶层须不少于0.5米。

5. 灯距

货垛与照明灯之间的必要距离，称为灯距。为了确保储存货物的安全，防止照明灯发出的热量引起靠近货物的燃烧而发生火灾，货垛必须留有灯距。灯距严格规定不少于0.5米。

(四) 货物堆码方法

常见的物品堆码方式有重叠式、压缝式、通风式、缩脚式、纵横交错式、交叠式、仰伏相间式、衬垫式、宝塔式、牵制式、栽桩式、串联式以及鱼鳞式等，如图5-21所示是其中的几种垛堆方式。

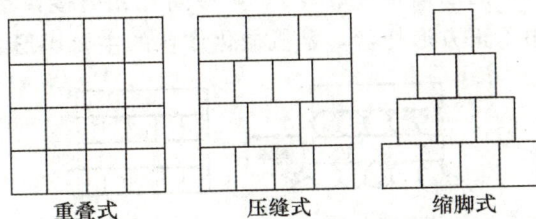

| 重叠式 | 压缝式 | 缩脚式 |

图5-21　几种垛堆方式

1. 重叠式

货物各层排列方式、数量完全相同，层间无交叉搭接，垛形整齐（如图5-22所示）。这种垛形的优点是操作简单、计数容易、收发方便，缺点是稳定性差，易倒垛，因而常采用绳子、绳网、塑料弹性薄膜等辅助材料来防塌。

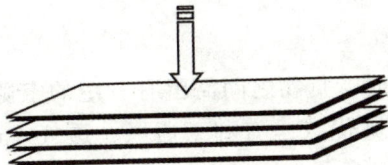

图5-22　重叠式堆码

此种垛形是机械化作业的主要垛形之一，适用于袋、箩筐、箱装货物、箱装商品及平板、片式商品、钢板、集装箱等商品。

2. 砌砖式

货垛上下两层排列的图谱正好旋转180°，层间互相搭接（如图5-23所示），因而稳定性较好，但是要求货物的长宽比为2∶3或3∶4。

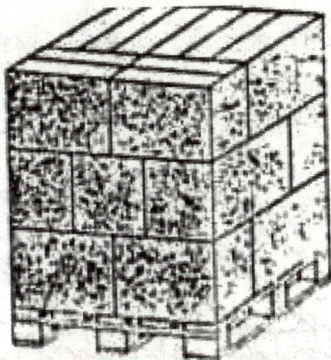

图5-23　砌砖式堆码

3. 纵横交错式

将长短一致，宽度排列能够与长度相等的商品，一层横放，一层竖放，纵横交错堆码，形成方形垛（如图5-24所示）。长短一致的管材、棒材、狭长的箱装材料等均可用这种垛形。有些材料，如铸铁管、钢筋等，一头大、一头小的，要大、小头错开。这种货垛上下两层的货物的图谱正好旋转90°，层间互相搭接，这种形式的优点是稳定性较好，缺点是只能用于正方形托盘，是机械化作业的主要垛形之一。

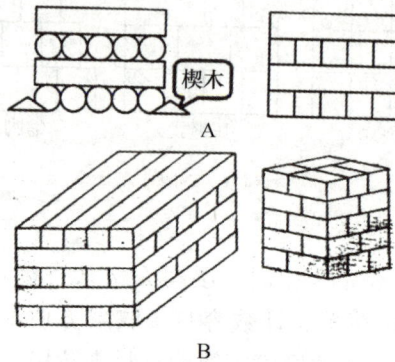

图5-24 纵横交错式货垛

4. 中心留空通风式

需通风防潮的货物堆垛时，货物之间需留有一定的空隙。上下两层图谱方向对称，矩形、方形图谱均可采用。其优点是有利于通风、透气，适宜货物的保管养护，但是空间利用率较低（如图5-25所示）。

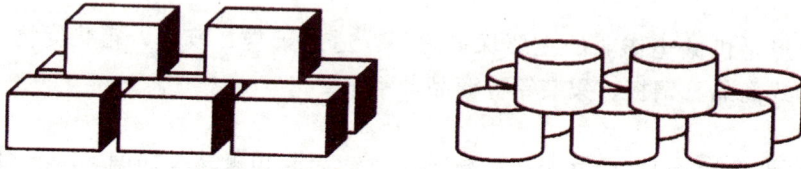

图5-25 通风式货垛

5. 仰伏相间式

对上下两面有大小差别和凹凸的货物，如槽钢、钢轨、箩筐等，将货物仰放一层，再反一面伏放一层相间相扣（如图5-26所示）。堆垛极为稳定，但操作不便。角钢和槽钢如果是露天存放，应该是一头稍高，一头稍低，以利于排水。

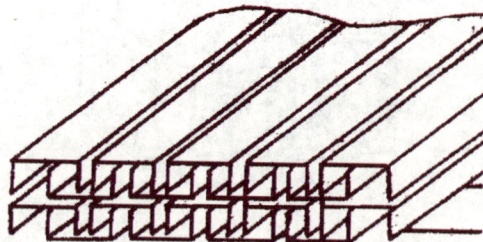

图5-26 仰伏相间式堆码

6. 压缝式

这是一种较普遍使用的方法，它是将底层并排摆放，上层放在下层的两件商品之间（如图 5-27 所示）。如果每层货物都不改变方向，则形成梯形形状；如果改变每层货物的方向，则类似于纵横交错式。常见的有 "2 顶 1" "3 顶 2" "4 顶 3" 等。它的优点是稳定性好、易苦盖、操作方便、节约仓容；缺点是不便清点商品。适用于建筑陶瓷、阀门、桶形货物。

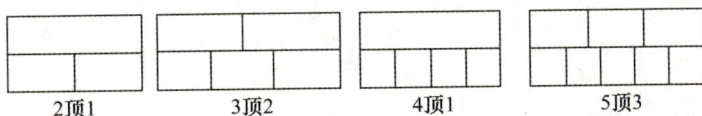

| 2顶1 | 3顶2 | 4顶1 | 5顶3 |

图 5-27　压缝式码垛方法

（五）对某些特殊要求货物的堆码

（1）需要经常通风的货物堆码时，可在每件或每层的前后左右留出一定的空隙，码成通风垛，以散发货物的温度或水分，如潮湿的木板等。

（2）堆码怕压的货物，应根据货物承受压力的大小，适当控制垛的高度。为了充分利用库容，最好利用架子摆放。

（3）容易渗漏的货物堆码时，为了便于检查，货垛不宜过大，适宜排列成行，行与行之间留出适当空隙，如油漆及桶装化工产品等。

（4）危险品（指易燃、易爆及爆炸物等）储放场所应干燥、阴凉、通风、库内电器、照明等设备要采用防爆装置，并设有安全消防设施。堆码不宜过高。

（5）毒害品（氰化钾、氰化钠等）都应单独存放，严密保存。切忌与酸类相遇，储放场所也必须干燥、阴凉、通风。堆码不宜过高。

（6）腐蚀品（各类酸、碱等）应单独存放。避免露天存放，适宜在干燥、阴凉、通风场所，堆码不宜过高。要经常检查，防止渗漏、腐蚀、切忌水浸。

（六）货物堆码中应注意的问题

（1）货物应面向通道进行保管。为使货物出入库方便，容易在仓库内移动，其基本条件是将货物面向通道保管。

（2）尽可能地向高处码放，提高保管效率。有效利用库内容积应尽量向高处码放，为防止破损，保证安全，应当尽量使用棚架等保管设备。

（3）根据出库频率选定货物堆码位置。出货和进货频率高的物品应放在靠近出入口，易于作业的地方；流动性差的货物放在距离出入口稍远的地方；季节性货物则依其季节性特性来选定放置的场所。

（4）同一品种应在同一地方保管。为提高作业效率和保管效率，同一货物或类似货物应放在同一地方保管，员工对库内货物放置位置的熟悉程度直接影响着出入库的时间，将类似的货物放在邻近的地方也是提高效率的重要方法。

（5）根据货物的重量安排保管位置。安排放置场所时，当然要把重的货物放在货架下边，把轻的货物放在货架的上边。需要人工搬运的大型货物则以腰部的高度为基准。这对于提高效率、保证安全是一项重要的原则。

（6）依据货物形状安排保管方法。依据货物形状保管也是很重要的，如标准化的货物应放在托盘或货架上来保管。

（7）先进先出的原则。货物保管的一条重要原则是对于易变质、易破损、易腐败的货物，机能易退化、老化的货物，应尽可能按先进先出的原则，加快周转。由于货物的多样化、个性化、使用寿命普遍较短，这一原则十分重要。

复习题

1. 装卸搬运的基本概念是什么？
2. 现代装卸搬运的作业方式有哪些？
3. 如何选择与运用装卸搬运设备？
4. 货物堆码的技巧和安全操作知识有哪些？

第六章

包装与流通加工

学习目标

- 了解商品包装的概念、意义、分类及作用；
- 了解包装的基本要求与通用标志；
- 了解现代包装技术；
- 熟练操作手动打包器；
- 了解流通加工的概念、地位和作用；
- 了解流通加工的类型和方式；
- 理解流通加工合理化的内涵。

导入案例

阿迪达斯的流通加工

阿迪达斯公司在美国有一家超级市场，设立了组合式鞋店，摆放着的不是做好了的鞋，而是做鞋用的半成品，款式花色多样，有6种鞋跟，8种鞋底，均为塑料制造，鞋面的颜色以黑、白为主，搭配的颜色有80种，款式有100余种，顾客进来可以任意挑选自己所喜欢的各个部位，交给职员当场进行组合。只要10分钟，一双崭新的鞋便可随手可得。这家鞋店昼夜营业，职员技术熟练，鞋子的售价与成批制造的价格差不多，有的还稍便宜些，所以顾客络绎不绝，销售金额比邻近的鞋店多10倍。

案例来源：道客巴巴网 http://www.doc88.com/p—7495945760877.html

思考题：

流通加工与生产制造的区别在哪里？

第一节 包装概述

一、商品包装的概念、作用与分类

商品包装与仓储管理的关系十分密切，如入库商品码高时，最下层商品的包装应能承受上层商品的重压。以重量为 30 千克的商品为例，如果商品码高 6 层，最下层的商品包装最低承重应为 150 千克。入库商品最多能叠堆几层，这就要根据商品包装上的标志来决定。此外，商品包装的尺寸直接关系到仓容利用率，商品的各类特性及仓储养护过程中的要求也常常是通过包装标志才能知晓。可见，作为一个仓储管理人员必须掌握有关的商品包装及包装标识的知识。

（一）包装的概念

包装是指为在流通过程中保护商品，方便储运，促进销售，按一定技术方法而采用的容器、材料和辅助物的总体名称。包装也指为了达到上述目的而采用容器、材料和辅助物的过程中施加一定技术方法等的操作活动。这是在国际标准 ISO 和中国国家标准《包装通用术语》（GB4122－1983）中对包装的定义。

包装具体来说包括两层含义：一层是静态的含义，指能合理容纳商品、抵抗外力侵害、避免外界不良因素影响、宣传和促进商品销售的物体，如包装容器等；第二层是动态的含义，指包裹、捆扎商品的工艺及操作过程。因此，商品包装实际是指包装物与包装操作的总称。包装物是指包装商品所使用的材料及容器，而包装操作则是指包装商品的方法、程序、技术、装潢形式等包装作业活动。

包装是实现商品的价值和使用价值的重要手段，也是衡量一个国家生产力水平和人民消费水平高低的重要标志。商品的包装既是生产的终点，又是物流的始点，因此包装是生产与物流的连接点，具有重要的地位和作用。

（二）包装的作用

商品包装具有三大作用，即保护作用、方便作用、促销作用。这三大作用又可衍生为商品包装的四大功能，即商品保护功能、便利储存功能、促进销售功能、方便消费功能。

1. 保护作用

包装具有保护商品的重要作用，这是包装的首要作用。只有包装过的商品才具有进行物流的能力，因为在运输、仓储、装卸、搬运等过程中，商品必须要有包装的有效保护，才能使商品不受损失地完成流通。

包装的保护作用主要表现在以下几个方面。

（1）防破损。商品在装卸、搬运、储存、运输等物流作业过程中，必然会经受多次的撞击、振动、挤压等外力作用，极易使商品破损、变形而损坏商品，这就需要有抵御外力破坏的保护性包装，这是包装最基本的作用。

（2）防变质。商品从生产领域到消费领域必须经过流通领域，也就必然要进行储存。为了防止商品在储存过程中受潮、发霉、变质，就需要对商品进行防变质的包装。现代包装具有防雨淋、防日晒、防霉变、防变质等多项作用。

（3）防虫蛀。商品在流通过程中，会遇到各种虫蛀、鼠咬等生物破坏商品的情况，不仅会破坏商品的组织结构，而且还会使商品破碎，影响商品的外形和质量。商品的合理包装能阻碍各种虫、鼠的侵入，形成对商品的保护。

此外，包装还有防止异物混入、防污染、防散失、防盗窃等的保护作用。

2. 方便作用

（1）方便运输。商品的形状各异，大小规格不同，若没有适当的、标准化的包装，就不便于装卸、搬运和运输，不利于物流作业的标准化、机械化、自动化，因此包装必须为方便物流做准备，例如，将氧气压缩后装入氧气瓶内，将液态商品装入桶内或罐内，将小件零星商品拼装成集装单元化商品等，以适应装卸、搬运、运输成组作业的需要，从而可缩短物流作业时间，增加单位面积装载量，提高工作效率，降低物流成本，提高经济效益。

（2）便利储存。商品在储存过程中，由于环境的影响及商品本身的原因，常常会引起商品质量的变化。适宜的包装不仅能保护商品，使商品不变质，而且有利于商品的保管和养护，使商品延长储存期，并减少储存中的损耗。此外，合理的标准化的包装有利于仓储作业机械化、自动化，有利于提高仓容利用率、降低单位面积储存费用。

（3）方便消费。随着人们生活水平的提高、科学技术的发展，商品的包装往往连同商品一起销售给消费者，因为现代包装技术能使不少商品成为新颖、别致的小包装方便商品，如小包装的饼干、糖果，小包装的榨菜、方便面，造型美观、实用的各种酒、月饼等，既方便携带，又便于保管和消费，较大程度上满足了广大消费者的愿望。

3. 促销作用

商品在流通过程中，促销的手段很多，其中包装属于重要的促销手段之一。其主要的促销作用有以下两方面。

（1）激发购买欲望。有人曾这样比喻——"精美的包装，胜过能说会道的推销员"，就已经形象地表明了商品外包装的宣传广告作用。它对顾客选购商品起着强有力的说服作用。著名的法国香水业有句名言："设计精美的香水瓶是香水的最佳推销员。"如有种香味类似森林和木料的男用香水，它的包装瓶子被设计成细高如树的造型，又配上能让人联想到木板的本色细条纸盒外包装，自然能激发顾客的购买欲望。

（2）增强竞争能力。同样的商品，若配上造型优美、新颖别致的包装，就能大大增强商品在市场上的竞争能力，常常可以卖出个好价钱；而陈旧、破损包装的商品，往往只能卖低价，有时连商品也卖不出去，在国际市场上这种情况尤为明显。我国出口商品曾因包装的质量、造型未能过关而没能打入国际市场的例子屡见不鲜，可见包装是相当重要的一种促销手段，也是提高商品竞争能力的有力措施。中国古代曾有这样的比喻——"三分货，七分扮"，足以说明古代人早已经认识到了包装对商品的重要促销作用。

（三）包装的分类

商品包装分类的方法有多种，欧共体规定将包装分为三大类：运输包装、辅助包装和销售包装，而我国常用的商品包装分类方法有以下几种。

1. 按包装的用途分类

（1）运输包装（又称工业性包装）。为了使商品在装卸搬运、运输、储存过程中不损坏，需要进行保护性的外包装。搬运包装的对象主要是工农业商品，特点是件大、笨重、集装化，对包装的装潢、造型要求不高，只要能方便搬运、保护商品、便于收发即可。

（2）销售包装（又称商业性包装）。为了能促进商品的销售，需要进行商业性的销售包装。包装的主要对象是生活消费品，特点是件小、量大、以单体商品为主，对包装的技术、造型、装潢要求较高，不仅要求美观、新颖、实用，而且要求安全、卫生、方便，除此以外，还要求商品包装装潢的印刷质量要好，字体图案要鲜艳、美丽、协调、具有艺术性。商业包装的主要功能是定量功能、标识功能、便利功能、促销功能、商品功能，主要目的是促进销售，便于零售，提高销售作业的效率。

有时商品的工业包装同时又是商业包装，譬如，装饮料罐的纸箱（355毫升×24）应属于工业包装，而连同纸箱一起出售时，也可以认为是商业包装。为使工业包装同时具有促销作用，常常可以采用商业包装的同时兼顾工业包装的要求，例如，不少家用电器的包装就兼有商业包装和工业包装的两重性质。

2. 按包装的材料分类

（1）纸制品包装。以纸及纸板为主要原料制成的包装。其优点是轻便、简单、卫生，价格便宜，易于推广；其缺点是怕雨淋，怕撞击、震动、重压等。主要有牛皮纸、纸袋纸、玻璃纸、纸盒、纸板箱、瓦楞纸箱、纸桶等。常用于食品、医药品、百杂货、纺织品、五金交电产品等的包装。

（2）木制品包装。以木材、木制品、人造板为原料制成的包装。其优点是牢固、耐压；其缺点是怕雨淋、怕火烤。主要有木盒、木箱、木桶、纤维板箱、胶合板箱等，适用于大型设备、五金交电产品、自行车、摩托车等的包装。

（3）塑料制品包装。以各种塑料为原料制成的包装。其优点是轻巧、方便、防潮，主要有塑料盒、塑料瓶、塑料袋、塑料软管、全塑箱、钙塑箱等，适用于日用消费品、食品、医药、纺织、服装、小五金等。

（4）玻璃、陶瓷制品包装。以普通或特种玻璃、陶瓷制成的包装。其优点是不易渗漏、密封性好，主要有玻璃瓶、玻璃罐、陶瓷瓶、陶瓷缸、陶瓷坛等，适用于酒、饮料、酱菜等有液体的食品及化工原料、试剂和危险品的包装。

（5）金属制品包装。以铁皮、马口铁、钢材、铝馆、铝合金等制成的包装。其优点是耐压、密封性能好、宜较长期储存商品。主要有金属盒、金属瓶、金属桶、金属软管、钢瓶等，适用于气体、液体、粉状、糊状商品的包装。

（6）其他材料制品包装。除以上几种包装材料外，其他还有棉制品包装、麻制品包装、人造纤维制品包装、竹制品包装及复合制品包装等。

3. 按包装的层次分类

（1）外包装。指商品最外层的包装，又称搬运包装，常指装卸搬运时直接接触的大包装，如纸箱、木桶、集装化包装等。

（2）中包装。指将若干个包装或单体商品组合成的小整体包装，属内层包装，又称内包装。如蚊香以20盘为一盒、火柴以10盒为一包等的包装。

（3）个包装。以一个单体商品为一个包装单位的包装，其目的是为了方便销售和消费，所以又称为销售包装或小包装，通常与商品形成一个整体，在销售中直接到达用户手中，如每只灯泡的小包装、每件服装的包装等，都属于个包装。

4. 按包装的功能分类

（1）出口包装。包装商品是为了出口，为了在国际市场上销售，为了赚取外汇，因此包装设计的寓意、图形、颜色、规格等都必须符合出口国人民的要求，适合该民族的风俗习惯、喜好。如日本人民喜欢乌龟，认为它是长寿的象征。中国有一批出口日本的酒瓶就做成乌龟的形状，结果非常热销。可见，出口包装符合出口国人民的习俗是相当重要的。

（2）内销包装。包装商品是为了在国内市场上销售，在国内打品牌，因此包装应适合我国人民的消费要求、符合我国的国情。一般普通生活用品的包装应讲究实惠、方便，而高档消费品的包装应讲究新颖、美观、高级。消费者自己使用的商品包装应简单、廉价、实用，而用作送礼的商品包装的装潢形式、材料、外观的设计则要求讲究，应尽可能做到优良、新颖、别致、惹人喜爱，例如，送给新婚夫妇的礼品，可以带有红色喜庆、心心相印的寓意；送给高龄老人祝寿的礼物，可以附有寿比南山、万寿无疆的图（字）等。

（3）特殊包装。特殊包装的对象往往是工艺品、古董、纪念品等。包装的目的主要是为了保护商品、美化商品，也为了更好地长期保存商品。因为这种包装的对象，价值往往比较高，所以在选择包装材料时，应以注重防震、防潮、防晒等保护性材料为主，同时兼顾商品包装的美观、实用、良好等要求。

5. 按包装技术分类

（1）一般包装。多数产品的包装都须针对其不同形态特点而采用一些通常的包装技术和方法，所以称为一般包装。

（2）防震包装。防震包装是为了减缓内装商品在装卸搬、运输过程中受到冲击和振动，使其免受损坏的保护措施，如用发泡聚苯乙烯、海绵木丝、棉纸等缓冲材料包衬内装商品，或将内装商品闸弹簧悬吊在包装容器里等。防震包装技术是包装件在流通过程中十分重要的一种包装技术。

（3）防潮包装。防潮包装是为了防止因潮气侵入包装件引起内装商品质量变化而采取的防护措施。如用防潮包装材料密封商品，或在包装容器内加适量干燥剂，以吸收残存在包装内的潮气和通过包装材料透入的潮气，也可在密封包装容器内抽真空等。防潮包装可以防止易吸潮的内装商品（如药品、饼干等）潮解，防止含水分食品、果品等变质，又可防止纤维制品、皮革制品等霉变。

（4）防锈包装。为了防止环境因素对内装商品的锈蚀，而采取保护性措施的包装。如在商品的表面涂刷防锈油（脂），或用气相防锈塑料薄膜、气相防锈纸包封商品等。

（5）防霉包装。为了防止商品在流通过程中生霉、变质而采用的保护商品质量的包装措施。如降低包装容器内的相对湿度，对内装商品及包装材料进行防霉处理等。常见的防霉包装方法主要有化学药剂（如多菌灵托布津）防霉包装、气相防霉包装、气调防霉包装三种。

（6）防虫包装。防虫包装是为了保护内装商品免受虫害的侵蚀，而采取的保护性措施。商品在仓储过程中遇到的主要危害之一是仓虫。仓虫不仅蛀食动植物商品和包装材料，而且还会排泄浊物污染商品。为了防止仓虫对商品的损害，在不损害商品质量的前提下，可在包装材料中掺入杀虫剂，或在包装容器中使用驱虫、杀虫剂或脱氧剂，以增强防虫效果。

（7）防水包装。防水包装是为防止水分浸入包装物而影响内装物质量而采取一定防护措施的包装。主要是采用某些防水材料作阻隔层，并用防水黏合剂或衬垫、密封等措施，以阻止水浸入包装内部。

防水包装材料主要有：包装外壁框架材料，如木材、金属、瓦楞纸板等；内衬材料，如各种防水包装用纸、涂布、复合塑料薄膜、铝箔及铝塑复合膜等；防水涂料，如石蜡、清漆等；密封材料及外层覆盖材料等。

二、包装的基本要求与通用标志

（一）基本要求

1. 科学性
合理选择材料、工艺、造型等。

2. 经济性
以最少的人、财、物获得最大的收益，强调适度包装。

过度包装——指包装价值与被包装的商品价值不相匹配，包装及其材料的价值与商品的价值相比太高。美国、加拿大等国家认为："过度包装就是污染环境。"过度的奢华包装是不可取的，如"月饼大战"期间，有的月饼厂为了用包装吸引顾客，将法宝压在了包装上，同一品牌的月饼，售价一下子上升了3倍左右。过度的包装对消费者是一种误导和欺骗。

过弱包装——指太简陋的包装，不能保护商品，看上去也寒酸。过弱包装设计的结果会造成商品在流通过程中破损率的增加，是应力求避免的，更不允许包装偷工减料，以一己之私造成社会资源的损害。据统计由于包装不足，我国一年损失达100亿元以上。

3. 美观性
商品包装，尤其是销售包装在对外贸易中更为重要，要按照国际市场的款式、规格包装。商品包装装潢设计应美观新颖，富有艺术感；图案简洁、雅致；色泽明朗、悦目；主题鲜明，具有民族风格；文字说明简明、浅易、真实、生动，促进销售，方便顾客识别。

4. 牢固性
必须保证在商品流通过程中的各种外因作用下，被包装的商品品质、数量完好无缺。设计和选用的包装容器，要有耐冲击力、防震能力、抗跌落强度、耐压强度等；要有良好的耐温、防湿、避光、防霉等功能。

5. 适销性
色彩、文字适合各类人群的消费习惯。

- 女性用品——柔和洁雅、精巧别致，突出艺术性和流行；
- 男性用品——刚劲粗犷、豪放潇洒，突出实用性和科学性；
- 儿童用品——形象生动、色彩艳丽，突出趣味性和知识性，以诱发儿童的好奇心和求知欲；
- 青年用品——美观大方、新颖别致，突出流行性和新颖性，以满足年轻人的求新心理和求异心理；
- 老年用品——朴素庄重、安全方便，突出实用性和传统性，尽量满足老年人的求实心理和习惯心理。

6. 环保性

要考虑环境保护的要求，增强无污染意识和环保意识，适应世界市场因各国对包装材料及包装废弃物提出的新标准和新法规而引起的新竞争，大力发展废弃物少、能回收复用、易于回收再生或自行降解的绿色包装。例如，蛋盒包装——用再生纸浆制作的蛋盒包装，它的结构和鸡蛋有着完美的结合，层层罗列，丝毫不占用多余的空间。

（二）包装标志

1. 包装标志的定义

包装标志是指为了商品在流通、选购、使用的过程中，能够安全、准确、及时地周转，在商品的外包装上用图像和文字标明的规定记号。它是用来指明包装物内商品的特性，为了安全运货、理货、储货的需要，也为了满足消费者了解商品的需要而专门设置的。商品包装标志的图形、文字及颜色，必须按国家统一规定的标准表示。

2. 包装标志的分类

商品的包装标志可以分为指示性标志、危险性标志、环保标志、质量认证标志和商检标志五种。

（1）指示性标志。商品包装上的指示性标志，是依据包装物内商品的特性，指示储运过程中的作业人员进行安全、合理操作要求的图像及文字的特殊记号，又称为储运图示标志。常见的包装储运图示标志共有 12 个（如表 6－1 所示）。它主要反映商品的怕湿、怕震、怕热、怕冷等性质、特点及在装卸、搬运、堆垛、保管、配送等过程中的注意事项，如防潮、易碎、堆码极限、禁用手钩、防热等。

表 6－1　包装储运图示标志

标志号	标志名称	标志图形	使用说明
标志 1	小心轻放	小心轻放	用于碰震易碎、需轻拿轻放的运输包装件

标志号	标志名称	标志图形	使用说明
标志 2	禁用手钩	禁止手钩	用于不得使用手钩搬动的运输包装件
标志 3	向上	向　上	用于指示不得倾倒、倒置的运输包装件
标志 4	怕热	怕　热	用于怕热的运输包装件
标志 5	远离放射源及热源	远离放射源及热源	用于指示需远离放射源及热源的运输包装件
标志 6	由此吊起	由此吊起	用于指示吊运运输包装件时放链条和绳索的位置
标志 7	怕湿	怕　湿	用于怕湿的运输包装件
标志 8	重心点	重心点	用于指示运输包装件重心所在处

续表

标志号	标志名称	标志图形	使用说明
标志 9	禁止滚翻	禁止翻滚	用于不得滚动搬运的运输包装件
标志 10	堆码重量极限	"最大……公斤" 堆码重量极限	用于指示允许最大堆码重量的运输包装件
标志 11	堆码层数极限	N 堆码层数极限	用于指示允许最大堆码层数的运输包装件（图中 N 为实际堆码层数，印刷或喷涂时用阿拉伯数字表示）
标志 12	温度极限	℃ 温度极限	用于指示需要控制温度的运输包装件

注：本标准参照采用国际标准 ISO780－1985《包装——货物搬运图示标志》。

（2）危险性标志。商品包装上的危险性标志，是用以表明包装物内的商品属于哪一类危险品及危险程度的标志，常用图像和文字表示。这是一种重要的包装标志，它能警示物流作业的有关人员，加强必要的安全防护措施，从而保证作业中人、财、物的安全，因此这种危险性标志，应印刷或粘贴在商品外包装上最醒目的规定位置上。

国家标准（GB190－85）《危险货物包装标志》对危险品包装标志的图形、适用范围、颜色、尺寸、使用方法等均有明确规定。我国规定危险商品的包装标志必须指出危险品的类别及危险程度等级。商品危险性标志共有爆炸品、有毒品、剧毒品、腐蚀性物品、氧化剂、自燃物品等18种（如图6-1所示）。

（3）环保标志。环保标志是一种反映环保意识的商品包装标志。商品上标有环保标志，表示该商品属于环保型的商品，包括商品及其包装材料均为环保型的，即商品使用后可再次回收利用。

（4）质量认证标志。质量认证标志是认证机构设计并发布的一种专用标志，用以标明该商品质量已达到某一特定标准或技术规范，由国务院标准化行政主管部门统一审批、认证发布、全面管理。质量认证标志，可向消费者传递正确可靠的商品质量信息，帮助购买者辨别质量认证的商品和非质量认证的商品，引导人们购买质量令人满意的商品。

图 6-1　联合国危险货物运输标志

质量认证标志可分为方圆认证标志、长城认证标志和 PRC 认证标志三类（如图 6-2所示）。质量认证标志必须经国家技术监督局或其授权机构批准的商品方可使用。这种标志可直接标在商品或包装上，也可标在发货单上，如散装粮食等，或标在产品说明书上。

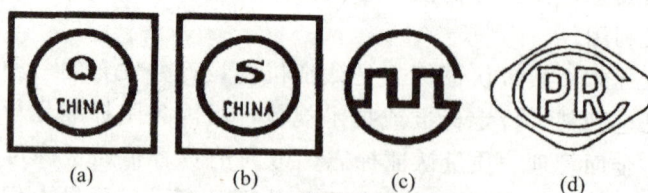

(a)　　　(b)　　　(c)　　　(d)

图 6-2　质量认证标志

①方圆认证标志。可分为合格认证标志和安全认证标志两种。合格认证标志的适用范围是一般工农业产品，实行各企业自愿申请，国家技术监督局审核批准、认证的方法。安全认证标志的适用范围为有安全要求的工业产品，实行强制性的认证方法，其主管机构为国家技术监督局。

②长城认证标志。是电工类商品专用的质量认证标志，其适用范围是有安全要求的电工产品，主管机构为中国电工产品认证委员会。

③PRC标志。为电子元器件专用的质量认证标志，其适用范围是电子元器件商品，主管部门是中国电子元器件质量认证委员会。

（5）商检标志。商检标志是我国进出口商品检验标志的简称（如图6-3所示）。商检标志分为卫生标志、安全标志、质量标志。我国进出口商品检验标志中，"CCIB"为"中华人民共和国进出口商品检验局"的英文缩写，H、S、Q为卫生（Health）、安全（Safety）、质量（Quality）的英文缩写。

图6-3　商检标志

三、现代包装技术

（一）收缩包装

其是将经过预拉伸的塑料薄膜、薄膜套或袋，在考虑其收缩率的前提下，包裹在被包装商品的外表面，以适当的温度加热，薄膜即在其长度和宽度方向产生急剧收缩，紧紧地包裹住商品，广泛用于销售包装，如扳手、钳子、笔记本等的包装。

1. 特点

（1）所采用的塑料薄膜通常为透明的，经过收缩后紧贴于商品，能充分显示商品的色泽、造型，大大增强了陈列效果。

（2）能包装用一般方法难以包装的异形商品如蔬菜、玩具、工具、鱼肉类等。

（3）所用薄膜材料有一定韧性，且收缩得比较均匀，在棱角处不易撕裂。

（4）可将多件零散商品方便地包装在一起。如几个罐头、几盒录音磁带等。

（5）对商品具有防潮防污染的作用，对食品能起到一定保鲜作用，有利于零售，延长货架寿命。

2. 缺点

需热收缩设备，需一定的投资和费用，会增加能源消耗，对一些颗粒、粉末或形状规则的商品，不如装盒装袋方便和速度快，对冷冻的或怕受热的商品不适应。

（二）充气包装

将产品装入气密性的包装容器内，密封前，充入不同的惰性气体（二氧化碳、氮气）置换内部的空气，从而使密封后容器内仅含少量氧气（1%～2%）。特别针对鲜活易腐商品，因其离开母体会继续进行呼吸作用，所以要加以控制。对干酪类食品，用真空技法会使干酪表面渗出油来，采用这种方法则问题得到了解决，如豆制品、花生仁、咖啡、蛋糕等。

常用于保鲜的气体有氮气、一氧化碳、二氧化碳、氧气、二氧化硫和臭氧等气体。

氮是无味、无臭、不溶于水的惰性气体。用氮气取代包装袋中的空气，能有效防止色素、油质、脂肪在包装袋中氧化。由于氮具有对食品不产生异味的优点，所以在大多数气调包装中都优先选用氮气或氮气与其他气体的混合气体。

二氧化碳对大多数好氧菌、霉菌的生长繁殖具有较强的抑制作用。二氧化硫有良好的抑菌、杀菌、防虫、防霉效果，能减缓新鲜果蔬的呼吸、代谢速度，常用于果蔬保鲜。

氧气是食品变质的主要因素。但新鲜肉类、鱼类、贝类等又需要一定的氧气来维持其色泽，因此在鱼类、蔬菜、肉类等需要护色的食品包装中也需要一定比例的氧气。

1. 优点

（1）用于食品包装，防止氧化、抑制微生物繁殖和昆虫的发育，能防止香气散失、变色等，从而较大幅度延长保存期。

（2）对于粉状、液状以及质软或有硬尖棱角的商品都能包装。

（3）用于软包装，外观不起褶皱而美观。

（4）用于日用工业品包装，起防锈防霉作用。

2. 缺点

（1）体积大，运输占用空间大，不能踩踏、承重。

（2）充气包装易被尖锐物品刺破，食品易变质。

（3）对填充气体要求较高，不能和食品反应，无毒，易得。

（4）基本上只适用于膏体和含水量较多的食品。

（三）真空包装

将产品装入气密性的包装容器，密封前排除包装内的空气，以前都用于食品瓶罐包装等包装，近年来在食品软包装容器及一些轻工业包装上得到了广泛应用。其几乎将容器内空气抽空，阻止氧气进入、微生物滋生，如平遥牛肉的真空包装。

1. 优点

（1）使用方便。真空包装袋可以方便、安全地打开。食用时，即可打开袋子里的食物进行食用，甚至无须加热即可食用。

（2）储运方便。真空包装袋材质轻，可叠合，占用空间小，节省储运费用。

（3）节省能源。真空包装袋由于较为轻薄，包装是通过杀菌效果，所耗能要比铁罐要少 30%～40%。

（4）保存时间长。真空包装的食品，无需冷藏或冷冻，寿命稳定，可与金属媲美，便于长期使用。

（5）保持食品的色、香、味、形。真空袋较薄，在短时间即可达到灭菌要求，尽可能多地保存了食品原有的色、香、味、形。

2. 缺点

（1）影响农业发展。废真空袋混在土壤中不断累积，会影响农作物吸收养分和水分，导致农作物减产。

（2）对动物生存构成威胁。抛弃在陆地上或水体中的废塑料制品，被动物当作食物吞入，导致动物死亡。

（3）影响土地的可持续利用。进入生活垃圾中的废塑料制品如果被填埋，200年不降解，对土地有极大的危害，会改变土地酸碱度，影响农作物吸收养分和水分，导致农业减产。

（4）高温则分解出毒害物质，塑料制品本无毒害物质，但因为它的回收再利用设备不够完善，工艺简陋，而且许多厂家无合法营业执照，导致再生产的塑料制品在温度达到65℃时，毒害物质就会析出并且渗入食品中，会对肝脏、肾脏、生殖系统及中枢神经等人体重要部位造成危害，所以在使用真空袋的时候我们要记得环保。

（四）脱氧包装

在密封的包装容器内，使用能与氧气起化学作用的吸氧剂，从而除去包装内的氧气，使内装物在无氧条件下保存。通常先将吸氧剂充填到透气性的小袋中。然后再放进包装内，能100％除氧。其可用于食品保鲜，如礼品、点心、茶叶、毛皮、书画、古董、镜片、精密机械零件及电子器材等的包装。

1. 优点

（1）完全杜绝氧气，防氧化、变色、生锈、发霉、虫蛀等。

（2）方法简便，不需大型设备。

2. 缺点

（1）应防止化学反应生成物对土壤和水体的污染。

（2）成本较高。

（五）喷雾压力罐包装

喷雾压力技术于1929年在挪威得以发明，1940年应用在包装技术上并在美国市场取得了成功。喷雾压力罐的原理是利用气压将内容物压出阀门。它的优点在于其人性化的设计，突出了使用上的便利性。它可以将液体均匀地呈雾状喷洒出来，方向和压力大小都很容易控制。部分化妆品采用喷雾压力罐包装使消费者在各种环境下，易于握拿、取用。比如，发用摩丝、香水等化妆品，常采用喷雾包装的形式，以方便定量取用。

（六）条形包装

它的原理是用两层包装膜将需包装的商品夹在中间，按照所需的单元通过热压黏合而成。条形包装常用在药品、食品等方面的包装（如图6-4所示）。其包装材料很多，有的两层均为铝箔膜，或两层塑料，或上塑下铝，或上铝下塑。

图6-4　条形包装

（七）防盗包装

其是打开后留下明显被盗痕迹的一种包装方法。

目前推广使用的防盗包装技术有两种，一是信号显示技术，这种包装在原封不动时显绿色，一旦打开就变成红色；二是氧化亚铁显示技术，将小包氧化亚铁放在包装内，一旦开启包装内的缺氧状态即遭破坏，氧化亚铁变为氧化铁，标志就变颜色。此外，还有一种防盗墨水，当包装打开后，墨水遇到高温或异常水分即脱墨。

第二节　流通加工

一、流通加工的概念

（一）流通加工的定义

流通加工是在物品从生产领域向消费领域流动的过程中，为了促进销售、维护产品质量和提高物流效率对物品进行的加工。

（二）流通加工和生产加工的区别

1. 加工对象不同

流通加工的对象是进入流通过程的商品，具有商品的属性，以此来区别多环节加工中的一环。流通加工的对象是商品，而生产加工对象不是最终产品，是原材料、零配件、半成品。

2. 加工程度不同

流通加工大多是简单加工，而不是复杂加工，一般来讲，如果必须进行复杂加工才能形成人们所需的商品，那么，这种复杂加工应专设生产加工过程，生产过程理应完成大部分加工活动，流通加工对生产是一种辅助及补充。特别需要指出的是，流通加工绝不是对生产加工的取消或代替。

3. 附加价值不同

从价值观点看，生产加工的目的在于创造价值和使用价值，而流通加工则在于完善其使用价值，并在不做大改变的情况下提高价值。

4. 加工责任人不同

流通加工的组织者是从事流通工作的人，其能密切结合流通的需要进行这种加工活动。从加工单位来看，流通加工由商业或物资流通企业完成，而生产加工则由生产企业完成。

5. 加工目的的区别

商品生产是为交换和消费而生产的，流通加工的一个重要目的，是为了消费（或再生产）所进行的加工，这一点与商品生产有共同之处。但是流通加工有时也以自身流通为目的，纯粹是为流通创造条件，这种为流通所进行的加工与直接为消费进行的加工从目的来讲是有区别的，这又是流通加工不同于一般生产的特殊之处。

二、流通加工的地位和作用

（一）流通加工在物流中的地位

1. 流通加工有效地完善了流通

流通加工在实现时间与场所两个重要效用方面，确实不能与运输和储存相比，但它是提高物流水平，促进流通向现代化发展的不可少的形态，是能起着补充、完善、提高增强作用的功能要素。

2. 流通加工是物流中的重要利润源

流通加工是一种低投入高产出的加工方式，往往以简单加工解决大问题。实践证明，有的流通加工通过改变装潢使商品档次跃升而充分实现其价值，有的流通加工将产品利用率一下子提高 20％～50％，这是采取一般方法提高生产率所难以企及的。

3. 流通加工在国民经济中也是重要的加工形式

在整个国民经济的组织和运行方面，流通加工是一种重要的加工形态，对推动国民经济的发展、完善经济结构和生产分工有一定的意义。

（二）流通加工在物流中的作用

1. 提高原材料利用率

利用流通加工环节集中下料，是将生产厂直接运来的简单规格产品，按使用部门的要求下料。例如，将钢板进行剪板、切裁；钢筋或圆钢裁制成毛坯；木材加工成各种长度及大小的板、方等。集中下料可以优材优用、小材大用、合理套裁，有很好的技术经济效果。

2. 进行初级加工，方便用户

用量小或临时需要的使用单位，缺乏进行高效率初级加工的能力，依靠流通加工可使使用单位省去进行初级加工的投资、设备及人力，从而搞活供应，方便了用户。

3. 提高加工效率及设备利用率

由于建立集中加工点，可以采用效率高、技术先进、加工量大的专门机具和设备。

这样做的好处：一是提高了加工质量，二是提高了设备利用率，三是提高了加工效率，其结果是降低了加工费用及原材料成本。

4. 充分发挥各种运输手段的最高效率

流通加工环节将实物的流通分成两个阶段。一般来说，由于流通加工环节设置在消费地，因此，从生产厂到流通加工这一阶段输送距离长，而从流通加工到消费环节的第二阶段距离短。第一阶段是在数量有限的生产厂与流通加工点之间进行定点、直达、大批量的远距离输送，因此可以采用船舶、火车等大批量的运输手段；第二阶段则是利用汽车和其他小型车辆来运送经过流通加工后的多规格、小批量、多用户的产品。这样可以充分发挥各种运输手段的最高利用效率，加快输送速度、节省运力运费。

5. 改变功能，提高收益

在流通过程中进行一些改变产品某些功能的简单加工，其目的除上述几点外，还在于提高产品销售的经济效益。

所以，在物流领域中，流通加工可以称为高附加价值的活动。这种高附加价值的形成，主要着眼于满足用户的个性化需要，提高服务功能而取得的，是贯彻物流战略思想的表现，是一种低投入、高产出的加工形式。

三、流通加工的类型和方式

（一）流通加工的类型

1. 为弥补生产领域加工不足进行的深加工

有许多产品在生产领域的加工只能到一定程度，这是由于存在许多限制因素限制了生产领域不能完全实现终极的加工。例如，钢铁厂的大规模生产只能按标准规格生产，以使产品有较强的通用性，使生产能有较高的效率和效益；木材如果在产地制成木制品的话，就会造成运输的极大困难，所以原生产领域只能加工到原木、板方材这个程度，进一步的下料、切裁、处理等加工则是由流通加工完成。

这种流通加工实际上是生产的延续，是生产加工的深化，对弥补生产领域加工不足有重要的意义。

2. 为满足需求多样化进行的服务性加工

从需求角度看，需求存在着多样化和变化两个特点，为满足这种要求，经常是用户自己设置加工环节，例如，生产消费型用户的再生产往往从原材料初级处理开始。

就用户来讲，现代生产的要求是生产型用户能尽量减少流程，尽量集中力量从事较复杂的技术性较强的劳动，而不愿意将大量初级加工包揽下来。这种初级加工带有服务性，由流通加工来完成，生产型用户便可以缩短自己的生产流程，使生产技术密集程度提高。

对一般消费者而言，则可省去烦琐的预处置工作，而集中精力从事较高级的、能直接满足需求的劳动。

3. 为保护产品所进行的加工

在物流过程中，直到用户投入使用前都存在对产品的保护问题，防止产品在运输、储存、装卸、搬运、包装等过程中遭到损失，使其使用价值能顺利实现。和前两种加工不同，这种加工并不改变进入流通领域的"物"的外形及性质。这种加工主要采取稳固、改装、冷冻、保鲜、涂油等方式。

4. 为提高物流效率，方便物流进行的加工

有一些产品本身的形态使之难以进行物流操作。如鲜鱼的装卸、储存操作困难；过大设备搬运、装卸困难；气体物运输、装卸困难等。进行流通加工，可以使物流各环节易于操作，如鲜鱼冷冻、过大设备解体、气体液化等。这种加工往往改变"物"的物理状态，但并不改变其化学特性，并最终仍能恢复原物理状态。

5. 为促进销售进行的流通加工

流通加工可以从若干方面起到促进销售的作用。如将大包装或散装物（这是提高物流效率所要求的）分装成适合一次销售的小包装的分装加工；将原以保护产品为主的运输包装改换成以促进销售为主的装潢性包装，以起到吸引消费者、指导消费的作用；将零配件组装成用具、车辆以便于直接销售；将蔬菜、肉类洗净切块以满足消费者要求等。这种流通加工可能不改变"物"的本体，只进行简单改装的加工，也有许多是组装、分块等深加工。

6. 为提高加工效率进行的流通加工

很多生产企业的初级加工由于数量有限加工效率不高，也难以投入先进科学技术。流通加工以集中加工的形式，解决了单个企业加工效率不高的弊病，以一家流通加工企业代替了若干生产企业的初级加工工序，能促进生产力水平的发展。

7. 为提高原材料利用率进行的流通加工

利用流通加工综合性强、用户多的特点，可以实行合理规划、合理套裁、集中下料的办法，这就能有效提高原材料的利用率，减少损失浪费。

8. 衔接不同运输方式，使物流合理化的流通加工

在干线运输及支线运输的结点，设置流通加工环节，可以有效解决大批量、低成本、长距离干线运输与多品种、少批量、多批次末端运输和集货运输之间的衔接问题，在流通加工点与大生产企业间形成大批量、定点运输的渠道，又以流通加工为核心，组织多用户的配送，也可在流通加工点将运输包装转换为销售包装，从而有效衔接不同目的的运输方式。

9. 以提高经济效益，追求企业利润为目的的流通加工

流通加工的一系列优点，可以形成一种"利润中心"的经营形态，这种类型的流通加工是经营的一环，可在满足生产和消费要求基础上取得利润，同时在市场和利润引导下使流通加工在各个领域中能有效发展。

10. 生产—流通一体化的流通加工形式

依靠生产企业与流通企业的联合，或者生产企业涉足流通，或者流通企业涉足生产，形成的对生产与流通加工进行合理分工、合理规划、合理组织，统筹进行生产与流通加工的安排，这就是生产—流通一体化的流通加工形式。这种形式可以促成产品结构及产业结构的调整，充分发挥企业集团的经济技术优势，是目前流通加工领域的

新形式。

（二）流通加工的方式

1. 钢材的流通加工

剪板加工是在固定的地点设置剪板机，下料加工是设置各种切割设备，将大规格钢板裁小，或切裁进行剪板加工，然后将小规格钢板进行销售的流通加工形式。

2. 木材的流通加工

（1）磨制木屑压缩输送。这是为了实现流通的加工。木材是容积大、重量轻的货物，在运输时占有相当大的容积，往往使车船满装但不能满载，同时，装车、捆扎也比较困难。

（2）集中开木下料。在流通加工点将原木锯裁成各种规格木材，同时将碎木、碎屑集中加工成各种规格板，甚至还可进行打眼、凿孔等初级加工。

3. 煤炭的流通加工

（1）除矸加工。是以提高煤炭纯度为目的的加工形式。可以提高煤炭运输效益和经济效益，减少运输能力的浪费。

（2）煤浆加工。这是一种将煤炭制成煤浆采用管道输送的新兴的加工技术。其优点是输送连续、稳定、快速、经济。

（3）配煤加工。在使用地区设置集中加工点，将各种煤及其他一些发热物质，按不同配方进行掺配加工，生产出各种不同的发热燃料，称为配煤加工。

4. 水泥的流通加工

（1）水泥熟料的流通加工的优点有以下几方面：

①可以大大降低运费、节省运力；

②可按照当地的实际需要大量掺入混合材料；

③容易以较低的成本实现大批量、高效率的输送；

④可以大大降低水泥的输送损失；

⑤能更好地衔接产需，方便客户。

（2）集中搅拌加工的流通加工的优点在于以下几方面：

①将水泥的使用从小规模的分散形态改变为大规模的集中加工形态，因此可以利用现代化的科技手段，组织现代化大生产；

②集中搅拌可以采取准确的计量手段，选择最佳的工艺，提高混凝土的质量和生产效率，节约水泥；

③可以广泛采用现代科学技术和设备，提高混凝土质量和生产效率；

④可以集中搅拌设备，有利于提高搅拌设备的利用率，减少环境污染；

⑤在相同的生产条件下，能大幅度降低设备、设施、电力、人力等费用；

⑥可以减少加工据点，形成固定的供应渠道，实现大批量运输，使水泥的物流更加合理；

⑦有利于新技术的采用，简化工地的材料管理，节约施工用地等。

5. 食品的流通加工

（1）冷冻加工。为了保鲜而进行的流通加工。用于鲜肉、鲜鱼在流通中的保鲜，也用于某些液体商品、药品。

（2）分选加工。为了提高物流效率而对蔬菜和水果进行的加工，如去除多余的根、叶等。广泛用于果类、瓜类、谷物、棉毛原料等。

（3）精制加工。对农、牧、渔、副业等产品进行精制加工，可以大大地方便购买者，还可以对加工过程中的淘汰产品进行综合利用。

（4）分装加工。对商品进行便于销售的加工，例如，大包拆小包，运输包装改为销售包装，此外还包括对半成品、快餐食品进行的加工，可以节省物流成本，保护商品质量，增加商品的附加值。

6. 服装、书籍的流通加工

服装、书籍的流通加工，主要指的不是材料的套裁和批量缝制，而是在批发商的仓库或配送中心进行缝（黏）商标、拴（贴）价签、改换包装等简单的加工作业。

7. 平板玻璃的流通加工

平板玻璃的"集中套裁，开片供应"是重要的流通加工方式。在此基础上，可以逐步形成从厂到套裁中心的稳定的、高效率的、大规模的平板玻璃"干线输送"，以及从套裁中心到用户的小批量、多户头的"二次输送"，这是一种现代物流模式。

8. 自行车、助力车的流通加工

自行车和助力车整车运输、保管和包装，费用多、难度大、装载率低，但这类产品装配简单，不必进行精密调试和检测，所以可以将同类部件装箱、批量运输和存放，在商店出售前再组装。

四、流通加工的合理化

（一）流通加工的合理化的基本要求

要实现流通加工的合理化，重点应考虑加工与配送、配套、运输、商流、环保节约等几方面的内容。

1. 加工和配送结合

这是将流通加工设置在配送点中，一方面按配送的需要进行加工，另一方面加工又是配送业务流程中分货、拣货、配货中的一环，加工后的产品直接投入配货作业。这就无须单独设置一个加工的中间环节，使流通加工有别于独立的生产，而使流通加工与中转流通巧妙结合在一起。同时，由于配送之前有加工，可使配送服务水平大大提高。这是当前对流通加工做合理选择的重要形式，在煤炭、水泥等产品的流通中已表现出较大的优势。

2. 加工和配套结合

在对配套要求较高的流通中，配套的主体来自各个生产单位，但是，完全配套有时无法全部依靠现有的生产单位，进行适当流通加工，可以有效促成配套，大大增强流通的桥梁与纽带作用。

3. 加工和合理运输结合

前文已提到过流通加工能有效衔接干线运输与支线运输，促进两种运输形式的合理化。利用流通加工，在支线运输转干线运输或干线运输转支线运输这本来就必须停顿的环节，不进行一般的支转干或干转支，而是按干线或支线运输合理的要求进行适当加工，从而大大提高运输及运输转载水平。

4. 加工和合理商流结合

通过加工有效促进销售，使商流合理化，也是流通加工合理化的考虑方向之一。加工和配送的结合，通过加工，提高了配送水平，强化了销售，是加工与合理商流相结合的一个成功的例证。

此外，通过简单地改变包装加工，形成方便的购买量，通过组装加工解除用户使用前进行组装、调试的难处，都是有效促进商流的例子。

5. 加工和节约结合

节约能源、节约设备、节约人力、节约耗费是流通加工合理化的重要考虑因素，也是目前我国设置流通加工、考虑其合理化的较普遍形式。

对于流通加工合理化的最终判断，是看其是否能实现社会的和企业本身的两个效益，而且是否取得了最优效益。对流通加工企业而言，与一般生产企业的重要不同之处是，流通加工企业更应树立社会效益第一的观念，只有充分发挥其对生产加工的补充完善功能，才有生存的价值。如果只是追求企业的微观效益，不适当地进行加工，甚至与生产企业争利，这就有违流通加工的初衷，或者其本身已不属于流通加工范畴了。

（二）不合理的流通加工

流通加工是在流通领域中对生产的辅助性加工，从某种意义来讲，它不仅是生产过程的延续，实际是生产本身或生产工艺在流通领域的延续。这个延续可能有正反两方面的作用，即一方面可能有效地起到补充完善的作用，但是，也必须估计到另一个可能性，即对整个过程的负效应。各种不合理的流通加工都会产生抵消效益的负效应。

1. 流通加工地点设置不合理

流通加工地点设置即布局状况是使整个流通加工有效的重要因素。一般而言，为衔接单品种大批量生产与多样化需求的流通加工，加工地设置在需求区，才能实现大批量的干线运输与多品种末端配送的物流优势。

如果将流通加工地设置在生产地区，其不合理之处在于多样化需求的产品，多品种、小批量由产地向需求地的长距离运输会出现不合理；在生产地增加了一个加工环节，同时增加了近距离运输、装卸、储存等一系列物流活动。所以，在这种情况下，不如由原生产单位完成这种加工而无须设置专门的流通加工环节。

一般而言，为方便物流的流通，加工环节应设在产地，设置在进入社会物流之前，如果将其设置在物流之后，即设置在消费地，则不但不能解决物流问题，又在流通中增加了一个中转环节，因而也是不合理的。

即使是产地或需求地设置流通加工的选择是正确的，还有流通加工在小地域范围的正确选址问题，如果处理不善，仍然会出现不合理现象。这种不合理性表现在交通不便，流通加工与生产企业或用户之间距离较远，流通加工点的投资过高（如选址的地价影响），加工点周围社会、环境条件不良等。

2. 流通加工方式选择不当

流通加工方式包括流通加工对象、流通加工工艺、流通加工技术、流通加工程度等。流通加工方式的确定实际上是与生产加工的合理分工。分工不合理，本来应由生产加工完成的，却错误地由流通加工完成，本来应由流通加工完成的，却错误地由生产过程去完成，都会造成不合理性。

流通加工不是对生产加工的代替，而是一种补充和完善。所以，一般而言，如果工艺复杂，技术装备要求较高，或加工可以由生产过程延续或轻易解决都不宜再设流通加工，尤其不宜与生产过程争夺技术要求较高、效益较高的最终生产环节，更不宜利用一个时期市场的压迫使生产者变成初级加工或前期加工，而流通企业完成装配或最终形成产品的加工。如果流通加工方式选择不当，就会出现与生产夺利的恶果。

3. 流通加工作用不大，形成多余环节

有的流通加工过于简单，或对生产及消费者作用不大，甚至有时流通加工存在盲目性，同样未能解决品种、规格、质量、包装等问题，相反却实际增加了环节，这也是加工不合理的重要形式。

4. 流通加工成本过高，效益不好

流通加工之所以能够有生命力，重要优势之一是具有较大的产出投入比，因而能有效地起着补充完善的作用。如果流通加工成本过高，则不能实现以较低投入实现更高使用价值的目的。

复习题

1. 商品包装的分类及作用是什么？
2. 包装的基本要求与通用标志有哪些？
3. 现代包装技术有哪些？
4. 流通加工的概念、地位和作用是什么？
5. 流通加工的类型和方式是什么？
6. 如何实现流通加工的合理化？

第七章

物流信息系统管理

学习目标

- 理解物流信息系统的概念、组成及常用的信息技术；
- 了解常用的自动识别技术及应用；
- 了解 EDI 的内容和标准以及在各个行业中的作用；
- 了解 EOS 系统的作用、结构以及业务流程；
- 了解 GPS 和 GIS 的概念和基本原理，以及在各个行业中的应用；
- 了解 POS 系统的组成和特点以及 POS 系统的基本运行步骤。

导入案例

联华超市与光明乳业使用 EDI 的成功经验

联华超市与光明乳业之间建立了自动要货系统。联华各门店在每天晚上 12 点之前汇总当天光明乳业的牛奶销售和库存信息，并在次日上午 9 点前将该数据传送至联华总部电子数据交换系统（EDI 系统），这些数据处理后在当天中午 12 点加载到光明乳业有效客户反应系统（ECR）。光明乳业收到数据后，根据天气、销售、促销指标等因素进行订单预测。经预测的订单产生后，该公司开始做发货准备，并将订单数据发送到联华总部电子数据交换系统，联华门店当日晚上 9 点前将收到收货信息，光明乳业在第三天上午 6 点半以前将所订的牛奶送到联华各门店。联华门店在收到货物后，除了在收货单据上签收外，还必须在当日中午 12 点之前将收货信息自动导入管理信息系统（MIS）。自动订货系统的推行，使牛奶这一冷链商品在门店销售中既保证了鲜度又扩大了销售。同样的方式，"个性生鲜"的特点逐步在联华扎根生长。

案例来源：豆丁网 http://www.docin.com/p-567603082.html

思考题：

结合联华超市与光明乳业的成功经验，你认为 EDI 系统能给企业带来哪些收益？

第一节 物流信息系统概述

一、物流信息系统的内容

（一）物流信息系统的概念

物流信息系统（Logistics Information System，LIS）作为企业信息系统中的一类，可以理解为通过对与物流相关信息的加工处理来达到对物流、资金流的有效控制和管理，并为企业提供信息分析和决策支持的人机系统。它具有实时化、网络化、系统化、规模化、专业化、集成化、智能化等特点。物流信息系统以物流信息传递的标准化和实时化、存储的数字化、物流信息处理的计算机化等为基本内容。

（二）物流信息系统中的信息技术

信息技术（Information Technology，IT）泛指凡是能拓展人的信息处理能力的技术。从目前来看信息技术主要包括传感技术、计算机技术、通信技术、控制技术等，它替代或辅助人们完成了对信息的检测、识别、变换、存储、传递、计算、提取、控制和利用。

根据物流的功能以及特点，物流信息技术主要包括条形码及射频技术、计算机网络技术、多媒体技术、地理信息技术、全球卫星定位技术、自动化仓库管理技术、智能标签技术、信息交换技术、电子数据交换、数据库技术、数据仓库技术、数据挖掘技术、Web 技术等。

二、物流信息系统的构成

从系统的观点，构成物流企业信息系统的主要组成要素有硬件、软件、数据库和数据仓库、相关人员以及企业管理制度与规范等。

（一）硬件

硬件包括计算机、必要的通信设施等，例如，计算机主机、外存、打印机、服务器、通信电缆、通信设施，它是物流信息系统的物理设备、硬件资源，是实现物流信息系统的基础，它构成系统运行的硬件平台。

（二）软件

在物流信息系统中，软件一般包括系统软件、实用软件和应用软件。

系统软件主要有操作系统（Operation System，OS）、网络操作系统等（Network Operation System，NOS），它控制、协调硬件资源，是物流信息系统必不可少的软件。

实用软件的种类很多，对于物流信息系统，主要有数据库管理系统（Data Base Management System，DBMS）、计算机语言、各种开发工具、国际互联网上的浏览器及群件等，主要用于开发应用软件、管理数据资源、实现通信等。

应用软件是面向问题的软件，与物流企业业务运作相关，实现辅助企业管理的功能。不同的企业可以根据应用的要求，来开发或购买软件。

（三）数据库与数据仓库

数据库与数据库用来存放与应用相关的数据，是实现辅助企业管理和支持决策的数据基础，目前大量的数据存放在数据库中。

（四）相关人员

系统的开发涉及多方面的人员有专业人员，有领导，还有终端用户。例如，企业高层的领导（CEO）、信息主管、中层管理人员、业务主管、业务人员，系统分析员、系统设计员、程序设计员、系统维护人员等是从事企业物流信息资源管理的专业人员。

（五）物流企业管理思想和理念、管理制度与规范流程、岗位制度等

物流企业管理理念、管理制度等是物流信息系统成功开发和运行的管理基础和保障，是构造物流信息系统模型的主要参考依据，制约着系统硬件平台的结构、系统计算模式、应用软件的功能。

三、物流信息系统的作用

物流管理信息系统（Logistics Management Information Systems，LMIS）是利用信息技术，通过信息流，将各种物流活动与某个一体化过程连接在一起的通道。物流系统中的相互衔接是通过信息予以沟通的，基本资源的调度也是通过信息共享来实现的，因此，组织物流活动必须以信息为基本。为了使物流活动正常而有规律地进行，必须保证物流信息畅通。物流信息的网络化就是要将物流信息通过现代信息技术使其在企业内、企业间乃至全球达到共享的一种方式。

物流信息已经从"点"发展到"面"，以网络方式将物流企业的各部门、各物流企业、物流企业与生产企业和商业企业等连在一起，实现了社会性的各部门、各企业之间低成本的数据高速共享；从平面应用发展到立体应用，企业物流更好地与信息流和资金流综合，统一加工消除了部门间的冗余，实现了信息的可追溯性。

四、物流信息系统的层次与网络

（一）区域物流信息网络平台构成要素及构建的原则

1. 区域物流信息网络平台构成要素

区域物流信息网络平台是物流的载体，是一个包括诸多因素的复杂网络体系，其建设需要从以下三个方面进行统筹规划、协调发展。

首先是基础设施类。包括机场、铁路、道路与航路网络、管道网络、仓库、物流中心、配送中心、站场、停车场、港口与码头、信息网络设施等。

其次是设备类。包括物流中心、配送中心内部的各种运输工具、装卸搬运机械、自动化作业设备、流通加工设备、信息处理设备及其他各种设备。

再次是标准类。比如物流术语标准、托盘标准、包装标准、卡车标准、集装设备标准、货架标准、商品编码标准、商品质量标准、表格与单证标准、信息交换标准、

仓库标准、作业标准等。

2. 区域物流信息网络平台构建的原则

（1）统一原则。强调参与现代物流的各部门、各环节之间从适应物流需要出发，统一设备规格、技术性能、信息标准。

（2）协调原则。强调组织物流的各部门及运输、储存、装卸、包装、流通加工、配送、信息处理各环节的运输过程中，必须加强信息交流，在时间、空间上互相衔接。

（3）物流信息网络平台的兼容性原则。区域物流平台的构建，是结合区域经济优势及其发展特点进行的，区域间的市场经济的互补性决定了区域间物流信息网络平台应有较好的兼容性。

（4）整体效能原则。区域物流信息网络平台作为一个系统化、一体化的物流支持体系，其优劣应以整体效能为评价标准，应在保证整体效能最大化的前提下，追求各子系统的最大利益。这就要求在发展过程中，统筹兼顾，协调发展。因此，需要把握主要矛盾，解决好物流信息网络平台中各相关环节的"瓶颈"问题。

（5）硬件基础设施建设应有相对的前瞻性，即适度超前。铁路、公路、场站、码头、仓库等硬件基础设施属固定物，其建设具有阶段性。在当前的建设中，都应依据规划超前建设。

（二）物流信息网络平台的主要功能模块

1. 物流网框架

用于提供一个具有延展性的平台，让使用者可以通过互联网，进入物流网进行作业。系统管理者亦可通过系统管理功能模块进行系统设定、基础数据维护等。

2. 物流网网页内容

为物流网会员提供多元化物流信息，包括物流的政策法规、最新信息发布、专家咨询及常见问题解答等。

3. 仓库管理

仓库管理功能包括货物入库、上架、补货、拣货、出货、盘点及账务处理。

4. 多仓管理

物流网应用平台上可同时管理多个仓库，包括出入库、调拨、调整、账务查询等功能；并可与运输管理集成，实现储运一体的目标。

5. 会员管理

为物流信息网络平台的会员提供注册、登录、基本资料维护及管理功能。

6. 产品目录管理

提供储运品的基本资料维护及管理，供仓库管理及运输管理使用。

7. 运输管理

为货主、承运人、物流业者提供货物运输的执行、监控、追踪功能，如运务需求提交、运费管理、装载处理及运输状态更新等。

8. 合约议定

货主可通过物流信息网络平台将需求发送给特定的物流业者，这些信息包括区段、数量、载具、服务水平等；被选定的物流业者，可以就自身的专长、能力或策略提出竞价，并可整合议定的结果，作为运输管理系统的费率数据。

9. 合约生成

为物流信息网络平台的会员提供各种合约模板，并可在网上完成合约制作与下载处理。

10. 要车计划

供货主在互联网上提交铁路、公路、水路和航空的要车计划申请。

（三）物流信息网络平台的主要作业流程

1. 物流网运营模式

物流网运营模式为三层架构：中央（物流中心）、区域中心、网点。物流中心采用集中管理方式，负责全范围内的物流管理；区域中心负责一个区域范围内的物流运作信息处理，区域内各网点信息的收集、更新，接收并执行物流中心的指令；网点为仓库系统，实际执行物流的仓库作业，完成库存管理、补货、收货、发货等功能。

2. 新客户加盟

新客户/货主可利用物流信息网络平台的会员管理功能进行注册申请，经物流信息网络平台管理部门审核确认后，就可成为新会员。物流信息网络平台的会员可利用产品目录管理功能，进行仓库商品的资料登陆，此信息自动更新下层网点仓库系统，维持上下层资料的一致性。

3. 出入库/调整/调拨

客户/货主可通过多仓管理界面提交出库单、入库单、调整单、调拨单给下层仓库管理系统，所提交的出库单等经仓库作业人员审核确认后，由作业部门职工进行运输安排，提交给承运人。

4. 货物追踪/库存查询

客户/货主可以通过多仓管理系统对自己在仓库中的货物进行查询，包括数量、储位等；承运人可通过运输管理系统将货物递送信息登录到系统；客户可利用运输管理系统进行货物追踪，掌握货物运送的动态信息。

5. 运输合约议价

客户与物流信息网络平台的业务人员可利用合约议定功能，进行运输合约费率询价、报价。

6. 合约生成

中央管理部门可根据业务需要，制定运输、仓储等合约模板，为业务部门与客户提供在线填写、制作并生成合约。

7. 要车计划

货主可以通过互联网提交要车计划申请，经审核批准后的要车计划，将接入铁路运输管理信息系统（TMIS）。物流网与TMIS整合，将进一步拓展和延伸物流网的功能。

8. 账务管理与查询

物流信息网络平台的财务部门与管理人员可在多仓管理系统中查询管理仓储与运输费用。

第二节 自动识别系统及其应用

一、自动识别系统的种类与作用

自动识别技术是对数据自动识读且将数据自动输入计算机的重要方法和手段。它是以计算机技术和通信技术的发展为基础的综合性科学技术。

(一)自动识别技术

1. 条形码技术

条形码由一组规则排列的条、空和相应的字符组成，这种用条、空组成的数据编码可以供机器识读，而且很容易译成二进制数和十进制数。这些条和空可以有各种不同的组合方法，从而构成不同的图形符号，即各种符号体系，也称码制，适用于不同的场合。

根据不同的编码规则，提出的编码方案已经有多达 40 余种，目前应用最为广泛的有 39 码、UPC 码、EAN 码、128 码、二维码等（如图 7-1 所示）。

EAN-13条码符号	EAN-8条码符号	UPC-A
UPC-E	39码	二维码

图 7-1 常见条形码

从印制条形码的材料、颜色分类，可分黑白条形码、彩色条形码、发光条形码（荧光条形码、磷光条形码）和磁性条形码等。

2. OCR——光学字符识别技术

光学字符识别（Optical Character Recognition，OCR），已有 30 多年历史，近几年又出现了图像字符识别（Image Character Recognition，ICR）和智能字符识别（Intelligent Character Recognition，ICR）。实际上这三种自动识别技术的基本原理大致相同。

OCR 有三个重要的应用领域：办公自动化中的文本输入、邮件自动处理、与自动获取文本过程相关的其他领域（如图 7-2 所示）。这些领域包括：零售价格识读，订单数据输入，单证、支票和文件识读，微电路及小件产品的状态及批号特征识读等。由于在识别手迹特征方面的进展，目前正探索在手迹分析及鉴定签名方面的应用。

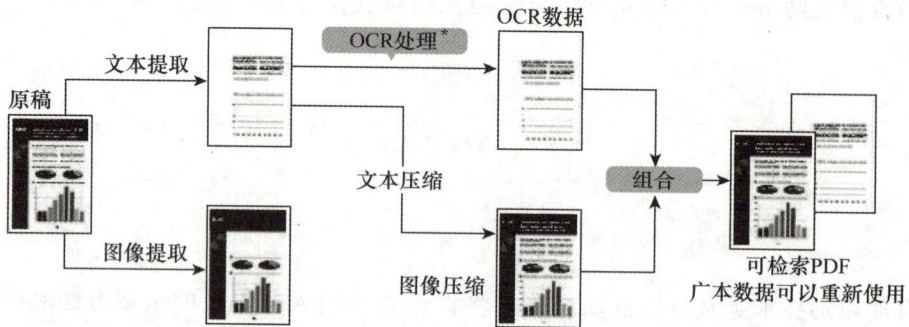

*OCR结果可能达不到100%的准确度，有时可能会出现识别错误。一些原稿类型在OCR处理期间，其文档旋转功能可能无法正确旋转文档。

图7-2　光学字符识别技术的运作原理

3. 磁条（卡）技术

磁条技术应用了物理学和磁力学的基本原理。磁条就是把一层薄薄的由定向排列的铁性氧化粒子组成的材料（也称为涂料），用树脂黏合在一起并粘在诸如纸或塑料这样的非磁性基片上。

磁条技术的优点是数据可读写，即具有现场改变数据的能力；数据存储量大，便于使用，成本低廉；具有一定的数据安全性；能黏附于许多不同规格和形式的基材上。这些优点，使之在如信用卡、银行 ATM 卡、机票、公共汽车票、自动售货卡、会员卡、现金卡（如电话磁卡）等很多领域得到广泛应用（如图7-3所示）。

图7-3　常见磁卡

4. 声音识别技术

声音识别技术的迅速发展以及高效可靠的应用软件的开发，使声音识别系统在很多方面得到了应用。这种系统可以用声音指令和应用特定短句实现"不用手"的数据采集，其最大特点就是不用手和眼睛，但比较容易受到噪声的干扰。

5. 视觉识别技术

视觉识别系统可以看作这样的系统：它能获取视觉图像，而且通过一个特征抽取和分析的过程，能自动识别限定的标志、字符、编码结构，或可确切识别呈现在图像内的其他基础特征。

6. 射频识别技术（RFID）

射频识别技术的基本原理是电磁理论。射频系统的优点是不局限于视线，识别距离比光学系统远。射频识别卡具有读写能力，可携带大量数据，难以伪造。其系统结构（如图7-4所示）。

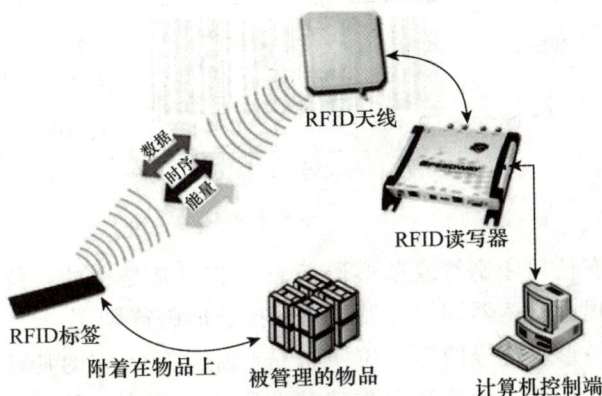

RFID天线

数据
时序
能量

RFID读写器

RFID标签

附着在物品上　被管理的物品　计算机控制端

图7-4　射频识别系统结构

RF适用的领域：物料跟踪、运载工具和货架识别等要求非接触数据采集和交换的场合，由于BF标签具有可读写能力，对于需要频繁改变数据内容的场合尤为适用。

射频识别系统的传送距离由许多因素决定，如传送频率、天线设计等。对于应用RF识别的特定情况应考虑传送距离、工作频率、标签的数据容量、尺寸、重量、定位、响应速度及选择能力等。

7. 便携式数据终端（PDT）和射频通信（RF/DC）

便携式数据终端（PDT）可把那些采集到的有用数据存储起来或传送至一个管理信息系统。把它与适当的扫描器相连，可有效地应用于许多自动识别系统中。便携式数据终端一般包括一个扫描器、一个体积小但功能很强并带有存储器的计算机、一个显示器和供人工输入的键盘。在只读存储器中装有常驻内存的操作系统，用于控制数据的采集和传送。

8. 智能卡（Smart Card）

科学家们将具有处理能力和具有安全可靠、加密存储功能的集成电路芯片嵌装在一个与信用卡一样大小的基片中，组装成"集成电路卡"，国际上称为"Smart Card"，我们译为"智能卡"。其最大特点是具有独立的运算和存储功能，在无源情况下，数据也不会丢失，数据安全性和保密性都非常好，成本适中。

二、条形码技术

条形码是一种信息代码，用特殊的图形来表示数字、字母信息和某些符号。条形码由一组宽度不同、反射率不同的条和空按规定的编码规则组合起来，用以表示一组数据的符号。

（一）条形码符号的结构

一个完整的条形码符号是由两侧静区、起始字符、数据字符、校验字符（可选）和终止字符组成。图7-5给出了一个条形码符号的完整结构。

图 7-5　条形码的结构

（1）静区：没有任何印刷符或条形码信息，它通常是白的，位于条形码符号的两侧。静区的作用是提示阅读器即扫描器准备扫描条形码符号。

（2）起始符：条形码符号的第一位字符是起始字符，它的特殊条、空结构用于识别一个条形码符号的开始。阅读器首先确认此字符的存在，然后处理由扫描器获得的一系列脉冲。

（3）数据符：由条形码字符组成，用于代表一定的原始数据信息。

（4）终止符：条形码符号的最后一位字符是终止字符，它的特殊条、空结构用于识别一个条形码符号的结束。

（5）校验字符：校验字符是通过对数据字符进行一种算术运算而确定的。当符号中的各字符被解码时，译码器将对其进行同一种算术运算，并将结果与校验字符比较。若两者一致时，说明读入的信息有效。

（二）条形码设计

1. 条形码码制选择的相关因素

条形码码制的选择涉及多个因素，条形码码制的选择与应用系统相关。

（1）开环系统。开环系统具有社会性，即社会各不同职能部门（如生产厂家、商业、使用单位等）利用条形码对条形码载体进行管理，这样的条形码系统称为开环系统。要求商品上所用的条形码具有通用性，符合国际上通用的标准。

（2）闭环系统。闭环系统是指局限于某一单位或某种场合的专用的条形码管理系统。因此闭环系统的条形码不一定具有通用性（而选择码制的重点在于条形码自身的特性）。

由此可见，条形码的码制选择与应用系统的性质有关。

2. 条形码字符集

编码（数据源）大多采用0~9数字、A~Z字母等符号表示。有些系统的数据源只包含0~9十个数字；有些系统的数据源则包含更多的符号。由于各种条形码码制的字符集不同，所以在开发条形码应用系统时，应该选择与应用系统所包含的信息相适应的条形码码制。

3. 条形码密度

各种码制的信息密度有很大差别，开发条形码应用系统时，如果印、贴条形码标签的空间较小，且表示的信息量又较大时，应选用密度较高的码制。对于这种有很大尺寸的几何尺寸物体，为便于操作，通常采用低密度的码制。

4. 条形码的安全可靠性

由于各种码制的条形码符号可靠性不同，有些码制具有自校验功能，有些码制没有；而有些码制采用校验字符，有些码制不采用校验字符。

5. 其他因素

选择条形码制时，还应考虑条形码符号印制情况，所选码制对条形码阅读器的要求，以及闭环系统向开环系统过渡的发展前景。

6. 条形码编码库的建立以及条形码管理系统

所谓编码库就是表示一定意义的专用词且与条形码之间的对应关系。通过编码库可实现常用信息的输入。

条形码编码库通常可分成两部分，一个是管理目标与条形码之间的联系部分；另一个是应用系统中操作命令等信息与条形码之间的联系部分。

三、条形码技术在供应链中的应用

条形码对于物流管理的应用可以分为三类，即类别管理、批次管理和单品管理。类别管理是一维条形码的成功应用的典型之一，其管理单位是一类别，它适合的是例如超市之类的整进零出。批次管理不仅可以得到数量信息，同时还可以实现一些批次应用，例如，食品的保质期处理或关心商品数量的场所。批次管理的管理单位是某个商品的某个批次，一般也由一维条形码实行先进先出的策略。单品管理在于批次管理信息，这些信息可以根据具体的精力需求来定制。可以看出这三类管理的差别在于货品信息的精细程度越来越高，从而可以引出更多的可管理特性。

条形码在物流领域的应用不仅仅限于货品的标识管理上，对于物流过程中的单据，也可以生成相应的条形码。这种条形码一方面可以起到防伪作用，另一方面也在一定程度上防止了录入差错。对于提高系统运作的效率有相当大的作用。又如条形码还提供了信息反向流动的渠道，例如，对厂家来说，销出的产品如果出现质量问题，可以利用条形码快速将相关信息返回，这是信息反向流动的一个典型应用，在这里条形码直接创造了新的信息价值。

第三节　电子数据交换系统（EDI）

一、EDI 的内容与标准

（一）EDI 的含义

EDI 是指商业贸易伙伴之间，将按标准、协议规范化和格式化的经济信息通过电子数据网络，在单位的计算机系统之间进行自动交换和处理。

国际标准化组织（International Standard Organization，ISO）于 1994 年确认了 EDI 的技术定义："根据商定的交易或电文数据的结构标准实施商业或行政交易从计算机到计算机的电子传输。"这表明 EDI 应用有它自己特定的含义和条件，即：

（1）使用 EDI 的是交易的双方，是企业之间的文件传递，而非同一组织内的不同部门。

（2）交易双方传递的文件是特定的格式，采用的是报文标准，目前即是联合国的 UN/EDIFACT 标准（United Nations/Electronic Data Interchange for Administration，Commerce and Transport）。

（3）双方各有自己的计算机系统。

（4）双方的计算机（或计算机系统）能发送、接收并处理符合约定标准的交易电文的数据信息。

（5）双方计算机之间有网络通信系统，信息传输是通过该网络通信系统自动实现的。信息处理是由计算机自动进行的，无须人工干预、人为的介入。

（二）EDI 的特点

经过 20 多年的发展与完善，EDI 作为一种全球性的具有巨大商业价值的电子化贸易手段及工具，具有以下几个显著的特点。

1. 单证格式化

EDI 传输的是企业间格式化的数据，如订购单、报价单、发票、货运单、装箱单，报关单等，这些信息都具有固定的格式与行业通用性。而信件、公函等非格式化的文件不属于 EDI 处理的范畴。

2. 报文标准化

EDI 传输的报文符合国际标准或行业标准，这是计算机能自动处理的前提条件。目前最为广泛使用的 EDI 标准是：UN/EDI-FACT（联合国标准 EDI 规则适用于行政管理、商贸、交通运输）和 ANSIX.12（美国国家标准局特命标准化委员会第 12 工作组制定）。

3. 处理自动化

EDI 传输的报文符合国际标准或行业标准，这是计算机能自动处理的前提条件。目前国际通用的 EDI 标准是 UN/EDIFACT 标准，其主要适用于行政管理、商贸、交通运输。除此之外，还有仅适用于美国各行各业的 ANSIX.12 标准。

4. 软件结构化

EDI 功能软件由五个模块组成：用户界面模块、内部 EDP（Electronic Data Processing）接口模块、报文生成与处理模块、标准报文格式转换模块，通信模块。这五个模块功能分明、结构清晰，形成了 EDI 较为成熟的商业化软件。

5. 运作规范化

EDI 以报文的方式交换信息有其深刻的商贸背景，EDI 报文是目前商业化应用中最成熟、有效、规范的电子凭证之一，EDI 单证报文具有法律效力已被普遍接受。任何一个成熟、成功的 EDI 系统，均有相应的规范化环境作为基础。

二、EDI 技术实施过程

EDI 的实现过程就是用户将相关数据从自己的计算机信息系统传送到有关交易方的计算机信息系统的过程，该过程因用户应用系统及外部通信环境的差异而不同。在由 EDI 增值服务的条件下，这个过程分为以下几个步骤：

（1）发送方将要发送的数据从信息系统数据库中提取，转换成平面文件。

（2）将平面文件翻译为标准 EDI 报文，并组成 EDI 信件；接受方从 EDI 信箱收取信件。

（3）将 EDI 信件拆分并译成为平面文件。

（4）将平面文件转换并送到接受方信息系统中进行处理。

三、EDI 技术的应用要点

（一）仓储管理 EDI 系统设计

（1）格式转换模块：它将各种 EDI 报文，按照 EDI 结构化的要求作结构化处理，按照 EDI 语法规则进行压缩、重复和嵌套，经代码转换及语法控制后提交给通信模块，而后发送给其他 EDI 系统的用户；或者将其他 EDI 系统经通信模块所接收到的结构化的 EDI 报文作非结构化处理，以便信息系统或数据库进一步处理。

（2）通信模块：它是 EDI 系统与通信网络的接口，执行呼叫、自动转发、地址转换、差错检验和报送等功能；接收到 EDI 用户的报文后，便进行审计和确认，它通过 EDI 中心电子邮箱系统软件实现。

（3）联系模块：它是 EDI 系统与单位 EDP 系统及数据库之间的联系接口，也是 EDI 系统用户之间的接口。一份来自外部设备的 EDI 报文，经过 EDI 处理之后，相关内容就由应用模块送往 EDP，EDP 系统的信息也可以通过联系模块传递给其他模块，最终形成 EDI 报文发送给其他用户。

EDI 信息系统利用电子计算机与通信技术的结合，自动地在计算机之间以标准格式进行数据的传递和处理，从而可大大提高物流业的作业效率。目前，EDI 的应用在我国还处于起始阶段，EDI 信息系统仍然没有被开发和广泛使用，这样就制约了国际多式联运（铁、公、水等方式结合的运输）的发展。为此，应加快我国发展 EDI 信息系统的步伐，使物流管理水平尽快与国际接轨。

（二）EDI 在供应链管理过程中的应用

EDI 是一种信息管理或处理的有效手段，它是对供应链上的信息流进行运作的有效方法。EDI 的目的是充分利用现有计算机及通信网络资源，提高贸易伙伴间通信的效益，降低成本。EDI 是供应链管理的主要信息手段之一，通过一致的交换标准使复杂的数据交换成为可能。最新开发的软件包、远程通信技术使 EDI 更为通用。EDI 技术的应用使供应链变得更加集成化，使供应链中的"物流、信息流、资金流"变得更加通畅、及时。

EDI能清除职能部门间的障碍，不仅使信息在不同职能部门之间可靠、通畅地流通，而且能有效地减少低效工作和非增值业务。EDI在采购订单、付款、预测等过程中的应用更是提高了客户与销售部门之间的沟通效率，保证了为用户提供高质量的产品和服务。将EDI和企业信息系统集成起来，显著提高了企业的经营管理水平。

第四节　电子自动订货系统（EOS）

一、EOS系统的作用

（一）EOS系统给零售业带来的好处

1. 压低库存量

零售业可以通过EOS系统将商店所陈列的商品数量缩小到最小的限度，以便使有限的空间能陈列更多种类的商品，即使是销量较大的商品也无须很大的库房存放，可压低库存量，甚至做到无库存。商店工作人员在固定时间去巡视陈列架，将需补足的商品以最小的数量订购，在当天或隔天即可到货，不必一次订购很多。

2. 减少交货失误

EOS系统订货是根据通用商品条形码来订货的，可做到准确无误。批发商将详细的订购资料用计算机处理，可以减少交货失误，迅速补充库存，若能避免交错商品或数量不足，那么，把对商品的检验由交货者来完成是十分可取的，零售商店只作抽样检验即可。

3. 改善订货业务

由于实施EOS系统，操作十分方便，无论任何人都可正确迅速地完成订货业务，并根据EOS系统可获得大量的有用信息，如订购的控制、批发订购的趋势、紧俏商品的趋势和其他信息等。若能将订货业务管理规范化，再根据EOS系统就可更加迅速准确地完成订货业务。

4. 建立商店综合管理系统

以EOS系统为中心确立商店的商品文件、商品货架系统管理、商品货架位置管理、进货价格管理等，便可实施商店综合管理系统。如将所订购的商品资料存入计算机，再依据交货传票、修正订购与实际交货的出入部分，进行进货管理分析，可确定应付账款的管理系统等。

（二）EOS系统给批发业带来的好处

1. 提高服务质量

EOS系统满足了顾客对某种商品少量、多次的要求，缩短交货时间，能迅速、准确和廉价地出货、交货。EOS系统提供准确无误的订货，因此减少了交错商品、退货的情况。计算机的库存管理系统可以正确、及时地将订单输入，并因出货资料的输入而达到正确的管理从而减少了缺货现象的出现，增加商品品种，为顾客提供商品咨询，共同使用 EOS 系统，使得零售业和批发业建立了良好的关系，做到业务上相互支持、相辅相成。

2. 建立高效的物流体系

EOS 系统的责任制避免了退货、缺货现象，缩短了交货时检验时间，可大幅度提高送货派车的效率，降低物流的成本。同时，可使批发业内部的各种管理系统化、规范化，大幅度降低批发业的成本。

3. 提高工作效率

实施 EOS 系统可以减轻体力劳动，减少事务性工作，减少以前专门派人去收订购单和登记、汇总等繁杂的手工劳动，以前，3 小时至半天的手工工作量，现在实施 EOS 系统后，几分钟即可完成。通常退货处理要比一般订货处理多花 5 倍的工时，实施 EOS 系统后，避免了退货，减少了繁杂的事务性工作。

4. 销售管理系统化

将销售系统与商店的综合管理系统一体化管理时，使销售信息的处理更加快捷，及时补货到位，保证了销售市场的稳定，大大提高了企业的经济效益。

二、EOS 系统的结构与流程

（一）EOS 的系统结构

1. 批发、零售商

采购人员根据 MIS 系统提供的功能，收集并汇总各机构的要货的商品名称、要货数量，根据供货商的可供商品货源、供货价格、交货期限、供货商的信誉等资料，向指定的供货商下达采购指令。采购指令按照商业增值网络中心的标准格式进行填写，经商业增值网络中心提供的 EDI 格式转换系统而成为标准的 EDI 单证，经由通信界面将订货资料发送至商业增值网络中心。然后等待供货商发回的有关信息。

2. 商业增值网络中心

商业增值网络中心（VAN）不参与交易双方的交易活动，只提供用户连接界面，每当接收到用户发来的 EDI 单证时，自动进行 EOS 交易伙伴关系的核查，只有互有伙伴关系的双方才能进行交易，否则视为无效交易；确定有效交易关系后还必须进行 EDI 单证格式检查，只有交易双方均认可的单证格式，才能进行单证传递；并对每一笔交易进行长期保存，供用户今后的查询或在交易双方发生贸易纠纷时，可以根据商业增值网络中心所储存的单证内容作为司法证据。

商业增值网络中心是共同的情报中心，它是透过通信网络让不同的机种的计算机或各种连线终端相通，促进情报的收发更加便利的一种共同情报中心。实际上在这个流通网络中，VAN 也发挥了巨大的功能。VAN 不单单是负责资料或情报的转换工作，也可与国内外其他地域的 VAN 相连并交换情报，从而扩大了客户资料交换的范围。

3. 供货商

根据商业增值网络中心转来的 EDI 单证，经商业增值网络中心提供的通信界面和

EDI 格式转换系统而成为一张标准的商品订单，根据订单内容和供货商的 MIS 系统提供的相关信息，供货商可及时安排出货，并将出货信息透过 EDI 传递给相应的批发、零售商，从而完成一次基本的订货作业。

（二）EOS 业务流程

1. 销售订货业务过程

（1）各批发、零售商或社会网点根据自己的销售情况，确定所需货物的品种、数量，按照同体系商场根据实际网络情况，把补货需求通过增值网络中心或通过实时网络系统发送给总公司业务部门；不同体系商场或社会网点通过商业增值网络中心发出 EOS 订货需求。

（2）商业增值网络中心将收到的补货、订货需求资料发送至总公司业务管理部门。

（3）业务管理部门对收到的数据汇总处理后，通过商业增值网络中心向不同体系的商场或社会网点发送批发订单确认。

（4）不同体系的商场或社会网点从商业增值网络中心接收到批发订单确认信息。

（5）业务管理部门根据库存情况通过商业增值网络或实时网络系统向仓储中心发出配送通知。

（6）仓储中心根据接收到的配送通知安排商品配送，并将配送通知通过商业增值网络传送到客户。

（7）不同体系的商场或社会网点从商业增值网络中心接收到仓储中心对批发订单的配送通知。

（8）各批发、零售商、仓储中心根据实际网络情况将每天进出货物的情况通过增值网络中心或通过实时网络系统，报送总公司业务管理部门，让业务部及时掌握商品库存数量，以使库存合理化；并根据商品流转情况，做好使商品结构合理化等工作。

2. 采购订货业务过程

我们可以将向供货商采购作业过程中的业务往来划分成以下几个步骤：

（1）业务管理部门根据仓储中心商品库存情况，向指定的供货商发出商品采购订单。

（2）商业增值网络中心将总公司业务管理部发出的采购单发送至指定的供货商处。

（3）指定的供货商在收到来购订货单后，根据订单的要求通过商业增值网络对采购订单加以确认。

（4）商业增值网络中心将供货商发来的采购订单确认发送至业务管理部门。

（5）业务管理部门根据供货商发来的采购订单确认，向仓储中心发送订货信息，以便仓储中心安排检验和仓储空间。

（6）供货商根据采购单的要求，安排发运货物，并在向总公司交运货物之前，通过商业增值网络中心向仓储中心发送交货通知。

（7）仓储中心根据供货商发来的交货通知安排商品检验，并安排仓库、库位或根据配送要求进行备货。

第五节 GPS 与 GIS 技术

一、GPS 技术及应用

(一) GPS 系统概述

全球定位系统（Global Positioning System，GPS）是利用导航卫星进行测时和测距，使地球上的任何用户都能确定自己所处的方位，是由一系列卫星组成的，它们24小时提供高精度的世界范围的定位和导航信息。准确地说，它是由 24 颗沿距地球 1.2 万公里高度的轨道运行的 NAVSTAR-GPS 卫星组成，不停地发送回精确的时间和它们的位置。GPS 接收器同时收听 3～12 颗卫星的信号，从而判断地面上或接近地面的物体的位置，还有它们的移动速度和方向等。

1. GPS 工作原理

GPS 采用的是全球性地心坐标系统，坐标原点为地球质量中心，利用高空轨道上运行的人造卫星所发射出来的信号，以三角测量原理计算出收信者在地球上的位置。

2. GPS 在美国的应用及其发展

GPS 已经广泛应用于各专业领域，比如运输产业。在短期内，促使其发展的商业因素还在增加，但从长远来看，GPS 的发展却存在着诸多制约因素。

美国运输部曾建议拨出 1700 万美元的专项资金以支持 GPS 的发展，根据运输部的计划，这笔款项将用于增加两个新的信道以提高 GPS 定位的精确度和有效性，加大GPS 应用中民用成分的比重。但是由于部门之间广泛存在的隔膜，以及国会的短视，这项建议被无情地否决了。

而影响 GPS 发展的最关键因素是，由于国防预算的减少，发射下一代 GPS 定位卫星的计划不得不推迟了好几年，而定位卫星的数量也从 33 颗减少为 27 颗。此外，根据有关报告，由于硬件和软件上的原因，地面控制系统还不能充分发挥新一代卫星的功能，因此，即使卫星发射成功，提高定位精度的目标也将化为泡影。

(二) GPS 系统的组成

GPS 系统主要包括三大部分：空间部分——GPS 卫星星座，地面控制部分——地面监控系统，用户设备部分——GPS 信号接收机。

1. GPS 卫星星座

GPS 工作卫星及其星座由 21 颗工作卫星和 3 颗在轨备用卫星组成，记作（21＋3）GPS 星座。24 颗卫星均匀分布在 6 个轨道平面内，轨道倾角为 55°，各个轨道平面之间相距 60°，即轨道的升交点赤经各相差 60°。每个轨道平面内各颗卫星之间的升交角距相差 90°—轨道平面上的卫星比西边相邻轨道平面上的相应卫星超前 30°。

在 2 万公里高空的 GPS 卫星，当地球对恒星来说自转 1 周时，它们绕地球运行 2周，即绕地球 1 周的时间为 12 恒星时。这样，对于地面观测者来说，每天将提前 4 分钟见到同一颗 GPS 卫星。位于地平线以上的卫星颗数随着时间和地点的不同而不同，最少可见到 4 颗，最多可见到 11 颗。在用 GPS 信号导航定位时，为了测算测站的三维坐标，必须观测 4 颗 GPS 卫星，称为定位星座。这 4 颗卫星在观测过程中的几何位置分布对定位精度有一定的影响。对于某地某时，甚至不能测得精确的点位坐标，这种时间段叫作"间隙段"。但这种时间间隙段是很短暂的、并不影响全球绝大多数地方的全天候、高精度、连续实时的导航定位测量。

2. 地面监控系统

对于导航定位来说，GPS 卫星是一动态的已知点。星的位置是依据卫星发射的星座——描述卫星运动及其轨道的参数算得的。每颗 GPS 卫星所播发的星历，是由地面监控系统提供的。卫星上的各种设备是否正常工作，以及卫星是否一直沿着预定轨道运行，都要由地面设备进行监测和控制。地面监控系统的另一重要作用是保持各颗卫星处于同一时间标准——GPS 时间系统。这就需要地面站监测各颗卫星的时间，求出钟差。然后由地面注入站发给卫星，卫星再由导航电文发给用户设备。GPS 工作卫星的地面监控系统包括 1 个主控站、3 个注入站和 5 个监测站。

3. GPS 信号接收机

GPS 信号接收机能够捕获到按一定卫星高度截止角所选择的待测卫星的信号，并跟踪这些卫星的运行，对所接收到的 GPS 信号进行变换、放大和处理，以便测量出 GPS 信号从卫星到接收机天线的传播时间，解译出 GPS 卫星所发送的导航电文，实时地计算出测站的三维位置，甚至三维速度和时间。

（三）GPS 技术的应用

1. 用于铁路运输管理

我国铁路开发的基于 GPS 的计算机管理信息系统，可以通过 GPS 和计算机网络实时收集全路列车、机车、车辆、集装箱及所运货物的动态信息，可实现列车、货物追踪管理。只要知道货车的车种、车型、车号，就可以立即从近 10 万公里的铁路网上流动着的几十万辆货车中找到该货车，还能得知这辆货车在何处运行或停在何处，以及所有的车载货物发货信息。铁路部门运用这项技术可大大提高其路网及其运营的透明度，为货主提供更高质量的服务。

2. 用于军事物流

全球卫星定位系统首先是因为军事目的而建立的，在军事物流中，如后勤装备的保障等方面，应用相当普遍。尤其是在美国，其在世界各地驻扎的大量军队无论是在战时还是在平时都对后勤补给提出很高的需求，在战争中，如果不依赖 GPS，美军的后勤补给就会变得一团糟。

3. GPS 在交通系统中的应用

GPS 导航系统与电子地图、无线电通信网络及计算机车辆管理信息系统相结合，可以实现车辆跟踪和交通管理等许多功能，具体功能列举如下。

（1）车辆跟踪。利用 GPS 和电子地图可以实时显示出车辆的实际位置，并任意放大、缩小、还原、换图；可以随目标移动，使目标始终保持在屏幕上；还可实现多窗口、多车辆、多屏幕同时跟踪，利用该功能可对重要车辆和货物进行跟踪运输。

（2）提供出行路线的规划和导航。自动线路规划：由驾驶员确定起点和终点，由计算机软件按照要求自动设计最佳行驶路线，包括最快的路线、最简单的路线、通过高速公路路段次数最少的路线等。人工线路设计：由驾驶员根据自己的目的地设计起点、终点和途经点等，自动建立线路库。线路规划完毕后，显示器能够在电子地图上显示设计线路，并同时显示汽车运行路径和运行方法。

（3）信息查询。为用户提供主要物标，如旅游景点、宾馆、医院等数据库，用户能够在电子地图上根据需要进行查询。查询资料可以文字、语言及图像的形式显示，并在电子地图上显示其位置。同时，监测中心可以利用监测控制台对区域内任意目标的所在位置进行查询，车辆信息将以数字形式在控制中心的电子地图上显示出来。

（4）话务指挥。指挥中心可以监测区域内车辆的运行状况，对被监控车辆进行合理调度。指挥中心也可随时与被跟踪目标通话，实行管理。

（5）紧急援助。通过 GPS 定位和监控管理系统可以对遇有险情或发生事故的车辆进行紧急援助。监控台的电子地图可显示求助信息和报警目标，规划出最优援助方案，并以报警声、灯光提醒值班人员进行应急处理。

4. GPS 对物流产业所起的作用

（1）实时监控功能。在任意时刻通过发出指令查询运输工具所在的地理位置（经度、纬度、速度等信息）并在电子地图上直观地显示出来。

（2）双向通讯功能。GPS 的用户可使用 GSM 的话音功能与司机进行通话或使用本系统安装在运输工具上的移动设备的汉字液晶显示终端进行汉字消息收发对话。

驾驶员通过按下相应的服务、动作键，将该信息反馈到网络 GPS，质量监督员可在网络 GPS 工作站的显示屏上确认其工作的正确性，了解并控制整个运输作业的准确性（发车时间、到货时间、卸货时间、返回时间等）。

（3）动态调度功能。调度人员能在任意时刻通过调度中心发出文字调度指令，并得到确认信息。可进行运输工具待命计划管理，操作人员通过在途中信息的反馈，运输工具未返回车队前就做好待命计划，可提前下达运输任务，减少等待时间。加快运输工具周转速度运能管理：将运输工具的运能信息、维修记录信息、车辆运行状况登记处、司机人员信息、运输工具的在途信息等多种信息提供给调度部门决策，以提高重车率，尽量减少空车时间和空车距离，充分利用运输工具的运能。

（4）数据存储、分析功能。实现路线规划及路线优化，事先规划车辆的运行路线、运行区域，何时应该到达什么地方等，并将该信息记录在数据库中，以备以后查询、分析使用。

依据资料库储存的信息，可随时调阅每台运输工具的以前工作资料，并可根据各管理部门的不同要求制作各种不同形式的报表，使各管理部门能更快速、更准确地做出判断及新的指示。

二、GIS 技术及其应用

（一）GIS 技术概述

1. GIS 的定义和功能

地理信息系统（Geographical Information System，GIS）是多种学科交叉的产物，它以地理空间数据为基础，采用地理模型分析方法，适时地提供多种空间的和动态的地理信息，是一种为地理研究和地理决策服务的计算机技术系统。其基本功能是将表格型数据（无论它来自数据库、电子表格文件或直接在程序中输入）转换为地理图形显示，然后对显示结果浏览、操作和分析。其显示范围可以从洲际地图到非常详细的街区地图，显示对象包括人口、销售情况、运输线路以及其他内容。

2. GIS 的组成

GIS 由五个主要的元素所构成：硬件、软件、数据、人员和方法。

（1）硬件。GIS 硬件主要包括所操作的计算机数据输入、输出设备、存储设备。

（2）软件。GIS 软件提供所需存储、分析和显示地理信息的功能和工具。主要的软件部件有：输入和处理地理信息的工具；数据库管理系统（DBMS）；支持地理查询、分析和视觉化的工具；容易使用这些工具的图形化界面。

（3）数据。一个 GIS 系统中最重要的部件就是数据。主要包括数据查询软件、数据分析软件及信息分析软件。

（4）人员。GIS 技术如果没有人来管理系统和制订计划应用于实际问题，将没有什么价值。GIS 的用户范围包括从设计和维护系统的技术专家，到那些使用该系统并完成他们每天工作的人员。

（5）方法。成功的 GIS 系统，需要具有好的设计计划和开发的手段。

3. GIS 的工作模式

（1）地理参考系统。地理信息包含有明确的地理参照系统，例如，经度和纬度坐标，或者是国家网络坐标。也可以包含间接的地理参照系统，例如，地址、邮政编码、人口普查区名、森林位置识别、路名等。一种叫作地理编码的自动处理系统用来从间接的参照系统，如地址描述，转变成明确的地理参照系统，如多重定位。这些地理参考系统可以定位一些特征，例如，商业活动、森林位置；也可以定位一些事件，例如，地震时用于做地表分析。

（2）矢量和栅格模式。地理信息系统工作有矢量与栅格两种不同基本地理模式。矢量模式非常有利于描述一些离散特征。矢量模式中，关于点、线和多边形的信息被编码并以 x、y 坐标形式储存。一个点特征的定位，例如一个钻孔，可以被一个单一的 x、y 坐标所描述。线特征，例如公路和河流，可以被存储于一系列的点坐标。多边形特征，例如，销售地域或河流聚集区域，可以被存储于一个闭合循环的坐标系。

栅格模式发展为连续特征的模式。栅格图像包含有网格单元，有点像扫描的地图或照片。不管是矢量模式还是栅格模式，用来存储地理数据，都有优点和缺陷。

4. GIS 的工作任务

（1）输入。在地理数据用于 GIS 之前，数据必须转换成适当的数字格式。从图纸数据转换成计算机文件的过程叫作数字化。对于大型的项目，现代 GIS 技术可以通过扫描技术来使这个过程全部自动化。目前，许多地理数据已经是 GIS 兼容的数据格式。这些数据可以从数据提供商那里获得并直接装入 GIS 中。

（2）处理。对于一个特定的 GIS 项目来说，有可能需要将数据转换或处理成某种形式以适应所使用的系统。例如，地理信息适用于不同的比例尺（街道中心线文件的比例尺也许是 1∶100000；人口边界是 1∶50000；邮政编码是 1∶100000）。在这些信息被集成以前，必须转变成同一比例尺。这可以是为了显示的目的而做的临时变换，也可以是为了分析所做的永久变换。GIS 技术提供了许多工具来处理空间数据和去除不必要的数据。

（3）管理。对于小的 GIS 项目，把地理信息存储成简单的文件就足够了。但是，当数据量很大而且数据用户数很多时，最好使用一个数据库管理系统（DBMS），来帮助存储、组织和管理数据。一个数据库管理系统就是用来管理一个数据库的计算机软件。

实际应用中有许多不同的 DBMS 设计，但在 GIS 中，关系数据库管理系统的设计是最有用的。在关系数据库系统设计中，概念数据都被存储成一系列表格。不同表格中的共同字段可以把它们连接起来。这种简单设计被广泛地应用，主要是由于它的灵活性以及在使用 GIS 时都被广泛地采用。

（4）查询和分析。GIS 提供简单的鼠标单击查询功能和复杂的分析工具，为管理者和类似的分析家提供及时的信息。当分析地理数据用于建筑模式和趋势，或提出某种假设性设想时，GIS 技术实际上正在被使用。现代的 GIS 具有许多有力的分析工具，如接近程度分析和覆盖范围分析。

（5）可视化。对于许多类型的地理操作，最终结果最好是以地图或图形显示，图形对于存储和传递地理信息非常有效，地图显示可以集成在报告、三维观察、照片图像和多媒体的其他输出中。

（二）GIS 技术的应用

1. GIS 在仓库规划中的应用

由于 GIS 本身是把计算机技术、地理信息和数据库技术紧密相结合起来的新型技术，其特征非常适合仓库建设规划，从而使仓库建设规划走向规范化和科学化，使仓库建设的经费得到最合理的运用。仓库 GIS 作为仓库 MIS 中的一个子系统，它用地理坐标、图标的方式更直观地反映仓库的基本情况，如仓库建筑情况、仓库附近公路和铁路情况、仓库物资储备情况等；它是仓库 MIS 的一个重要分支和补充。

作为仓库规划的 GIS 应用系统，它主要解决两个方面的问题。一是解决仓库建设的规划审批，二是必须解决能为规划师和上级有关部门提供辅助决策功能。从仓库整个的宏观规划来说，它还可以解决仓库的宏观布局问题。仓库规划的 GIS 应用系统总体结构如图 7-6 所示。图中各模块的功能如下：

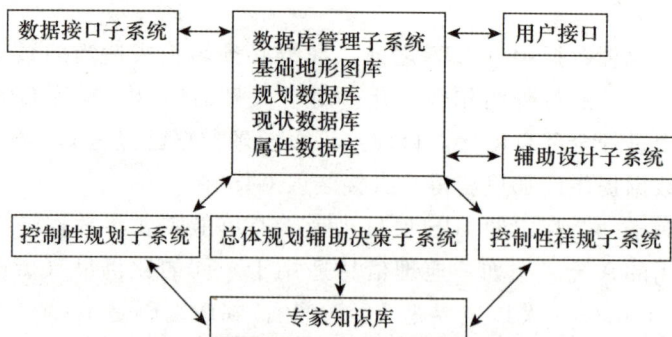

图 7 - 6　GIS 系统在仓库规划中的总体结构

（1）用户接口。它提供用户调用系统其他功能的人机界面，要求界面美观实用，适合用户的操作习惯。

（2）数据库管理子系统。提供各种数据入库及建库管理。它由基础地形图库管理（通过分幅输入、接边和校准，形成一张完整的仓库地形图）、规划数据库（该库主要用来存放容积率、绿化率、限高等要素，以供规划参考，同时，它也存放规划行业的法规文件以供检索）、现状数据库（该库主要用来存放现存的所有建筑地理位置及用地现状，可用为规划用地参考）、属性数据库（该数据库主要存放工作表格，规划设计说明信息、统计数据及各种帮助信息）等模块组成。

（3）数据接口子系统。主要完成和其他应用系统（如仓库物资管理信息系统、仓库人事管理信息系统等）的数据交换，实现数据共享。

（4）辅助设计子系统。提供各种线型、型号的设计功能及各种计算模块，为规划设计服务。

（5）专家知识库。主要存放仓库的入口分布情况、水文地质条件、仓库周围的社会经济情况和规划师的经验性知识等，以供规划决策使用。

（6）总体规划辅助决策子系统。根据用地现状、社会经济条件、人口分布情况、水文地质条件及经验性知识进行定性推理，得到仓库空间布局和用地安排等的总体规划方案，以供上级部门和专家决策使用。

（7）控制性规划子系统。在仓库总体规划指导下，根据规划控制数据库中的数据和知识库中的知识进行定性推理，得出各地块的用地面积、建筑容积率、总建筑面积、建筑间隔、库内交通和艺术风格等系统控制性设想方案，供专家决策使用。

（8）控制性详规子系统。该子系统是对仓库建设用地进行细分，并对细分后的各区、片、块建设用地的使用性质和使用强度进行控制，为修建性详细规划提供编制准则与依据，使规划设计、管理、开发有机结合。

2. GIS 在铁路运输中的应用

（1）铁路运输特点。铁路运输有鲜明的地理特点，如客运站、货运站、货运代办点、客票代售点等为点特征，铁路干线、运输专用线为线特征，货物分布区、货物吸引区、乘客分布区、乘客吸引区等为面特征，在地理信息系统中可分别以点、线、面表示。再加上行政区划分为公路、水系等基础专题图，建立各种统计数据库，如国民收入、货物流向及流量、旅客流向及流量、货运销售额、客运销售额等数据，还包括资源信息（人口、面积、工业产值、矿产资源、旅游资源等），以及资源和环境开发的近期和远景规划，然后制定出各种数据的项目及编码工作，形成铁路运输地理信息系统数据字典。

（2）铁路运输地理信息系统功能。一是环境分析及动态预测。市场是动态的，市场营销需要动态管理，货运和客运均为动态事件，它们与外界环境密切相关，并随着周围环境（如地理位置、城市规划、产业结构、宏观调控、政策法规等）的不断变化而变化。货运和客运的营销均需考虑地理因素的影响。地理信息系统可以通过地理编码功能，将销售数据与地图建立联系，用户单击地图上的任意对象，可同时看到与该对象相关联的所有数据，例如用户地址、月度运输计划、主要债务，以及用户、竞争对手分布图。甚至包括周边环境，例如面积、工农业产值、矿产资源、人口分布、人口数量、收入水平等。二是区域规划。没有可视化工具，决策者和市场营销人员仅凭感觉建立网点，则制定不出现实的目标，难以很好地分配人力及财力。运用地理信息系统，销售客户、销售期望以及领先值可以储存在地理区域数据库中，管理和营销人员可以观察每个现有的和潜在的销售区域业绩，进而实现区域规划。例如，某车站行李员在建立代办点时，由于调查了解不足，导致行李房代办点较密集，而厂矿货物发生区代办点较少，不能很好地实现车站营销目标。运用地理信息系统，在相关区域内调查货源、货运量（包括其他运输形式的货运量），分析货物流向及流量，对于较大规模货运量的区域设置代办点，甚至设置货运专用线，对于较少规模货运量的区域则合并或撤销代办点。三是客户服务。各种运输方式之间的市场竞争，实际上就是为客户服务的竞争。同样的运输费用，人们首选客户服务较好的运输方式。诸如地理位置选择、经济发展方向、竞争优势比较、人口密度统计以及其他有关数据信息，就成为铁路运输业获得市场和客户的关键。利用这些数据，要保证客户在选择运输或旅行方式时能够随时发现铁路车站和代办点的存在，并方便地找出解决需求的方法。联运代理商和物资专业线可根据这些信息了解客、货运需求。不管是对运输大户还是需要优质方便服务的分散客户，市场策划及营销人员、决策管理者，必须对他们的需求既要有预见性，又要做出及时优质的反应。

（3）数据库统计。根据需求分析和数据字典设计数据库。数据库应是开放式的，可以进行扩充和删改，并且实现不同软件平台使用及远程客户服务的需要。

（4）数据采集。铁路运输地理信息系统的主要工作在于采集大量信息数据。信息数据可分为静态数据和动态数据。静态数据指货场分布、铁路及专用线分布、区域面积等；动态数据指客流量、货流量等不断变化的数据。从地理信息系统角度，信息数据可分为空间属性数据和管理属性数据。销售点的坐标为空间属性数据，销售点销售额为管理属性数据。使用手持数字化仪进行地图数字化（地图比例初定为 1：5000），可以实现空间属性数据录入。管理属性数据采集则依据录入程序进行录入；对于来自各管理系统的数据，利用设计的数据录入程序进行录入；对于来自各管理系统的数据，利用远程调用后，并进行数据转换及整理，从而实现数据入库。

（5）功能设计。功能设计是系统的核心，有以下模块：

查询及显示模块。可以显示铁路专用线与公路、水系的分布信息，显示货运代办点、客票代售点和车站的分布信息。可以查询基础地理信息，查询货运销售信息和客运销售信息，查询各销售网点的布置及营销业绩，查询铁路线和专用运输信息。也可以通过逻辑表达式选择符合条件的运输信息。

销售分析模块。汇总各销售网点的销售额，根据销售额和基础地理信息数据，证明各网点存在的合理性，并推荐设置新网点的位置。

预测模块。根据资源信息和客、货运信息，对销售网点进行规划并计算风险系数，根据风险系数提供合理的销售网点分布，并标识应该维持、撤销和增添的销售点。建立客运量和货运量的预测模型，预测客运和货运的流向和流量，对销售点的销售额进行合理分配。

系统维护模块。通过模块实现自动维护，包括数据库更新和电子地图更新两部分。

图表输出模块。对各种信息进行汇总，形成不同形式的表格和图形，并进行屏幕显示或打印输出。

（6）系统集成。对于已完成电子地图和各类数据库，利用 ARCVIEW 或 MAP/IN-FO 进行桌面地理信息系统后开发（包括电子地图显示和信息查询、图表的汇总和输出等），并利用 C++ 语言编写分析预测模块，调用数据库相关数据，进行预测和风险分析。

4. GIS 在物流分析方面的应用

完整的 GIS 物流分析软件集成了车辆路线模型、最短路径模型、网络物流模型、分配集合模型和设施定位模型等。

（1）车辆路线模型。用于解决一个起始点、多个终点的货物运输中如何降低物流作业费用，并保证服务质量的问题，包括决定使用多少辆车、每辆车的路线等。

（2）网络物流模型。用于解决寻求最有效的分配货物路径问题，也就是物流网点布局问题。如将货物从 n 个仓库运往到 m 个商店，每个商店都有固定的需求量，因此需要确定由哪个仓库提货送给哪个商店，所耗的运输代价最小。

（3）分配集合模型。可以根据各个要素的相似点把同一层上的所有或部分要素分为几个组，用以解决确定服务范围和销售市场范围等问题。如某一公司要设立 x 个分销点。要求这些分销点要覆盖某一地区，而且要使每个分销点的顾客数目大致相等。

（4）设施定位模型。用于确定一个或多个设施的位置。在物流系统中，仓库和运输线共同组成了物流网络，仓库处于网络的节点上，节点决定着线路，如何根据供求的实际需要并结合经济效益等原则，在既定区域内设立多少个仓库，每个仓库的位置、每个仓库的规模以及仓库之间的物流关系等问题，运用此模型均能很容易地得到解决。

第六节 销售时点信息系统（POS）

一、POS 系统的组成与特点

POS 系统（Point of Sale，POS）即销售时点信息系统，最早应用于零售业，以后逐渐扩展至金融、旅馆等服务性行业，利用 POS 系统的范围也从企业内部扩展到整个供应链。

（一）POS 系统的组成

POS 系统包含前台 POS 系统和后台 MIS 系统两大基本部分。

1. 前台 POS 系统

前台 POS 系统是指通过自动读取设备（主要是扫描器），在销售商品时直接读取商品销售信息（如商品名称、单价、销售数量、销售时间、销售店铺、购买顾客等）实现前台销售业务的自动化，对商品交易进行实时服务和管理，并通过通信网络和计算机系统传送至后台，通过后台计算机系统（MIS）的计算、分析与汇总等掌握商品销售的各项信息，为企业管理者分析经营成果、制定经营方针提供依据，以提高经营效率的系统。

2. 后台 MIS 系统

后台 MIS 系统又称管理信息系统。它负责整个商场进、销、调、存系统的管理以及财务管理、库存管理、考勤管理等。它可根据商品进货信息对厂商进行管理，又可根据前台 POS 提供的销售数据，控制进货数量，合理周转资金，还可分析统计各种销售报表，快速准确地计算成本与毛利，也可以对售货员、收款员业绩进行考核，是员工分配工资、奖金的客观依据。因此，商场现代化管理系统中前台 POS 与后台 MIS 是密切相关的，两者缺一不可。

（二）POS 系统的特点

POS 系统能够对商品进行单品管理、员工管理和客户管理，并能适时自动取得销售时点信息和信息集中管理，它紧密地连接着供应链是供应链管理的基础，也可以说是物流信息管理的起点。其特点如下。

1. 分门别类管理

POS 系统的分门别类管理不仅针对商品，而且还可针对员工及顾客。

（1）单品管理。零售业的单品管理是指以店铺陈列展示销售的商品以单个商品为单位进行销售跟踪和管理的方法。由于 POS 信息即时准确地记录单个商品的销售信息，因此 POS 系统的应用使高效率的单品管理成为可能。

（2）员工管理。员工管理指通过 POS 终端机上的计时器的记录，依据每个员工的出勤状况、销售状况（以月、周、日等时间段为单位）进行考核管理。

（3）顾客管理。顾客管理是指在顾客购买商品结账时，通过收银机自动读取零售商发行的顾客 ID 卡或顾客信用卡来把握每个顾客的购买品种和购买额，从而对顾客进行分类管理。

2. 自动读取销售时点信息

在顾客购买商品结账时 POS 系统通过扫描读数仪自动读取商品条形码标签或 OCR 标签上的信息，在销售商品的同时获得实时的销售信息是 POS 系统的最大特征。

3. 集中管理信息

在各个 POS 终端获得的销售时点信息以在线联结方式汇总到企业总部，与其他部门发送的有关信息一起由总部的信息系统加以集中并进行分析加工，如把握畅销商品和滞销商品以及新商品的销售倾向，对商品销售量和销售价格、销售量和销售时间之间的相关关系进行分析，对商品上架陈列方式、促销方法、促销期间、竞争商品的影响进行相关分析及集中管理等。

4. 连接供应链的有力工具

供应链参与各方合作的主要领域之一是信息共享，而销售时点信息是企业经营中最重要的信息之一，通过它能及时把握顾客的需要信息，供应链的参与各方可以利用销售时点信息并结合其他的信息来制订企业的经营计划和市场营销计划。目前，领先的零售商正在与制造商共同开发一个完全的物流系统—联合预测和库存补充系统（Collaboration Forecasting and Replenishment，CFAR），该系统不仅分离 POS 信息而且一起联合进行市场预测，分享预测信息。

二、POS 系统的结构与运行

（一）POS 系统的结构

1. POS 系统硬件的结构

POS 系统的硬件结构主要依赖于计算机处理信息的体系结构。结合商业企业的特点，POS 硬件系统的基本结构可分为：单个收款机，收款机与微机相连构成 POS 系统，以及收款机、微机与网络构成 POS 系统。目前大多采用第三种类型的 POS 结构，它的硬件结构如下。

（1）前台收款机。前台收录机即 POS 机。可采用具有顾客显示屏和票据打印机，条形码扫描仪的 POS、PRPOS、PCBASE 机型。共享网上商品库存信息，保证了对商品库存的实时处理，便于后台随时查询销售情况，进行商品的销售分析和管理。条形码扫描仪可根据商品的特点选用手持式或台式以提高数据录入的速度和可靠性。

（2）网络。目前，我国大多数商场信息交流的现状一般内部信息的交换量很大，而对外的信息交换量则很小，因此，计算机网络系统应采用高速局域网为主、电信系统提供的广域网为辅的整体网络系统。考虑到系统的开放性及标准化的要求，选择 TCP/IP 协议较合适。操作系统选用开放式标准操作系统。

（3）硬件平台。大型商业企业的商品进、存、调、销的管理复杂，账目数据量大，且须频繁地进行管理和检索，选择较先进的客户机/服务器结构，可大大提高工作效率，保证数据的安全性、实时性及准确性。

2. POS 系统软件

（1）前台 POS 软件的功能。前台 POS 销售软件应具有的功能如下。

①日常销售。完成日常的售货收款工作，记录每笔交易的时间、数量、金额，进行销售输入操作。如果遇到条形码不识读等现象，系统应允许采用价格或手工输入条形码号进行查询。

②交班结算。进行收款员交班时的收款小结、大结等管理工作，计算并显示出本班交班时的现金及销售情况，统计并打印收款机全天的销售金额及各售货员的销售额。

③退货。退货功能是日常销售的逆操作。为了提高商场的商业信誉，更好地为顾客服务，在顾客发现商品出现问题时，允许顾客退货。此功能记录退货时的商品种类、数量、金额等，便于结算管理。

④支持各种付款方式。可支持现金、支票、信用卡等不同的付款方式，以方便不同顾客的要求。

⑤即时纠错。在销售过程出现的错误能够立即修改更正，保证销售数据和记录的准确性。

（2）后台 MIS 软件的功能。后台 MIS 管理软件应具有的功能如下。

①商品入库管理。对入库的商品进行输入登录，建立商品数据库，以实现对库存的查询、修改、报表及商品入库验收单的打印等功能。

②商品调价管理。由于有些商品的价格随季节和市场等情况而变动，本系统应能提供对这些商品进行调价的管理功能。

③商品销售管理。根据商品的销售记录，实现商品的销售、查询、统计、报表等管理，并能对各收款机、收款员、售货员等进行分类统计管理。

④单据票证管理。实现商品的内部调拨、残损报告、变价调动、仓库验收盘点报表等各类单据票证的管理。

⑤报表打印管理。打印内容包括时段销售信息表、营业员销售信息报表、部门销售统计表、退货信息表、进货单信息报表、商品结存信息报表等。实现商品销售过程中各类报表的分类管理功能。

⑥完善的分析功能。POS 系统的后台管理软件应能提供完善的分析功能，分析内容涵盖进、销、调、存过程中的所有主要指标，同时以图形和表格方式提供给管理者。

⑦数据维护管理。完成对商品资料、营业员资料等数据的编辑工作，如商品资料的编号、名称、进价、进货数量、核定售价等内容的增加、删除、修改。营业员资料的编号、姓名、部门、班组等内容的编辑。还有商品进货处理、商品批发处理、商品退货处理。实现收款机、收款员的编码和口令管理，支持各类权限控制。具有对本系统所涉及的各类数据进行备份及交易断点的恢复功能。

⑧销售预测。包括畅销商品分析、滞销商品分析、某种商品销售预测及分析、某类商品销售预测及分析等。

（二）POS 系统的运行

POS 系统的运行由以下五个步骤组成。

（1）店头销售商品都贴有表示该商品信息的条形码或光学识别（OCR）标签。

（2）在顾客购买商品结账时，收银员使用扫描读数仪自动读取商品条形码标签或OCR标签上的信息，通过店铺内的微型计算机确认商品的单价，计算顾客购买总金额等，同时返回给收银机，打印出顾客购买清单和付款总金额。

（3）各个店铺的销售时点信息通过VAN以在线联结方式即时传送给总部或物流中心。

（4）在总部，物流中心和店铺利用销售时点信息来进行库存调整、配送管理、商品订货等作业。通过对销售时点信息进行加工分析来掌握消费者购买动向，找出畅销商品和滞销商品，并以此为基础，进行商品品种配置、商品陈列、价格设置等方面的作业。

（5）在零售商与供应链的上游企业（批发商、生产厂家、物流业者等）结成协作伙伴关系（也称为战略关系）的条件下，零售商利用VAN在线联结的方式把销售时点信息即时传送给上游企业。这样上游企业可以利用销售现场的最及时准确的销售信息制订经营计划、进行决策。

复习题

1. 常用的信息技术有哪些？
2. 常用的自动识别技术有哪些？
3. 什么是EDI？
4. EOS系统的作用、结构以及业务流程是什么？
5. GPS和GIS的概念和基本原理是什么？
6. POS系统的组成和特点是什么？

第八章

企业物流管理

- 掌握企业物流的概念和特征；
- 了解企业供应物流的新模式；
- 熟悉企业生产物流的计划与控制；
- 熟悉销售物流的销售渠道结构和类型；
- 熟悉销售物流服务要素；
- 了解回收物流的意义和废弃物流的合理化的具体措施。

导入案例

苏宁的采购管理

苏宁综合利用包销、集中采购与创新零采购的采购模式实现采购的合理化、科学化。

包销模式中苏宁先付款把产品买下来，再转手在卖场卖。这样有利于调动包销商经营的积极性并利于利用包销商的销售渠道，达到巩固和扩大市场的目的，同时还可以减少多头经营产生的自相竞争的弊病。

苏宁采用集中采购并建立商品生产基地，有利于采购管理和资金周转；可以统筹规划供需数量，避免各自为政，减少库存量，避免了分散库存，以此减少流转环节，从而取得最佳经济效益。集中采购集各零售店的零星要货为较大批量的要货，提高对供应商的谈判力量，争取供应商在价格上给予尽可能多的优惠，较易获得价格折扣与良好服务，从而降低进货成本，降低销售价格，提高竞争力。与此同时，苏宁稳定了本企业与供应商之间的关系，得到供应商在技术开发、货款结算、售后服务支持等诸多方面的支持与合作，有利于更紧密合作和稳定供货渠道。聘用专业化采购人员进行集体采购，有利于采购决策中专业化分工和专业技能的发展，提高工作效率，及时掌握供求信息，做好协调工作。苏宁在各部门建立共同物料的标准规格，可以简化种类，互通有无，亦可节省检验工作，减少了管理上的重复劳动。只有一个采购部门，因此采购方针与作业规则，比较容易统一实施；采购功能集中，减少人力浪费；便于采购人才培养与训练；推行分工专业性，使采购作业成本降低，效率提升。但是在此集中采购中，流程过长，延误时效；零星、地域性及紧急采购状况难以适应。采购与使用单位分离，采购绩效较差。而且采购产品多样，不适用于紧急采购的物料，产品种类繁多，难以实现一站式采购。

苏宁在创新零采购模式中采用直接向惠普中国工厂提货的直供模式。直供是使渠道扁平化，减少了中间环节，留出了更大的让利空间，使得消费者可以获得更实惠的价格。惠普向苏宁直接发货，通过无缝对接缩短产品从出厂到苏宁门店的时间。

合理且科学的供应商管理体系保证苏宁的采购的顺利进行。首先，苏宁会对供应商产品质量保障能力以及降低成本能力进行评价并划分等级，然后选择性地与部分供应商合作，并根据与该企业的组织相容性以及战略目标兼容性划分合作程度。其中苏宁独家代理优势以及与供货商良好的伙伴关系为其占领全国市场提供了较好的基础。并且，苏宁公司与一些家电生产业的龙头签订的代理协议及战略合作协议，具有强强联合的品牌效应，提高了品牌的认可度，高回报地实现了双赢。例如苏宁与惠普的战略合作。消费者可以在苏宁购买到惠普的最新产品，惠普全球最新概念产品及革命性技术也将第一时间在苏宁展示。惠普将向苏宁提供全方位的技术支持，而苏宁也将提供更加方便快捷的配送、安装、上门维修以及远程电脑服务，苏宁全面专业的电脑维修保养服务和"阳关包"延保服务等更能为惠普产品销售增添苏宁品牌附加值。

苏宁制定了统购分销为主，自主采购为辅，大规模统一采购以及获得较低采购成本赊购或授信额度的零售导向等一系列的采购战略。与此同时，为了增加综合家用电器产品的经销种类，扩大公司市场规模和机会。加大连锁店的发展速度和整合力度，集约和扩大连锁销售规模。苏宁实施了市场扩张战略以及后向一体化战略。

苏宁建立的采购绩效考核及评估有效保证了采购目标的实现。它以采购价格成本的控制情况以及应付账款的准确性、及时性为指标，根据实际成本与计划成本的差额，应付账款结算的差错、延误次数进行评估。根据评估情况适时做出调整及改进，提高了采购工作的质量和效率，降低了采购成本，使企业整体效益提高，最终促使公司实现整体战略目标。

案例来源：百度文库 https://wenku.baidu.com/view/32841c48cc175527072208cd.html

思考题：

苏宁采购管理的特点有哪些？对其他企业的启示有哪些？

第一节　企业物流与企业物流管理概述

一、企业物流

（一）企业物流的概念

企业物流是指企业内部的物品实体流动。企业物流可理解为围绕企业经营的物流活动，是具体的、微观物流活动的典型领域。企业物流又可区分以下不同典型的具体物流活动：企业供应物流、企业生产物流、企业销售物流、企业回收物流、企业废弃物物流等。

企业系统活动的基本结构是投入—转换—产出，对于生产类型的企业来讲，是原材料、燃料、人力、资本等的投入，经过制造或加工使之转换为产品或服务；对于服务型企业来讲，则是设备、人力、管理和运营转换为对用户的服务。物流活动便是伴随着企业的投入—转换—产出而发生的。相对于投入的是企业外供应或企业外输入物流，相对于转换的是企业内生产物流或企业内转换物流，相对于产出的是企业外销售物流或企业外服务物流。由此可见，在企业经营活动中，物流是渗透到各项经营活动之中的活动。

（二）企业物流的分类

按企业性质不同有以下不同种类的企业物流。

1. 工业生产企业物流

工业生产企业物流是对应生产经营活动的物流，这种物流有四个子系统，即供应物流子系统、生产物流子系统、销售物流子系统及废弃物物流子系统。工业生产企业种类非常多，物流活动也有差异，按主体物流活动区别，可大体分为以下四种。

（1）供应物流突出的类型。这种物流系统，供应物流突出而其他物流较为简单，在组织各种类型的工业企业物流时，供应物流组织和操作难度较大。例如，采取外协方式生产的机械、汽车制造等工业企业便属于这种物流系统。一个机械的几个甚至几万个零部件，有时来自全国各地，甚至国外，这一供应物流范围大，难度也大，成本也高，但生产成一个大件产品（如汽车）以后，其销售物流便很简单了。

（2）生产物流突出的类型。这种物流系统，生产物流突出而供应、销售物流较为简单。典型的例子是生产冶金产品的工业企业，供应是大宗矿石，销售是大宗冶金产品，而从原料转化为产品的生产过程及伴随物流过程都很复杂，有些化工企业（如化肥企业）也具有这样的特点。

（3）销售物流突出的类型。例如，很多小商品、小五金等，大宗原材料进货，加工也不复杂，但销售却要遍及全国或很大的地域范围，是属于销售物流突出的工业企业物流类型。此外，如水泥、玻璃、化工危险品等，虽然生产物流也较为复杂，但其销售时物流难度更大，问题更严重，有时会出现大事故或花费大代价，因而也包含在销售物流突出的类型中。

（4）废弃物物流突出的类型。有一些工业企业几乎没有废弃物的问题，但也有废弃物物流十分突出的企业，如制糖、选煤、造纸、印染等工业企业，废弃物物流组织得如何几乎决定了企业能否生存。

2. 农业生产企业物流

农业生产企业中农产品加工企业的性质及对应的物流与工业企业是相同的。农业种植企业的物流是农业生产企业物流的代表，这种类型企业的四个物流系统的特殊性分别进行如下所述。

（1）供应物流。以组织农业生产资料（化肥、种子、农药、农业机具）的物流为主要内容；除了物流对象不同外，这种物流和工业企业供应物流类似，没有大的特殊性。

（2）生产物流。农业的生产物流与工业企业生产物流区别极大，主要区别是：农业生产对象在种植时是不发生生产过程位移的，而工业企业生产对象要不断位移，因此，农业种植业生产物流的对象不需要反复搬运、装放、暂存，而进行上述物流活动的是劳动手段，如肥、药等。农业一个周期的生产物流活动，停滞时间长而运动时间短，最大的区别点在于，工业企业生产物流几乎是不停滞的。生产物流周期长短不同，一般工业企业生产物流周期较短，而种植业生产物流周期长且有季节性。

（3）销售物流。以组织农业产品（粮食、棉花等）的物流为主要内容。其销售物流的一个很大特点是，诸功能要素中，储存功能的需求较高，储存量较大，且储存时间长，"蓄水池"功能要求较高。

（4）废弃物物流。种植生产的废弃物物流也具有不同于一般工业企业废弃物物流的特殊性，主要表现在以重量计。废弃物物流重量远高于销售物流。

（三）企业物流的特点

1. 企业物流是生产工艺的一个组成部分

物流过程和生产工艺过程几乎是密不可分的。它们之间的关系有许多种，有的是在物流过程中实现生产工艺所要求的加工和制造；有的是在加工和制造过程中同时完成物流；有的是通过物流对不同的加工制造环节进行链接。它们之间有非常强大的一体化的特点，几乎不可能出现"商物分离"那样的物流活动完全独立分离和运行的状况。

2. 企业物流有很强的"成本中心"的作用

在生产中物流对资源的占有和消耗是生产成本的一个重要的组成部分。由于在生产中物流活动频繁，所以对于成本的影响很大的工厂物流的观念应当主要是一个成本观念。

3. 企业物流是专业化很强的"定制"物流

它必须完全适应生产专业化的要求，面对特定的物流需求，而不是面对社会上的、普遍的物流需求，因此企业物流具有专门的适应性而不是普遍的实用性，可以通过"定制"取得很高的效率。

4. 生产物流是小规模的"精益"物流

由于生产物流的规模只面对特定对象，所以物流规模取决于生产企业的规模，这和社会上千百家企业所形成的物流规模的集约比较起来相差甚远。由于规模有限并且在一定的时间内规模固定不变，这就可以实行准确、精密的策划；可以运用资源管理系统等有效的手段使生产过程中的物流"无缝衔接"，实现物流的精益化。

二、企业物流管理

（一）企业物流管理的含义

企业物流管理作为企业管理的一个分支，是对企业内部的物流活动（诸如物资的采购、运输、配送、储备等）进行计划、组织、指挥、协调、控制和监督的活动。通过使物流功能达到最佳组合，在保证物流服务水平的前提下，实现物流成本的最低化，这是现代企业物流管理的根本任务所在。

（二）企业物流管理的内容

1. 从物流活动诸要素的角度分析企业物流管理

（1）运输管理。主要内容包括：运输方式及服务方式的选择；运输路线的选择；车辆调度与组织等。

（2）储存管理。主要内容包括：原料、半成品和成品的储存策略；储存统计、库存控制、养护等。

（3）装卸搬运管理。主要内容包括：装卸搬运系统的设计、设备规划与配置和作业组织等。

（4）包装管理。主要内容包括：包装容器和包装材料的选择与设计；包装技术和方法的改进；包装系列化、标准化、自动化等。

（5）流通加工管理。主要内容包括：加工场所的选定；加工机械的配置；加工技术与方法的研究和改进；加工作业流程的制定与优化。

（6）配送管理。主要内容包括：配送中心选址及优化布局；配送机械的合理配置与调度；配送作业流程的制定与优化。

（7）物流信息管理。主要指对反映物流活动内容的信息，物流要求的信息，物流作用的信息和物流特点的信息所进行的搜集、加工、处理、存储和传输等。信息管理在物流管理中的作用越来越重要。

（8）客户服务管理。主要指对于物流活动相关服务的组织和监督，例如，调查和分析顾客对物流活动的反映，决定顾客所需要的服务水平、服务项目等。

2. 从对物流系统诸要素的角度分析企业物流管理

（1）人的管理。人是物流系统和物流活动中最活跃的因素。对人的管理包括：物流从业人员的选拔和录用；物流专业人才的培训与提高；物流教育和物流人才培养规划与措施的制定等。

（2）物的管理。物指的是物流活动的客体即物质资料实体。物的管理贯穿物流活动的始终。它涉及物流活动诸要素，即物的运输、储存、包装、流通加工等。

（3）财的管理。主要指物流管理中有关降低物流成本、提高经济效益等方面的内容，它是物流管理的出发点，也是物流管理的归宿。主要内容有：物流成本的计算与控制；物流经济效益指标体系的建立；资金的筹措与运用；提高经济效益的方法等。

（4）设备管理。指对物流设备管理有关的各项内容。主要有：各种物流设备的选型与优化配置；各种设备的合理使用和更新改造；各种设备的研制、开发与引进等。

（5）方法管理。主要内容有：各种物流技术的研究、推广普及；物流科学研究工作的组织与开展；新技术的推广普及；现代管理方法的应用等。

（6）信息管理。信息是物流系统的神经中枢，只有做到有效地处理并及时传输物流信息，才能对系统内部的人、财、物、设备和方法五个要素进行有效的管理。

3. 物流活动的具体职能的角度分析企业物流管理

（1）物流计划管理。指对物质生产、分配、交换、流通整个过程的计划管理，也就是在物流大系统计划管理的约束下，对物流过程中的每个环节都要进行科学的计划管理，具体体现在物流系统内各种计划的编制、执行、修正及监督的全过程。物流计划管理是物流管理工作的首要职能。

（2）物流质量管理。包括物流服务质量、物流工作质量、物流工程质量等的管理。物流质量的提高意味着物流管理水平的提高，意味着企业竞争能力的提高。因此，物流质量管理是物流管理工作的中心问题。

（3）物流技术管理。包括物流硬技术和物流软技术的管理。对物流硬技术进行管理，即是对物流基础设施和物流设备的管理。如物流设施的规划、建设、维修、运用；物流设备的购置、安装、使用、维修和更新；提高设备的利用效率，日常工具管理工作等。对物流软技术进行管理，主要是物流各种专业技术的开发、推广和引进，物流作业流程的制定，技术情报和技术文件的管理，物流技术人员的培训等。物流技术管理是物流管理工作的依托。

（4）物流经济管理。包括物流费用的计算和控制，物流劳务价格的确定和管理，物流活动的经济核算和分析等。成本费用的管理是物流经济管理的核心。

（三）企业物流管理的原则

1. 服务原则

物流是"桥梁、纽带"作用的流通系统的一部分，它具体联结着生产与再生产、生产与消费，因此要求有很强的服务性。

2. 快速、及时原则

快速、及时不但是服务性的延伸，也是流通对物流提出的要求。

3. 节约的目标原则

节约是经济领域的重要规律，在物流领域中除流通时间的节约外，由于流通过程中的消耗大多不增加或提高商品的使用价值，所以，以节约来降低投入，是提高相对产出的重要手段。

4. 规模化原则

以物流规模作为物流管理的原则，以此来追求"规模效益"。

5. 库存调节原则

库存调节原则既是服务性的延伸，也是宏观调控的要求，当然，也涉及物流系统本身的效益。在物流领域中正确确定库存方式、库存数量、库存结构、库存分布就是这一目标的体现。

（四）企业物流合理化

所谓物流合理化，就是根据物流系统中的各种职能因素的相互联系、相互制约、相互影响的关系，把物流中的运输、保管、包装、装卸搬运、流通加工、配送以及物流信息等作为一个系统来研究、规划、组织与管理，使企业物流过程最优化；以较低的物流成本、适当的数量、适当的质量、适当的时刻、适当的地点、适当的价格、最好的服务将物资送到各个使用地。

1. 企业物流合理化的基本思路

企业物流合理化的基本思路包括：通过物流的系统化、现代化，提高物流系统的自身素质；通过提高企业战略计划的一体化，改善物流系统的内部环境；通过流通的社会化、现代化，改善物流系统的外部环境。

①基本素质。物流系统素质构成如图8-1所示。

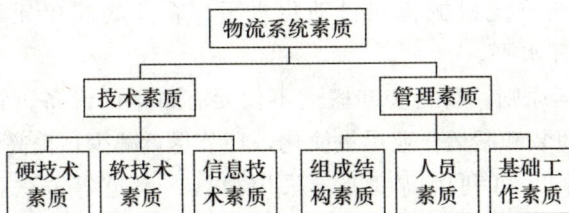

图8-1　物流系统素质构成

②企业战略计划的一体化。企业物流的合理化，需要一个良好的企业内部环境。企业领导要树立"向物流要效益"的观念，把物流放在与生产、销售同样的地位来看待，加强物流部门与生产、销售部门之间的相互协调。企业非物流部门的领导也要提高对物流重要性的认识，在工作中注意与物流部门的合作。在此基础上，形成将物流作为企业一体化战略计划的一部分。如销售战略、顾客服务战略、物资供应销售战略、运输战略、非工艺的技术装备战略等都是物流战略的重要部分。图8-2所示为企业战略计划。

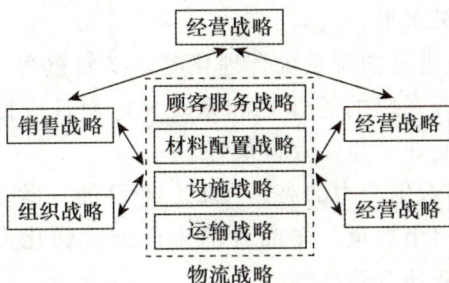

图8-2　企业战略计划

③流通的社会化、现代化。社会物资部门积极发展以配送为中心的现代物流形式，充分发挥物资流通服务生产、指导生产、参与生产的功能，改善企业的供应与销售条件，帮助企业以物流来调节生产与销售。

2. 企业物流合理化的基本原则

（1）近距离原则。运输与装卸搬运只能增加产品成本，而不会增加产品价值，因此，在条件允许的情况下，应使物料流动距离最短，以减少运输与装卸搬运量。

（2）优先原则。在进行物流系统规划和设计时，应将彼此之间物流量大的设施布置得近一些，而物流量小的设施与设备可以布置得远一些。

（3）尽量避免迂回和倒流原则。迂回和倒流现象严重影响了物流系统的效率与效益，甚至干扰生产过程的顺利进行，必须使其减少到最低程度，尤其是系统中的关键物流。

（4）在制品库存最小原则。在制品是企业生产过程中的发源物，同时又是一种"浪费"，应通过合适的手段（生产计划、管理模式、设备改造、设备规划等）使其库存降低到最低限度。

（5）集装单元和标准化搬运原则。物流过程中使用的各种托盘、料架等工具，要符合集装单元和标准化搬运原则，以提高装卸搬运效率、提高物料活性指数、提高装卸搬运质量、提高物流系统机械化和自动化水平。企业集装单元和标准化搬运程度，反映了企业的物流管理水平。

（6）尽量简化搬运原则。物料装卸搬运不仅要有科学的设备、宣传品和工具，还要有科学的操作方法，使装卸搬运作业尽量简化，环节尽量减少，提高物流系统的可靠性。

（7）利用重力原则。可利用高度差，采用滑板、滑道等方法，使物料进行移动。因此，在物流系统中，使用重力方式进行物料搬运是最经济的方法。但在应用时，应防止产品、零件以及设备等的磕碰与损坏。

（8）合理提高物料活性指数原则。物料活性指数是反映物料流动难易程度的指标，在备件允许的情况下，应尽量提高。

（9）合理提高搬运机械化水平原则。使用机械化装备可以提高装卸搬运的质量和效率。

（10）人机工程原则。在进行物流系统设计、规划、改造时，要运用人机工程原则，使操作者省力、安全、高效。

（11）提高自动化与计算机水平原则。装卸搬运自动化是物流现代化的重要标志，计算机应用也是物流现代化的重要标志。因此，在条件具备的情况下，应尽早、尽量、尽快地提高自动化与计算机水平。

（12）系统化原则。在进行物流系统合理化时，既要重视个别环节的机械化、省力化、标准化，又要解决物流系统的整体化和系统化，而且应把系统化和融合化放在第一位，使物流系统整体性能好、整体效益最好。

（13）柔性化原则。随着生产力的高速发展、产品的日益丰富以及个性化需求时代的到来，企业的生产组织向小批量、多品种的生产方式转化。因此，物流系统应柔性化，以适应产品的不断更新和变动。

（14）满足生产工艺和管理要求原则。物流系统应首先满足生产工艺和生产管理的要求，并与企业其他系统相协调、相配合，使企业生产系统发挥出更大的作用。

（15）满足环境要求原则。物流系统的规划、设计和改造，应符合可持续发展战略思想和绿色制造的要求，与其他系统（如自然、人文等）相互协调，决不为追求物流系统的功能与效益而损害环境。

第二节　供应物流

一、供应物流概述

企业供应物流是企业物流活动的起始阶段，作为企业产品生产前的准备工作的辅助作业。供应物流是指企业生产所需的原材料、零部件、机器、设备等一切物资在供应企业与生产企业之间流动而产生的一系列物流管理活动。供应物流的运作安排需要依据企业的生产计划，使物流运作与企业生产紧密衔接并实现操作上的一致性，从而保证企业生产活动的连续性和持续性。

二、供应物流的内容

供应物流的过程，因不同的企业、不同的生产工艺、不同的生产组织模式而有所不同，但供应物流基本流程和内容大致相同。

(一) 采购

采购包括购置、运输、收货、仓储等。采购是企业购置货物和服务的行为。

采购是生产企业为获得生产所需要的物资而进行的活动。企业采购活动的一般过程如下：

第一步，接受采购任务，制定采购订单。

第二步，制订采购计划。

第三步，根据既定计划联系供应商。

第四步，与供应商洽谈，成交，最后签订订货合同。

第五步，运输进货及进货控制。

第六步，到货验收、入库。

第七步，支付货款。

第八步，善后处理。

(二) 厂外物流

厂外物流是指采购中的合同签订以后，按照合同的规定，物资从供应地向目的地时空转移的过程。这种转移可以采取铁路运输、公路运输或水路运输，个别情况也可以采取管道或航空运输的形式。可以由供应商组织运输，或需求方自行组织运输，也可以由第三方物流企业代为运输。

(三) 仓储与库存

仓储是供应物流与生产物流的接点，负责供应物流的接货、仓储、发货工作。在这个环节上，一是要严把进货关，入库前保证入库物资的数量和质量符合合同规定。入库后的物资，认真执行库存物资维护保养的规定，尽量减少库存物资的人为和非人为耗损。库存是供应物流的重要组成部分，主要执行生产计划下达的库存任务，负责制定库存策略，通过订货点法、ABC 法、CVA 法、MRP 和 MRP II 等传统和现代的库存控制方法，做好库存控制和管理工作。

(四) 装卸与搬运

装卸与搬运是接货、发货和仓储堆码作业中的物流活动。一是工作量大；二是对保证物资的完好率具有重要作用；三是物流作业机械化、自动化的重点。装卸搬运是与运输和仓储相伴而存在的。从某种意义上讲，没有搬运与装卸的现代化，就没有运输和仓储的现代化，也就没有物流的现代化。

三、供应物流的模式

（一）需求企业自提模式

生产企业与供应商签订合同以后，按照合同规定的条款，供应商在适当的时间通知需求方准备在指定的地点提货。这种模式，需求方应事前联系或组织必要的运输工具，如火车、轮船、汽车等，并按约定时间在指定地点提货。在货物装车前要核对数量，检验质量，并办好全部交接手续。此后，需求方就要对供应物流负全责。

（二）委托销售企业代理

即供应商企业负责联系组织运输工具，承担运输业务，实施"门到门"的服务。这样做一方面可以使供应商获得稳定的客户和增值服务，有利于本身的持续发展；另一方面对于需求方，可以大大节约本身为组织供应所耗用的人力、物力和财力，集中精力致力于发展企业的核心业务。这是一种最常见的供应模式。

（三）委托第三方企业代理

这种供应物流方式指企业在完成采购任务后，由相对于"第一方"发货人和"第二方"收货人而言的第三方专业物流企业承担供应物流活动的一种物流形态。第三方物流企业，通过与第一方或第二方合作来提供专业化的物流服务。它不拥有商品，不参与商品买卖，而是接受合同约束，为顾客提供以结盟为基础的系列化、个性化、信息化的物流代理服务。

四、供应物流服务的新方式——供应链供应物流模式

这是近年来随着供应链理念和实践的拓展而发展起来的供应物流模式。供应链体系，将物流供应商、生产商、储运商、分销商及消费者组成供需网络链。供应商和企业结成最高层次上的联盟，彼此在互利互惠、共享信息、共担风险和相互信任的原则下建立长期合作的供应关系。这种供应链供应的物流模式有 JIT 供应模式和零库存供应模式等。

（一）JIT 供应模式

该模式即准时化供应模式。它的基本思想是：合适质量的物品，在合适时间供应到合适的地点，最好地满足用户的需要。

（二）即时供应模式

即时供应模式是 JIT 供应的特例，它不是按照计划的时间进行计划数量产品的供应，而是按照用户随时提出的时间要求进行准时供应的一种供应物流模式。它多用于零部件的供应。通常的情况是，需求企业通过互联网络向伙伴供应商发出临时需求信息，供应商则根据需求快速组织生产，再按需求的时间，快速送达需求商的生产线。由于零部件的生产是按临时需求组织生产的，所以产品的质量完全取决于供应商对生产过程的质量监控，因此，这个生产过程又称质量生产。电子商务的快速发展和广泛应用，为这种缺乏计划而又有严格时间要求的即时需求提供了支持。

（三）零库存供应模式

关于"零库存"的概念，学术界的解释有所歧义。我们所讲的"零库存"可以有两种理解：一是实际意义上的零库存，就是与传统意义上的大量库存比较，由于通过JIT供应和JIT供应特例的即时供应，使库存量大大减少，几乎接近零；另一种是数学意义上的零库存，即需求方不设库存，而是由供应方设置和管理库存。这种真正意义上的零库存运作方式是供应商将商品直接存放在用户的仓库中，并拥有库存商品的所有权，供应商只有在用户领用商品后才与用户进行货款的结算。这种运作方式对供需双方都有利，供应方可以利用需求方的仓储设施，免去了固定资产的投资，节约了大量资金；需求方因为没有设库存，免去了库存占有资金，并节省了大量的管理费用。

第三节　生产物流

企业生产物流是企业物流的关键环节，研究生产物流有利于生产物流和生产过程的优化组合，有利于提高企业的劳动生产率，提高企业的整体实力。

一、生产物流概述

生产物流是指生产过程中，原材料、在制品、半成品、产成品等在企业内部的实体流动。生产物流包括从原材料出库，进入生产线，经过加工过程中的存放、装卸、搬运、运输和成品包装，到验收入库以及贯穿于全过程的信息传递活动。

生产企业的生产过程，是由一个个加工程序串联而成的，由这样的加工过程所形成的物流过程具有如下特征。

（一）连续性

连续性是指物料总是处于不停地流动之中，包括空间上的连续性和时间上的连续性。空间上的连续性，要求各加工环节在布局上尽可能紧凑，缩短流程的距离，不要有迂回往返现象。时间的连续性上，要求物料在加工中由一个环节过渡到另一个环节时，尽可能缩短时间，避免或减少停留等待现象。

（二）平行性

就机床制造业而言，平行性指物料在生产过程中实行平行交叉流动。平行指同一品种的在制品可以在数台机床上同时加工；交叉性指零件加工的上一道工序完成以后即可进入下一道工序加工，直至生成产成品。这种平行交叉流动可以大大缩短生产周期。

（三）比例协调性

比例协调性指各个加工工艺、工序之间加工能力的协调。这种协调主要体现各环节的加工人数、设备、面积等的配备比例一定要协调，否则会出现部分生产能力不足、部分生产能力过剩的状况，造成资源浪费，成本上升。

（四）均衡性

均衡性指全年、季或月的投料加工的数量要按比例合理分配，实现年、季、月的均衡生产。均衡生产有利于避免时松时紧、突击加班的发生，有利于设备正常运转，工人保持旺盛的工作精力，有利于保证产品质量。

（五）准时性

准时性指生产的各阶段、各工序都必须按后续阶段和工序的需要组织生产，在需要的时候能按照需要的数量和质量生产所需的零配件。只有各个加工岗位都实现了准时性才会有我们追求的连续性、平行性和均衡性。

（六）柔性

这里所说的柔性是指加工制造的灵活性、可变性和可调节性，即在短时间内以最少的资源从一种产品的生产转换为另一种产品的生产，从而实现市场多样化、个性化的需求。

二、生产物流的类型

（一）从物流流向角度分类

可以根据物料在生产工艺过程中流动的特点，把生产物流划分为项目型、连续型、离散型三种类型。

1. 项目型生产物流

项目型生产物流是指固定式生产中的物流凝固型，即当生产系统需要的物料进入生产场地后，几乎处于停止的凝固状态，或者说在生产过程中物料流动性不强。

项目型生产物流分为两种状态：一种是物料进入生产场地后被凝固在场地中，同生产场地一起形成最终产品，如住宅、厂房、公路、铁路、机场等；另一种是在物料流入生产场地后，滞留时间很长，形成最终产品后再流出，如大型水电设备、冶金设备、轮船、飞机等。

2. 连续型生产物流

连续型生产物流是指在流程式生产方式中物料均匀、连续地流动，不能中断。连续型生产物流的特点是：生产出的产品和使用的设备、工艺流程都是固定且标准化的；工序之间几乎没有在制品储存。化工生产常属此类型。

3. 离散型生产物流

离散型生产物流是指在加工装配式生产中，产品生产的投入要素由可分离的零部件构成，各个零部件的加工过程彼此独立。离散型生产物流的特点是：制成的零件通过部件装配和总装，最后成为产品。整个产品的生产是离散的，各个生产环节之间有一定的在制品储备。

（二）从物料流经区域和功能角度分类

这种分类可以把生产过程中的物流细分为两部分：工厂间物流和工序间物流（车间物流）。

1. 工厂间物流

工厂间物流，指大企业的分厂与分厂之间、中小企业的车间与车间之间的物流。这种物流的内容是各分厂或各车间生产的零部件和半成品在分厂或车间之间的流动。为了合理规划生产过程中分厂间或车间之间的物流，从供应链的角度考虑，重点是进行企业内部的供应链管理，合理布局生产单位，确定合理的协作计划，运用信息技术，建立数据库，实现信息共享。

2. 工序间物流

工序间物流也称工位间物流或车间物流，指生产过程中，车间内部和车间与仓库之间的物流。内容包括接受各工序原材料、零部件及其后的储存活动；仓库集中向生产车间输送材料、燃料的活动；产品的集中储存和搬运活动。为了尽量压缩工序间物流在生产过程中耗用的时间，从管理的角度考虑，重点是进行仓储合理布局，确定合理的库存量，合理配置设备与人员，建立合理的搬运作业流程和适当的搬运路线。对于储存、搬运项目的信息搜集、汇总、统计、分析，做到科学、及时、准确，使用得当，实现"适时、适量、高效、低耗"的生产目标。

三、企业生产物流的计划与控制

在生产物流的计划与控制中，计划的对象是物料，计划执行的结果要通过对物料的监控情况来考核。对生产物流的计划就是根据计划期内规定的生产产品的品种、数量、期限，具体安排物料在各工艺阶段的生产进度，并使各环节上的在制品的结构、数量和时间相协调。而对生产物流进行控制，则主要体现在物流量进度控制和在制品管理两个方面。下面将分别叙述以 MRP、MRPⅡ、ERP、JIT、TOC 原理为指导的生产物流的计划与控制。

（一）物料需求计划的基本内容

物料需求计划（Material Requiring Planning，MRP）主要用于解决相关需求产品的物料需求计划问题。它由以下几个部分组成。

1. 计划产生部分

MRP 是根据产品结构层次关系，首先以产品零件为计划对象，以完工日期为计划基准，推算出零件的排产计划。而后，各部件以其所需零件的数量和装配周期，推算出所需的提前期，再按提前期长短，分别确定各个物料下达订单的优先级，提前期长者，先行下达投料指令，提前期短者后行下达，从而在生产需要时，所有物料都能配套齐备，确保生产的正常进行，同时避免了某些原材料过早投产造成的在制品积压，达到降低库存量，减少资金占用的目的。

按照 MRP 基本原理，MRP 系统所需要的文件有以下三个。

一是主产品生产进度计划（Master Production Schedule，MPS）。它是主产品的产出时间进度表。主产品一般是满足市场需要的最终产品，通常是整机或具有独立使用价值的零件、部件等。主产品生产进度计划是靠市场的订货合同和市场预测获得的。

二是主产品结构文件（Bill of Materials）。它不仅是一个简单的物料清单，还提供了主产品的结构层次，所有各层次零部件的品种、数量、提前期等。

三是库存文件。库存文件包含各个品种在系统运行前库存的静态资料，但它的主要任务是提供并记录在 MRP 运行过程中实际库存量的动态变化。

根据这三个文件就可以形成每一次加工件与采购件的建议计划，如加工件的开工日期与完成日期、采购件的订货日期与入库日期等。同时根据 MRP 的输出信息和工艺路线等可以对企业的生产能力进行详细的计划，通过编制能力需求计划以保证 MRP 的执行。一般地，MRP 与生产能力需求计划要反复调整才能使计划得以执行，当反复运算调解无法执行时，就要调解主生产计划 MPS。只有物料需求计划与生产能力计划达成一致时，生产计划才能下达基层执行。

2. 计划执行控制部分

计划执行控制部分：主要包括执行物料计划（又分为加工与采购两部分）和执行能力计划。执行 MRP 计划主要采用调度单和派工单来控制加工的优先权。加工控制一般由车间控制功能来完成；采购控制一般由采购供应部门来完成。执行能力计划时，用投入的工时量控制能力和物流。执行控制层可以把生产计划执行的信息及时反馈给计划层，从而形成了完整的闭环 MRP 的生产计划与控制系统。闭环 MRP 系统实现了规范的管理，把生产计划的稳定性、灵活性与适应性统一起来，大大提高了企业生产的整体效率与物料合理利用率，也提高了企业对外部市场环境的适应能力。

（二）资源制造计划的基本内容

资源制造计划（Manufacturing Resources Planning，MRP Ⅱ）的基本思想是把 MRP 同所有其他与生产经营活动直接有关的工作和资源以及财务计划连成一个整体，实现管理的系统化。从系统来看，MRP Ⅱ是一个闭环系统。一方面，它不单纯考虑 MRP，还将与之有关的能力需求计划、生产作业计划和采购计划等方面考虑进去，使整个问题形成闭环；另一方面，从控制论的观点，计划制定与实施之后，需要不断根据企业的内外环境变化提供信息的反馈，适时做出调整，从而使整个系统处于动态的优化之中。所以，它实质上是一个面向企业内部信息集成及计算机化的信息系统，即将企业销售计划、生产能力计划、现金流动计划，以及物料需求和生产能力需求计划的实施执行等通过计算机结合起来，形成一个由企业各功能子系统有机结合的一体化信息系统，使得系统在统一的数据环境下运行，这样通过计算机模拟功能，系统输出按实物量表达的业务活动计划和以货币表述的财务报表集成，从而实现物流与现金流的统一。

（三）企业资源计划的基本内容

企业资源计划（Enterprise Resources Planning，ERP）的核心思想是供应链管理思想，即在 MRP Ⅱ 的基础上通过前馈的物流与反馈的资金流和信息流，把客户的需求和企业内部的生产活动以及供应商的制造资源整合在一起，体现完全按用户需求进行制造的一种供应链管理思想的功能网络结构模式。它强调通过企业间的合作，加强对市场需求的快速反应、高度柔性的战略管理以及降低风险成本，实现高收益目标等优势，从集成化的角度管理供应链问题。

ERP 是一个面向供应链管理（Supply Chain Management）的管理信息集成。ERP 除了传统的 MRP Ⅱ 系统的制造、供销、财务功能外，还增加了以下功能。

（1）支持物料流通体系的运输管理，仓储管理（供应链上供、产、需各个环节之间都有运输和仓储的管理问题）。

（2）支持在线分析处理（On Line Analytical Processing，OLAP）、售后服务及质量反馈，实时准确地掌握市场需求的脉搏。

（3）支持生产保障体系的质量管理、实验室管理、设备维修和备品备件管理。

（4）支持跨国经营的多国家地区、多工厂、多语种、多币制要求。

（5）支持多生产类型或混合型制造企业，汇合了离散型生产、流水作业生产和流程型生产特点。

（6）支持远程通信 Web/Internet/Intranet/Extranet（E-commerce、E-business）、电子数据交换（EDI）。

（7）支持工作流（业务流程）动态模型变化与信息处理程序命令的集成。

（四）JIT 的基本内容

一般来说，制造系统中的物流方向是从零部件到组装再到总装。而 JIT（Just In Time，及时制或准时制）方式却支持从反方向来看物流，即从装配到组件再到零件，即当后一道工序需要运行时，才到前一道工序去拿正好所需要的那些坯件或零、部件。同时下达下一段时间的需求量，这就是 JIT 的基本思想——适时、适量、适度（指质量而言）生产。

1. JIT 的目标

对整个总装线来说，JIT 的目标就是彻底消除无效劳动和浪费，具体包括：

（1）废品量最低（零废品）——JIT 要求消除各种产生废品的因素。加工过程中，每一道工序，都要求达到最好水平。

（2）库存量最低（零库存）——JIT 认为，库存是生产系统设计不合理、生产过程不协调、生产操作不良的证明。

（3）准备时间最短（零准备时间）——准备时间长短与批量有关，如果准备时间趋于零，准备成本也趋于零，就有可能采用极小批量。

（4）生产提前期最短——短的生产提前期与小批量相结合的系统，应变能力强，柔性好。

（5）减少零件搬运，搬运量低——零件送进搬运是非增值操作，如果能使零件运送量减小，搬运次数低，可以节约装配时间。

2. 实现 JIT 的要求

（1）整个生产均衡化——平均地按照加工时间、数量、品种进行合理搭配和排序，使生产物流在各作业之间、工序之间、生产线之间、工厂之间均衡地流动。

（2）从根源上强调全面质量管理——目标是从消除各环节的不合格品到消除引起不合格品产生的根源。

（3）通过产品的合理设计，使产品与市场要求相一致，并且易生产、易装配——如模块化设计。设计的产品尽量使用通用件、标准件。设计时应考虑实现自动化。

（五）TOC 的基本内容

TOC（Theory of Constraint，约束理论）把企业看成一个完整的系统，认为任何体制至少有一个约束因素。正是各种各样的制约因素限制了企业生产产品的数量和利润的增长。因此，基于企业在实现其目标的过程中现存的或潜伏的制约因素，通过逐步识别和消除这些约束，使得企业的改进方向和改进策略明确化，从而更有效地实现其有效产出。

为了达到这个目标，约束理论强调，首先在能力管理和现场作业管理方面寻找约束因素（约束是多方面的，有市场、物料、能力、工作流程、资金、管理体制、员工行为等，其中市场、物料和能力是主要的约束）；其次，应该把焦点放在瓶颈工序上，保证瓶颈工序不发生停工待料，提高瓶颈工作中心的利用率，从而得到最大的有效产出；再次，在找出系统已有的瓶颈，打破瓶颈之后，立即再找下一个瓶颈，别让惰性成了最大的"瓶颈"，也就是对生产做出不断地改善。

第四节　销售物流

一、销售物流概述

销售物流是指生产企业、流通企业出售商品时，物品在供应方与需求方之间的实体流动，即从生产者至用户或消费者之间的物流。包括产成品的库存管理、仓储发货运输、订货处理与客户服务等活动。为达此目的必须选择合适的分销渠道，全面掌握销售物流的主要环节的特点、销售物流服务的要素，对销售物流服务实施有效管理。

二、分销渠道的结构和类型

（一）分销渠道的结构

分销渠道又称流通渠道、分配线路，它指产品由生产者向消费者或用户移动过程所经过的通道或路线。分销渠道是商品流通环节、流通空间和流通时间的总体。商品的流通环节表现为两种形式：其一是商品的经营形式；其二是商品流通的客观形式，指商品的运输、储存等形式。商品的流通空间包括渠道的长度和宽度两个方面。渠道的长度是商品流通中所经过的路线或途径的长短，流通环节多，渠道就长，反之就短。渠道的宽度指商品流通中，在同一环节上要经过多少种形式。商品面向全国市场，渠道就较为宽广；面向本地市场就较为狭窄。商品流通时间是指商品从生产企业传送到消费者手中所要经过的全部时间。分销渠道的结构大体如下。

（1）生产者→消费者。

（2）生产者→零售商→消费者。

（3）生产者→批发商→零售商→消费者。

（4）生产者→代理商→零售商→消费者。

（5）生产者→代理商→批发商→零售商→消费者。

上面的五种形式中，第一种分销渠道最短，第五种分销渠道最长，其余三种分销渠道长度介于第一种和第五种之间。

（二）分销渠道的类型

1. 直接渠道

直接渠道是指不经过任何中间环节，由生产者直接把产品服务转移到最终消费者（也包括工业用户）的方式。采用直接渠道，可以使生产者的产品直接到达消费者，而不经过任何中间商，这样可以缩短运输时间，节约运输费用，还可以保证产品的质量。特别是鲜活、体积比较大的产品，采用直接渠道优点更为明显。随着竞争的加剧，企业必须提供良好的售后服务，采用直接渠道更能适应竞争的需要。

2. 间接渠道

间接渠道是指生产企业通过流通领域的中间环节，把商品和服务销售给消费者的方式。在这种多层次的销售渠道中，中间商作为生产与生产、生产与消费的桥梁纽带，具有集中、平衡、扩散，分担风险等功能。在现代经济条件下，中间商作为媒介的商品流通形式是商品流通的主要形式。但由于流通环节的增加，使物流的运输、仓储费用增加，从而使产品的成本上升，加重了需求者的负担。

三、销售物流的主要环节

企业在完成产品的制造后，需要及时组织销售物流，使得产品能够及时、完好地送达用户指定地点。为了保证销售物流的顺利完成，需要做好以下几方面的工作。

（一）产成品的包装

包装是生产企业生产物流系统的终点，也是销售物流系统的起点。产品的包装具有保护功能、便利功能和促销功能，尤其是产成品的运输包装在销售物流过程中将起到便于保护、仓储、运输、装卸搬运的作用。因此，在包装材料、包装形式上一定要考虑运输、仓储环节的需要，当然也要顾及材料和工艺的成本费用。

（二）产成品的储存

保持合理的库存水平，及时满足客户需求，是产成品储存最重要的内容。客户对企业产成品的可得性非常敏感，缺货不仅使客户需求得不到满足，而且还会提高企业进行销售服务的物流成本。为了避免缺货，企业一方面可以提高自己的存货水平；另一方面可以帮助客户进行库存管理，这样做不但可以把自己的库存降下来，而且可以稳定客源，便于与客户长期合作。

（三）发送运输

不论销售渠道如何，也不论是消费者直接取货，还是生产者或供应者直接发货给客户，企业的产成品都要通过运输才能到达客户指定地点。而运输方式的确定要考虑批量、运送距离、地理等条件。

对于生产者或供应者送货的情况，应考虑批量大小问题，它将直接影响物流成本费用。因此，配送是一种较先进的形式，它可以提高设备的利用率，降低运输成本。运输方面的良好服务，包括运输速度快、及时满足客户需要；运输手段先进，减少途中商品损坏率；合理组织运输途径，减少运输里程及运输安全系数高，避免丢失等问题发生。

（四）装卸运输

客户希望在物料搬运设备方面的投资最少化，例如，客户可能要求以其使用的托盘或集装箱装货；也有可能要求将特殊货物集中在一起装车，这样可以直接再装，不需要重新分类。这些要求应尽可能满足。

四、销售物流服务要素

（一）时间性

时间要素通常是指订货周期的时间。订货周期是指从客户确定对某种产品有需求到需求被满足的时间间隔，也称为提前期。时间要素主要受以下几个变量的影响：订单传送、订单处理、订货准备及订货装运。企业只有有效地管理与控制这些活动，才能保证订货周期的合理性和可靠性的一致，才能提高企业的客户服务水平。

（二）可靠性

可靠性是指根据客户订单的要求，按照预定的提前期，将订货安全送达客户指定的地方。可靠性包括提前期的可靠性、安全交货的可靠性、正确供货的可靠性。

（三）沟通性

与客户沟通是对客户服务实施管理的重要手段。设计客户服务水平必须包括客户沟通。沟通渠道和方式应对所有客户开放并准入，因为这是销售物流外部约束的信息来源。没有与客户的联系，管理者就不能提供有效及经济的服务。例如，许多客户需要了解装运状态的信息，询问有关装运时间、路线等情况，因为这些信息对客户的运营计划是非常需要的。

（四）方便性

由于消费者的需求千差万别，要想满足全部消费者的所有需求是不现实的，企业只能有针对性地提供若干种不同的产品和服务。为了更好地满足客户的需求，就要根据客户的规模、市场区域、购置的产品及其他因素将客户细分，为客户提供适宜水平的服务。客户的服务水平决策需要具有灵活性，在每一个特定的条件下，都必须考虑服务水平与服务成本之间的经济利益关系。

五、销售物流服务的管理

（一）销售物流的运输管理

运输是销售物流的重要组成部分。运输费用是销售物流费用的重要组成部分，会影响商品的价格，所以运输是企业销售物流管理的重要内容之一。

1. 选择运输方式

运输方式的选择对于销售物流系统的运作效率和成本控制起着十分重要的作用。运输方式的选择应结合不同运输方式下的运作特征的服务可靠性、运送速度、服务频率、服务的可得性、服务能力予以综合考虑，才能确定最理想的运输方式。

2. 销售物流中的运输策略

（1）实行集约化管理。对运输进行集约化管理是指企业在整体经营安排、成本预算以及协调企业销售物流等方面预先进行集中管理，而不是反应式运输管理。预先管理的意义在于：预先分析运输中存在的问题，寻找解决问题的方法，以利于企业整体效益的提高。

（2）优选第三方物流企业。企业相对减少承运人数量，使企业产成品的销售运输业务相对集中于一些运输公司即第三方物流企业，使其业务量和营业收入增加。这样承运人便可提供生产企业要求的合理运价和服务。

（3）实施复合运输。复合运输是吸取铁路、汽车、轮船、飞机等所有运输形式的长处，把它们有机地结合起来，实行多环节、多区段、多工具相互衔接的运输方式。这种运输方式的主要方向是杂货运输的现代化。复合运输从整体上保证了全程运输的最优化和效率化。复合运输的形式有水陆联运、陆陆联运、陆空联运和一条龙运输。

（二）销售物流中的库存管理

1. 库存水平与客户服务水平的关系

一般来看，库存的增加会提高客户服务的水平。但是当客户服务接近某种程度时，所需的库存开始加速增长，随着库存的增长，库存的费用如订货费、库存持有费用也在加速增长，所以我们必须加强库存管理，使增加的库存成本能够通过高水平的客户服务所带来的利润增加得到补偿。另外，客户服务水平的提高不仅与库存物资的价值总量密切相关，而且与库存物资品种的合适比例、物资的合适的维护保养措施密切相关，因此必须全面加强库存管理。

2. 库存管理的方法

（1）ABC 分类管理法。该法是按库存物资的产值和数量进行分类，将品种少、价值高的物资定为 A 类，其余的分别定为 B 类和 C 类。对 A 类实行重点管理，要求根据历史资料和市场需求的变化规律，认真地预测未来货物需求的变化，并依次组织入库资源。要多方了解供应市场变化，尽可能缩短采购时间，合理增加采购次数，降低采购批量等。对 B、C 类物资实行简化管理，只要储备必要数量，适当盘点就可以了。

（2）CVA 管理法。该法是对 ABC 分类管理法的补充，是根据库存物资在生产和销售中的关键程度、可得性、可替代性等因素，将库存物资分成 3 到 4 级。有些物资虽然价值不是很高，但却是顾客经常需求的，又缺乏可替代性，如果缺货，会使缺货成本有很大的提升，同 A 类物资一样，是关键性物品，属最高优先级，应当予以重点管理，保证其不缺货。除 A 类外，依次又分为基础性物品，属较高优先级，允许偶尔缺货；比较重要的物品，属中等优先级，允许合理范围内缺货等。

（3）订货点法。就是为了保证用户的需求，又能降低成本，当库存物资数量降低到一定水平时，按照规定的批量组织订货或按规定的时间周期组织订货，使库存物资达到规定的存货水平。

（4）JIT 法。这是零库存思想指导下的库存管理方法。有一种观点认为仓储是对资源的浪费，这在某种意义上也是正确的。虽然仓储能解决供需在时间和空间上的矛盾，但也确实增加了销售物流的费用。然而完全零库存只是在理论上可行，现实中的零库存方法并不是一点库存都没有，只是尽可能减少库存量。实现零库存，是以及时供应（Just in Time Supply）和及时分销（Just in Time Distribution）为条件的。为此，配送节奏和配送结构要适应用户对及时供应与分销的需要。

（三）企业销售配送管理

目前企业已改变重生产轻销售的传统理念，越来越多的企业开始构筑有力的物流销售系统，并向位于流通最后环节的零售店或客户直接配送产品。不仅如此，他们还将分散在生产厂中的库存，集中到大型物流中心，物流中心则通过现代化技术，实现进货、保管、在库管理、发货管理等物流活动的效率化、省力化和智能化。

1. 销售配送的形式和种类

在配送的形式和种类上可以实行单（少）品种大批量配送、多品种少批量配送或配套成套配送；还可以根据需要的时间和数量实行定时配送、定量配送、定时定量配送、定时定路线配送和即时配送；也可以根据需要实行共同配送，如同产业间共同配送、异产业间共同配送，更好地为生产和生活服务。

2. 配送服务的合理化

配送服务的管理，就是对配送全过程的所有环节，如进货、储存、分拣、配货、分置、装配、送货、送达实施科学管理，实现配送的合理化。配送合理化的标志是：

（1）库存总量；

（2）资金占用和周转；

（3）社会保障，即客户是否缺货；

（4）社会运力节约标志；

（5）人力物力节约标志；

（6）经济效益标志。

就企业配送中心和客户综合情况看，如果这些指标均好于配送前则配送是合理的，否则就是不合理或者局部不合理的，需要找出原因，加以改进。

第五节　回收物流与废弃物物流

企业在生产过程中，除了生产出产成品之外，还相伴生成了一些非产成品物资。这些物资中，有的还有一定的使用价值，有的已不具有或具有很少的使用价值，对这种具有和不具有使用价值的物资，采用不同的处置方式，从而产生了不同的物流活动，即回收物流与废弃物流。

一、回收物流

（一）回收物流的概念

不合格物品的返修、退货以及周转使用的包装容器从需求方返回到供应方所形成的物品实体流动称之为回收物流。

企业在其生产过程中，由于产品的性质和加工工艺过程的不同，除了加工出产成品外，还会生成不同的副产品，如炼钢的煤灰、炉渣，机械加工厂的废钢屑、边角余料等。另外在生产过程中，由于这样那样的原因，总会有不合格品和残次品产生。同时，工厂的生产设备、生产加工工具，由于寿命周期已到或其他原因失去了使用价值，而不得不淘汰。前面所提到的生产中的副产品、加工中产生的边角余料、不合格品和残次品、报废的设备和工具等有的还具有一定的使用价值，或经过一定的加工处理后，可产生一定的使用价值。对这些经过加工后可以生成新的使用价值的物资进行拣选、包装、运输、加工、利用的活动就是回收物流。此外，企业生产出的产品在出售之后，发生退货、返修及包装物的回收等也属于回收物流。

在生产过程中产生的排放物，如已不能回收利用生成新的使用价值，只能对其采取收集、包装、处理等，避免对环境造成污染。

（二）回收物流的意义

1. 回收物流可以使某些物资保持和恢复其原有的使用价值

如机械加工厂产生的边角余料，虽然在当时的需求条件下不能使用，但是，在另外的场合，当需求的规格尺寸发生变化时，很可能派上用场。又比如一些包装箱、酒瓶，化工产品包装用的桶、罐等，经过简单的处理清洗，便可重新投入使用。

2. 某些物资经过深加工后可重新获得使用价值

废旧物资的深加工采用的是物理的、化学的方法，使废旧物资恢复到最初的原始状态。例如，从旧电器提取铂、金、银、镍；橡胶、塑料、纤维的再生产利用；灰渣制成空心砖，在建筑行业可替代普通红砖，节约大量建筑材料。

3. 回收物流具有重大的社会意义

工业生产的多种排放物的回收，不仅创造了巨大的经济价值，而且多种废旧物资的回收利用和循环使用，避免了废旧物资对现存耕地的占用，防止有毒有害物资对江、河、湖、海的污染，可以讲这是功在当代、利在千秋的重要举措。

（三）企业几种可再生资源的回收利用

1. 废钢铁的回收和利用

废钢铁是企业再生资源的重要组成部分。它是指失去原有价值的钢铁材料及其制品。废钢铁的回收具有重大的经济意义。回收的废钢铁通过直接回炉冶炼，加工改造，可以扩大社会的钢铁资源。其中企业对废钢铁的回收加工，包括气割、剪切、破碎、打包压块、分选等过程。对废钢铁的再利用主要是社会的再利用。废钢铁的用途很广，它是炼钢、铸造、制造农具及小五金的重要原料。

2. 企业废纸、纸板的回收利用

企业的废纸资源较分散，回收难度较大。废纸、纸板回收利用的一个明显特点是必须建立一个稳定的回收系统。只有具备足够的废纸、纸板回收力度，才能批量供给再生加工。企业废纸、纸板的集货系统的起点是，依靠简单的人力劳动或半机械化劳动，在集货结点处进行集货、分拣，经过加工以后再复用。

3. 废玻璃的回收利用

废玻璃的回收利用，主要是玻璃生产企业的碎玻璃原厂复用，是将各生产工序产生的碎玻璃回运到配料端。由于这种废玻璃的成分与本企业生产的玻璃成分相同，无须再进行成分的化验和计算，只需要以一定的比例与混合料一起重新熔制。这是一种经济可行的再生资源物流方式。

4. 企业废旧包装的回收利用

企业废旧包装的回收利用，是将使用过的产品包装容器和辅助材料，通过各种渠道和多种方式收集起来，经过修复改造，交给企业再次使用的过程。

（四）企业废旧包装回收渠道

1. 商业部门

商业部门主要经销生活资料商品，是废旧回收包装的主渠道，如各级百货商店、纺织品公司、五金交电公司、医药公司、医疗机械公司、零售商店等都可进行废旧包装回收。

2. 生产资料产品销售部门

这些部门是经营生产资料的机电设备公司、化工轻工材料公司、建筑材料公司等，都有废旧包装。其中相当部分是专用包装，如包装平板玻璃的木箱、包装化工原材料的铁桶等。

3. 社会废旧回收公司

这支队伍可以回收那些专业回收单位或综合回收机构不回收的旧包装，如各种玻璃瓶、塑料瓶和其他包装物。

4. 企业废旧回收包装渠道

这主要是企业专门设立的回收门市部，在固定地点回收多种产品包装。还有在产品销售部门设置回收包装柜台，实行回收。常见的是企业与使用单位签订合同，规定产品使用过后，将包装物返还，交生产单位重新使用。

二、企业废弃物物流

（一）企业废弃物物流的概念

将经济活动中失去原有使用价值的物品，根据实际需要进行收集、分类、加工、包装、搬运、储存等，并分送到专门处理场所时所形成的物品实体流动称之为企业废弃物物流。

（二）废弃物物流的特点

1. 无使用价值或使用价值较低

废弃物物流在物流过程中本身不能增值。处理废弃物物流需要较大的费用支出，随着废弃物物流处理的现代化、科学化，这个支出会越来越小。

2. 呈现出复杂性、多样性、分散性、普遍性的特征

由于废弃物呈现出复杂性（成分复杂，来源多样）、多样性（物体的形状、体积、流动性、粉碎程度等千变万化）、分散性（分散在各处需收集）、普遍性（几乎每个企业都产生）等，增加了废弃物物流的处理难度。

3. 污染环境

废弃物处理不当会给环境造成严重危害。一是侵占大量土地；二是污染农田；三是污染地下水；四是污染大气；五是传播疾病。

（三）废弃物物流的方式

1. 废弃物掩埋

企业可对企业产生的废弃物，在政府规划的地区，利用原有的低洼地或用人工挖出深坑将其掩埋。这种物流方式，适用于对地下水无毒害的固体垃圾。

2. 垃圾焚烧

此种方式是在一定地区用高温焚烧垃圾，这种方式只适用有机物含量高的垃圾或经过分类处理后将有机物集中的垃圾。有机物在垃圾中会发生化学反应，是造成空气、水及环境污染的主要原因，此办法可以减轻对环境的污染。

（四）废弃物物流合理化

1. 废弃物物流合理化的基本原则

（1）实现废弃物减量化。废弃物减量化任务，主要是通过适宜手段，减少废弃物的数量、容积、比例和排放量。这一任务必须从两方面着手：一是对废弃物进行科学处理和综合利用；二是减少废弃物的产生。

（2）实现废弃物的无害化。废弃物无害化的基本任务是将废弃物通过工程处理，达到不危害人体健康，不污染周围环境的目的。实现废弃物的无害化要求实施科学的废弃物物流处理工程，从收集、中转、运输到处置均采用先进的科学技术，实行科学的管理办法，如排水的无害化处理、垃圾的焚烧、填埋等科学处理，避免污染自然环境。

（3）实现废弃物的资源化。废弃物资源化的任务是采取工艺措施，从废弃物中回收有用的物料和能源。废弃物中蕴藏着巨大的资源，它们虽然不具有原来的使用价值，但是通过回收、加工的途径可以获得新的使用价值。据统计垃圾中占8％～9％的塑料、占3％～5％的玻璃、占2％～3％的纸张都是可再生的宝贵资源。

2. 企业废弃物物流合理化的具体措施

（1）淘汰落后的生产工艺。国务院发布的《国务院关于环境保护若干问题决定》明确规定，取缔、关闭或停产污染严重的企业。这对保护环境、削减多种废弃物排放，特别是有毒有害物资的排放意义重大。

（2）推广清洁生产工艺。利用清洁"绿色"的生产方式代替污染严重的生产方式和工艺，既可节约资源，又可不排或少排废弃物，减轻环境污染。例如，传统的苯胺

生产工艺生产的废弃物中含有大量的有毒物质硝基苯和苯胺，造成环境污染和资源浪费。采用新工艺后不但排放物大大减少，而且节约了能源。

（3）发展物质循环利用工艺。在企业生产中，发展物质循环利用工艺，使第一种产品的废弃物变成第二种产品的原料，并以第二种产品的废弃物再生产第三种产品，如此循环和回收利用，最后只剩下少量废弃物进入环境，取得经济的、环境的和社会的综合效益。

（4）构建废弃物物流合理化系统工程。该系统要实现三个目标：一是尽可能减少废弃物的排放量；二是对废弃物排放前实施处理，以减少对环境的污染；三是对最终的排放物进行有效处理。

复习题

1. 企业物流的特征有哪些？
2. 如何理解企业供应物流的新模式？
3. 企业如何进行生产物流的计划与控制？
4. 销售物流的销售渠道结构和类型是什么？
5. 回收物流和废弃物流合理化的具体措施有哪些？

第九章

第三方物流与第四方物流

- 了解第三方物流产生的背景；
- 掌握第三方物流的概念和特点；
- 理解第三方物流的作用；
- 了解第三方物流的发展状况以及我国第三方物流发展落后的原因；
- 理解第四方物流的概念与特点；
- 理解第三方物流与第四方物流的关系及运作模式。

导入案例

福特公司的转变

美国福特汽车公司的创始人亨利·福特一直有一个梦想，就是要成为一个完全自给自足的行业巨头。于是，除了大规模庞大的汽车制造产业，他还在底特律建造了内陆港口和错综复杂的铁路、公路网络。为了确保原材料供给，福特还投资了煤矿、铁矿、森林、玻璃厂，甚至买地种植制造油漆的大豆。他还在巴西购买了250万英亩（约1万平方公里）的土地，建起了一座橡胶种植园，以满足他的汽车王国对橡胶的巨大需求。此外，他还想投资铁路、运货卡车、内地运输和远洋运输，这样整个原材料供应、制造、运输、销售等都被纳入他所控制的范围内。

这是他要建立世界上第一个垂直一体化的公司辛迪加的一部分，本来还有很多很多，但日久天长，福特发现在自己系统控制之外的独立专业化公司有些工作比福特公司自己的机构干得更好。随着政治、经济环境的不断变化，福特公司的金融资源都被转移去开发和维持自己的核心主力——汽车制造、销售、运输等，制造之外的工作都交给独立的专业化公司去做。

福特在此方面的转变表明，在社会分工日益专业化的现代经济中，没有哪一家厂商能够完全做到自给自足；企业只有将有限的资源投入到加强自身的核心竞争力上，才能够成为赢家。同样，如果企业自己不是物流公司，那么最好将企业的物流业务交给一个独立的专业化的物流公司去做。

案例来源：田红英，黄远新. 第三方物流管理（第 2 版）[M]. 成都：四川大学出版社，2015.

思考题：

福特公司将非核心业务外包给专业化公司去做的原因是什么？

第一节　第三方物流

一、第三方物流概述

（一）第三方物流产生的背景

20 世纪 70 年代，由于经济从高增长转为低增长，市场竞争加剧，产品需求向多品种小批量方向发展，给企业带来了时间、空间及费用管理方面的难度。在时间上，为了满足准时交货的要求，只有采用缩短物流流通时间的方法，将部分服务工作转向中介企业；在空间上，为了满足库存存储的需要，在现有仓库基础上，企业采用了租用外部公司仓储空间的方法；在费用上，为了适应多品种小批量的运输特点，只有采用小批量集成运输，即将不同货主所委托运输的不同货物集成在一起，由运输企业发运，以减少运输费用。第三方物流兴起的原因，可以具体归纳为以下几方面的因素。

1. 环境变化

第二次世界大战以后，国际企业内部生产水平的进一步提高，伴随着存货管理已实现生产与分配间的零库存的优化，这意味着原材料、部件与组件的备货时间大大缩短。同时，全球经济一体化进程的迅速发展和新兴市场的形成，迫使企业采用全球战略，以寻找它们的生产资源，越来越多的产品作为全球产品在世界范围内销售，这些需求构成了物流发展的原动力。为参与世界性竞争，企业必须降低产品的成本（包括生产成本和销售成本），降低库存（包括仓储与运送过程中的库存）、增加效益。此外，企业还需要准确、及时的信息，要求增加整个供应链流程的可视性。第三方物流提供者为企业解决了上述难题，因此，越来越多的企业纷纷选择了物流业务的外包。

第三方物流的产生也是社会分工的结果。在业务外包（Outsourcing）等新型管理理念的影响下，各企业为增强市场竞争力，将企业的资金、人力、物力投入到其核心业务上去，寻求社会分工协作带来的效率和效益的最大化。专业化分工的结果导致许多非核心业务从业务生产经营中分离出来，其中就包括物流业务。他们将物流业务委托给第三方物流负责，不但可以集中精力发展自己的核心竞争力，抓好生产，而且可以降低成本。第三方物流企业则以物流为核心竞争力，依靠自己的物流实力、完善的物流服务功能参与市场竞争，取得市场竞争优势。这样，第三方物流的出现，既实现了社会的合理分工及社会资源的合理配置，同时又使生产企业和物流企业的核心竞争力得到了加强，效益显著提高，充分显示了第三方物流的综合优越性。

2. 用户需求变化

随着现代企业生产经营方式的变革和市场外部条件的变化，企业要想在严峻的市场竞争环境下生存发展，必须提高资源配置的效率，以赢得竞争的优势；而提高资源配置的效率，则必须让企业所拥有的资源都是有限的，它不可能在所有的业务领域都具有竞争优势，因而必须将有限的资源集中在核心业务来建设物流设施、购买物流设备，这对于缺乏资金的企业，特别是中小企业来说，是个沉重的负担。企业自己从事物流活动存在或多或少的弊端，比如会因生产规模过小或生产季节性等原因，降低物流效率；大量的物流投资，可能带有事实上的风险；企业的物流手段有限，无法程度大规模或集装箱运输或铁路运输或国际运输，等等。这些弊端必须使企业发现物流不是自己的核心竞争优势。同时，企业对自营物流的认识也发生了变化，它们需要将物流业务外包给专门从事物流服务的第三方物流，因此，第三方物流应运而生并发展壮大。

3. 信息技术的发展

信息技术特别是计算机技术的高速发展与社会分工的进一步细化，推动着管理技术和思想的迅速更新，由此产生了供应链、虚拟企业等一系列强调外部协调和合作的新型管理理念。这既增加了物流活动的复杂性，又对物流活动提出了零库存、准时制、快速反应、有效的顾客反应等更高的要求，使一般企业很难承担此类业务，由此产生了专业化物流服务的需求。第三方物流的思想正是为了满足这种需求而产生的。信息技术实现了数据的快速、准确传递。一方面，信息技术提高了物流企业仓库管理、装卸运输、采购、订货、配送发运、订单处理的自动化水平，促进了订货、包装、保管、运输、流通加工的一体化，使大规模、高质量、高服务水平处理物流作业成为可能；另一方面，方便实用的信息技术，使物流企业与其他企业之间的沟通交流、协调合作方便快捷，并能有效跟踪和管理物流渠道中的货物，精确计算物流活动的成本。这就使客户企业可以随时跟踪自己的货物，因而放心地把自己的物流业务交由第三方物流企业处理。这些环境条件都促成了第三方物流的产生。

综上所述，第三方物流的产生是社会分工、企业竞争和信息发展的结果，第三方物流给供应链各参与者带来了很多好处和方便，因而受到了极大的欢迎，它必将成为21世纪物流业的主流。

（二）第三方物流的概念

1. 第一方物流和第二方物流

要弄懂第三方物流的概念，首先应先弄明白什么是第一方物流和第二方物流。

（1）第一方物流。第一方物流是指由物资提供者自己承担向物资需求者送货，以实现物资的空间位移的过程。传统上，多数制造企业自己都配备了规模较大的运输工具和储存自己产品所需的仓库等物流设施，来实现产品的空间位移。特别是在产品输送量较大的情况下，企业都比较愿意由自己来承担物流任务。但是，随着市场竞争日趋激烈，企业越来越注重从物流过程中追求"第三利润"，因此感到由自己从事物流确实存在一系列问题。例如，以下一些问题随着第三方物流的兴起就显得越来越突出：

①由于产品的市场需求在时间上的不平衡，企业配置物流设施的能力是根据是需求旺季还是需求淡季确定，这往往成为企业头疼的事。无论怎样配置，都可能造成物流能力的浪费和紧张。

②制造企业的核心竞争能力在于它所制造的产品，物流并不是体现其核心竞争能力的业务，因此，制造企业从事物流业务的成本一般比专业的物流企业高。

③企业自己从事物流很难构建一个有效的物流网络，因此，几乎难以达到及时供货的要求。特别是在供需双方的地理位置相距较远的情况下，企业无法实现有效的物流。

④随着第三方物流的兴起以及其提供的日趋完善的物流服务，第一方物流原有的一些优势黯然失色。

（2）第二方物流。第二方物流是指由物资的需求者自己解决所需物资的物流问题，以实现物资的空间位移。传统上，一些较大规模的商业部门都具备自己的运输工具和储存商品的仓库，以解决产品从制造企业到商场的物流问题。但是，传统的由第二方承担的物流同样存在以下一些问题：

①自备运输工具的仓库已经使物资需求者的经营成本提高，在微利的商品经营时代，这种成本的支出是商业企业难以承受的。

②由于商品的市场需求在时间上的不平衡，商业企业难以合理配置物流设施能力，无论怎么配置都可能造成物流能力的浪费和竞争。

③商业企业的核心竞争能力在于商品的销售能力，物流并不是体现其核心竞争能力的业务，因此，从事物流业务的成本一般比专业的物流企业高。

④商业企业自己从事物流很难构建一个有效的物流网络，因此，几乎难以达到及时供货的要求。

⑤随着第三方物流的兴起，以及其提供的日趋完善的物流服务，第二方物流原有的一些优势也逐渐失去。

2. 第三方物流

第一种看法是，从字面上看，第三方物流是指由与货物有关的发货人和收货人之外的专业企业，即第三方来承担企业物流活动的一种物流形态。在有关的专著中，将第三方物流供应者定义为"通过合同的方式确定回报，承担货主企业或部分物流活动的企业"。它提供的服务形态可分为与运营有关的服务、与管理相关的服务以及两者兼而有之的服务三种类型。无论提供哪种形态的服务，都必须优于过去的一般运输者和合同运输业提供的服务。

第二种看法是，对外委托形态才是真正意义上的"第三方物流"，即由货主企业以外的专业企业代替其进行物流系统设计，并对系统运营承担责任的物流形态。这种观点认为，第三方物流与传统的对外委托有着重要的不同之处。传统的对外委托形态只是将企业物流活动的一部分，主要是物流作业活动，如货物运输、货物保管交由外部的物流企业去做，围绕库存管理、物流系统设计等的管理活动以及一部分企业内物流活动仍然保留在本企业。同时，物流企业是站在自己物流业务经营的角度接受货主企业的业务委托，以费用加利润的方式定价，收取服务费。那些能提供系统服务的物流企业，也是以使用本企业的物流设施、推销本企业的经营业务为前提，而不是以货主企业物流合理化为目的设计物流系统。

第三种看法是，第三方物流是站在货主的立场上，以货主企业的物流合理化作为系统设计和系统运营管理的目标。第三方物流企业不一定要保有物流作业能力，即可以没有物流设施和运输工具，不直接从事运输、保管等作业活动，只是负责物流系统设计并对物流系统运营承担责任，具体的作业活动可以采取对外委托的方式由专业的运输、仓库企业去完成。从美国的情况看，即使第三方物流企业保有物流设施，也将使用本企业物流设施的比例控制在20%左右，以保证向货主提供最适宜的服务。第三方物流企业的经营效益是直接同货主企业的物流效率、物流服务水平以及物流系统效果紧密联系在一起的。

在国家标准《物流术语》（GB/T 18354—2006）中，将第三方物流定义为"接受客户委托为其提供专项或全面的物流系统设计以及系统运营的物流服务模式"。它是物流渠道中的专业化物流中间人，以签订合同的方式，在一定期间内为其他企业提供所有或某些方面的物流业务服务。

从广义以及物流运作的角度来看，第三方物流包括一切物流活动以及发货人可以从专业第三方物流商处得到的其他一些增值服务。提供这些服务是以发货人和第三方物流商之间的正式合同为条件的。这一合同明确规定了服务费用、期限及相互责任等事项。常见的第三方物流服务包括物流系统设计、报表管理、货物集运、选择承运人、海关代理、信息管理、仓储管理、业务咨询、价格谈判等。

狭义的第三方物流专指本身没有固定资产但仍承接物流业务，借助外界力量，负责代替发货人完成整个物流过程的一种物流管理方式。第三方物流公司承接了仓储、运输代理后，为减少费用的支出，同时又要使生产企业觉得有利可图，就必须在整体上尽可能地加以统筹规划，使物流合理化。

（1）全面理解第三方物流。物流产业的发展一方面取决于市场经济的成熟度，另一方面也得益于物流服务理念的不断丰富和创新。对于准备参与或已经参与第三方物流运作的企业来说，必须正确把握第三方物流运作的精髓，并从以下六个方面来全面理解第三方物流运作：

①第三方物流是企业外包物流作业或物流管理的产物。

②第三方物流是企业间的互动协作过程。

③第三方物流是企业间的战略联盟。

④第三方物流是客户定制化的服务。

⑤第三方物流是竞争对手难以模仿的市场竞争优势。

⑥第三方物流是企业外购物流服务的高级形态。

（2）第三方物流与传统物流委托。第三方物流与传统物流委托的异同详见表9-1。

表 9 - 1　第三方物流与传统物流委托异同

		第三方物流	传统物流委托
相异之处	协议及服务功能	合同导向的系列服务：根据合同条款规定提供多功能服务或全方位服务（一对多）	外协：一项分散的物流功能，具有临时性，服务功能单一（一对一）
	专业性人才层次	专业人才、客户关系网络——专业化的物流机构	专业人才层次低，客户关系零散。
	个性化	根据客户需求提供服务，个性化强	根据自身业务内容为客户提供服务，个性化差
	运营成本	低	高
	信息基础	现代电子信息基础，使订货、包装、仓储、运输、加工一体化	无或少有
	增值服务	多	少
	配送的灵活性	拥有配送的灵活性，淡而不淡（因有合同业务，一年四季均有）	业务大时配送，业务小时无配送，具有业务的"淡""旺"之分
	供应链因素	企业间是一种动态联盟	无动态联盟特征
相同之处		均具物流的六大功能要素，均对企业进行业务外包	

（三）第三方物流的特点

1. 关系契约化

首先，它是通过契约来规范物流企业和货主企业之间关系的。物流企业根据契约规定的要求，提供多功能甚至全方位一体化的物流服务，并以契约来管理所有提供的物流服务活动及其过程。第三方物流有别于传统的外包。传统的外包只限于一项或数项独立的物流功能，如运输公司提供运输服务、仓储公司提供仓储服务等；第三方物流则根据合同条款规定的要求，而不是临时需要，提供多功能甚至全方位的物流服务。

其次，发展物流联盟也是通过契约的形式来明确各物流联盟参加者之间责、权、利相互关系的。依靠现代化电子信息技术的支撑，第三方物流企业之间充分共享信息，这就要求双方只有相互信任，才能使达到的效果比单独从事物流活动所取得的效果更好。

2. 服务个性化

首先，不同的货主企业存在不同的物流服务需求，第三方物流需要根据不同货主企业在其企业形象、业务流程、产品特征、顾客需求等方面的不同要求，提供针对性强的个性化物流服务和增值服务。

其次，从事第三方物流的物流企业也因为市场竞争、物流资源、物流能力的影响需要形成核心业务、不断强化所提供物流服务的个性化和特色化，以增强物流业务市场竞争能力。

3. 功能专业化

第三方物流所提供的是专业化的物流服务，从物流设计、物流操作过程、物流技术工具、物流设施到物流管理，都必须体现专门化和专业水平。这既是货主企业的需要，也是第三方物流自身发展的基本要求。

4. 管理系统化

第三方物流应具有系统的物流功能，这是其产生和发展的基本要求。它需要建立现代化的管理系统，只有这样才能满足其运行和发展的基本要求。

5. 信息网络化

信息技术是第三方物流发展的基础。信息技术实现了数据的快速、准确传递，提高了仓库管理、装卸运输、采购、订货、配送发运、订单处理的自动化水平，使订货、仓储、运输、流通加工实现一体化。企业可以更方便地使用信息技术与物流企业进行交流和协作，这使得企业之间的协调和合作有可能在短时间内迅速完成，促进了物流管理的科学化，极大地提高了物流效率和物流效益。

（四）第三方物流的作用

1. 第三方物流对企业经营的积极作用

随着全球经济的一体化发展和市场竞争的加剧，企业竞争内容呈现出动态的特点。20世纪70年代企业以价格竞争为主，80年代以质量竞争为主，90年代以服务质量竞争为主，21世纪以快速反应竞争为主。在目前的市场竞争中，同性质产品想以质量和服务竞争取胜很难，因为竞争的关键在于谁的产品能更快地响应顾客的需求，并以最短的时间到达市场。但是，企业对物流设施的投入占用了大量的企业资源以及企业在物流方面不成熟，导致库存过多，均严重影响了企业利润的获得。因此，大多数企业选择将自己的物流业务外包给专业的第三方物流公司。企业将自己的物流业务外包给运行良好的第三方物流公司，可以获得如下优势。

（1）拥有市场知识和网络。通过专业化的发展，第三方物流公司已经开发了信息网络并且积累了针对不同物流市场的专业知识（包括运输、仓储和其他增值服务）和许多关键信息（比如可用卡车运量、国际清关文件、空运报价和其他信息）。对于第三方物流公司来说，获得这些信息更为经济，因为他们的投资可以分摊到很多的客户头上；对于非物流专业公司来讲，获得这些专长的费用就会非常昂贵和不合算。

（2）形成规模经济效益。由于拥有强大的购买力和货物配载能力，第三方物流公司可以从运输公司或其他物流服务商那里得到比它的客户更为低廉的运输报价，可以从运输商那里大批量购买运输能力，然后集中配载很多客户的货物，大幅度地降低单位运输成本。

（3）拥有第三方使企业经营更灵活。把物流业务外包给第三方物流公司可以使公司的固定成本转化成为可变成本。公司通常向第三方支付服务费用，而不需要自己内部维持物流基础设施来满足这些需求。尤其是对于那些业务量呈现季节性变化的公司来讲，外包物流对公司盈利的影响就更为明显。例如，对于一家季节性很强的大零售商来说，若要年复一年地在旺季聘用更多的物流和运输管理人员，到淡季再开除他们是很困难和低效的。若和第三方物流结成伙伴关系，这家零售商就不必担心业务的季节性变化。

（4）具备外部信息技术。许多第三方物流公司与独立的软件供应商结盟开发内部信息系统，这使得它们能够最大限度地利用运输和分销网络，有效地进行跨运输方式的货物追踪，进行电子交易，生产提高供应链管理效率所必需的报表和提供其他相关的增值服务。比如可以做到帮助客户搞清楚哪种技术最有用处，如何实施，如何跟得上日新月异的物流管理技术发展。

（5）降低成本，提高资本运作效率。通过物流外包，制造企业可以减少因拥有运输设备、仓库和进行其他物流过程所必需的投资，从而改善公司的盈利状况，把更多的资金投入到公司的核心业务上，有助于进入新的市场。许多第三方物流公司在国外都有良好的运输和分销网络，希望拓展国际市场或其他地区市场以寻求发展的公司，可以借助这些网络进入新的市场。

2. 第三方物流对促进社会物流配送的作用

（1）有利于社会物流设施的充分利用，进行合理的资源优化配置，减少不必要的投资。实行第三方物流的配送，有利于物流配送社会化，充分利用已有的物流设施。这样不仅可以有效地提高土地资源和设备利用率，而且能降低企业生产、流通成本，对整个社会资源都是极大的节约。

（2）有利于利用快速反应系统，及时为用户提供服务，使产、销紧密结合。第三方物流配送是专业化物流机构，设施比较先进，专业人才比较多，凭借其优势，有能力建立快速反应系统，承诺在 24 小时或 48 小时内就能将货物送到用户手中。同时，其有条件建立自动化物流配送系统，方便用户订货、查询、结算、退货等，大大提高服务质量。

（3）有利于企业实现规模化经营，提高规模效益。第三方物流的配送对象多、流通渠道广，可以把千家万户的流通量集零为整，按大生产流水作业线的生产方式形成规模流通，获得规模效益。具体有以下几个方面的效益获得。

第一，规模采购效益。一是可享受优惠价格，增加企业在市场上的竞争能力，使消费者满意；二是降低管理费用；三是压缩库存占用资金，物流配送中心实行统一采购、集中库存、集中供货后，就没有必要户户设大仓库，可以大大减少库存，进而在条件具备的情况下实现"零库存"；四是有利于保证商品质量，杜绝假冒伪劣商品进入。

第二，实行规模化加工，以提高材料利用率。有些生产企业自行加工时，材料利用率低，造成浪费。物流配送中心引进先进加工设备统一加工，实行套裁，边角余料都能利用起来，可以降低材料成本，同时可提高加工设备利用率。

第三，实行社会化混载运输，提高效益，降低费用。社会化混载运输，就是一个运输容器内汇集多家商品，实行轻重配装，在同一个流向为社会众多客户配送商品，从而提高车船标重和容积利用率。第三方物流配送经同一采购、集中供货进行混载运输，可以在同样的营运里程中，使运次大量减少，运量成倍增加，运输杂费相应减少，同时，可以避免交叉运输、重复运输，减少道路拥堵、城市噪音和污染等。

第四，专业化社会分工，有利于降低流通成本。随着世界经济的发展，专业化分工越来越细，物流形成独立产业是客观的必然。第三方物流配送通过合同形式收购工业产品，向流通、生产企业供货，可以解除流通与生产企业的后顾之忧，使他们能够专心搞好产品的生产与销售。随着专业化社会分工的出现，第三方物流配送有利于降低产品生产成本和流通成本，甚至可以创造价值。社会化物流配送中心所创造的价值和节约的费用，主要体现在客户身上。比如，压缩商品库存总量，节约库存资金占用，缩小信贷规模，节约银行利息，加快商品运输速度，提高车、船装载量，节约运杂费，集中采购，享用批量价格，降低进货成本，稳定供货关系，减少采购环节，节约管理费用，规模流通加工，降低材料的损失、损耗；不用重复建设、购置设备，节约企业投资，等等。这不是一般的节约，而是相当大的节约，这种节约称为"新的利润源"。有人将这种节约比作"冰山一角"，意为它的节约潜力是十分巨大的，远非表面所看到的这些。

第五，有利于以计算机技术为基础的物流现代化，发展电子商务。单个企业自办物流时，物流量小，难以实现现代化。社会化物流配送中物流量大，具有规模效益，能将网上成交的商品及时送到用户手中。若没有配送中心的及时配送，网上销售就无法进行。因此，电子商务也必须借助于社会化物流配送中心，才能实现规模化发展。

二、第三方物流的利润来源及价值创造

（一）第三方物流的利润源泉

第三方物流发展的推动力就是要为客户及自己创造利润。第三方物流企业必须以有吸引力的服务来满足客户的需要，服务水平必须符合客户的期望，要使客户在物流方面得到利润，同时自己也要获得收益。因此，第三方物流企业必须通过物流作业的高效化、物流管理的信息化、物流设施的现代化、物流运作的专业化、物流量的规模化来创造利润。

1. 作业利益

第三方物流服务首先能为客户提供物流作业改进利益。一方面，第三方物流企业可以通过第三方物流服务，向客户提供其不能自我提供的物流服务或所需要的生产要素，这是物流外包产生并获得发展的重要原因。在企业自行组织物流活动的情况下，或者局限于组织物流活动所需要的专业知识，或者局限于自身的技术条件，企业内部物流系统难以满足自身物流活动的需要，而企业自行改进或解决这一问题又往往是不经济的。另一方面，第三方物流企业可以通过提供第三方物流服务，改善客户企业内部管理的运作表现，增加企业的灵活性，提高质量和服务、速度和服务的一致性，使其物流作业更具效率。

2. 经济利益

第三方物流服务为客户提供的与财务相关的利益，是第三方物流服务存在的基础。低成本一般是由低成本要素和规模经济的经济性创造的。通过物流外包，既可以将不

变成本变成可变成本，又可以避免将资金盲目投资于其他用途从而降低成本。

3. 管理利益

第三方物流服务给客户带来的不仅仅是作业的改进及成本的降低，还会给客户带来与管理相关的利益。正如前面所述，物流外包可以使用企业不具备的管理专业技能，也可以将企业内部管理资源用于别的更有利可图的方面，并与企业核心战略相一致。物流外包可以使公司的人力资源更集中于公司的核心活动，而同时也可获得别的公司（第三方物流公司）的核心经营能力。

此外，单一资源和减少供应商数目等所带来的利益也是物流外包存在的潜在原因。单一资源减少了公关等费用，并减轻了公司在运输、搬运、仓储等几个服务商间协调的压力。第三方物流服务可以给客户带来的管理效益还有很多，如订单的信息化管理、避免作业中断、动作协调一致等。

4. 战略利益

物流外包还能产生战略意义，即灵活性，包括地理范围跨度的灵活性和根据环境变化进行调整的灵活性。集中主业在管理层次高度一样具有重要性。此外，共担风险的利益也可以通过第三方物流服务来获得。

（二）第三方物流是如何创造价值的

第三方物流供应方面临的挑战是要能提供比客户自身物流运作更高的价值。它们不仅要考虑同类服务提供者的竞争，还要考虑潜在客户的内部运作。假设所有公司都可以提供同等水平的物流服务，那么不同公司之间的差别将取决于它们的物流运作资源的经济性。这就促使物流服务供应方注重在物流上的投资，以在不同方面为客户创造价值。下面将列举第三方物流创造价值的几个方面。

1. 提高物流运作效率

第三方物流为客户创造价值的基本途径是达到比客户更高的物流运作效率，并能提供较高的成本服务比。物流运作效率的提高意味着对每一个最终形成物流的单独活动进行开发。例如，仓储的运作效率取决于足够的设施与设备及熟练的运作技能。

2. 与客户运作整合

第三方物流带来增值的另一方法是引入多客户运作，或者说是在客户中分享资源。例如，多客户整合的仓储和运输网络，客户运作可以利用相似的结合起来的资源，整合运作的规模效益成为提高效率的重要方面。第三方物流运作的复杂性很高，因而需要更多的信息技术与技能。由于整合的增值方式对于单个客户进行内部的很不经济的运输与仓储网络也适用，因此，此时表现出来的规模经济效益是递增的。如果运作得好，第三方物流供应方将形成竞争优势以及更大的客户基础。

3. 横向或者纵向整合

前面讨论的第三方物流创造价值的两种方法注重的完全是内部，也就是尽量把客户内部的运作外包化。其实，第三方物流供应方也需要进行资源整合，实行业务外包。纵向整合，或者说发展与低层次物流服务供应商的关系，也是创造价值的一种方法。通过纵向整合，第三方物流供应方可以购买具有成本与服务优势的单项物流功能作业或资源，从而将注意力集中于自己的核心业务。横向上，第三方物流供应方能够结合类似的但不是有竞争关系的公司，联合为客户服务，扩大为客户提供服务的地域覆盖面。

4. 发展客户运作

第三方物流为客户创造价值的最后一条途径是使第三方物流供应方具有独特的资本，即使第三方物流供应方能在物流方面拥有高水平的运作技能。我们这里所说的高水平的运作技能指的是将客户业务与整个物流系统综合起来进行分析、设计等的能力。

三、国内外第三方物流的发展概况

（一）国外第三方物流发展概况

第三方物流已有 30 多年的历史，在发达国家已经成为一种重要的物流模式。国外第三方物流的蓬勃发展有一些相似之处，第三方物流实施的现代化程度高，第三方物流业社会化。组织化程度高，对社会存量资源整合得较好等。各国在第三方物流业的发展方面，也形成了各自的特点。

1. 美国第三方物流发展概况

美国在经济发展中不强调政府的管制作用，而要求企业按照市场化运作模式发展。第三方物流业的兴起就是市场化运作的核心体现。执行第三方物流的企业利用本公司或其他公司的物流资源，提供的物流服务除仓储和运输配送外，还有物料管理、运费协商、国际多式联运等。他们的经营职能包括作业、管理、工程技术等。物流活动的领域有供应、制造、销售、回收等。这几方面的要素相互结合，构成各种第三方物流产品。

2. 欧洲第三方物流发展概况

推动欧洲第三方物流发展的根本原因是减少成本，改善服务。欧洲劳动力成本较高，工会会费数额较大和税负较重，还有法规和经营限制。欧洲的物流经营成本达到美国的 2 倍。在欧洲开设分支机构的公司选择第三方物流管理和经营物流设施，不仅能降低分销成本，而且能提供专业化的服务。物流需求的膨胀导致欧洲物流服务供应商的剧增，第三方物流为欧洲带来了范围广泛的创新服务。

3. 日本第三方物流发展概况

日本政府非常重视物流产业的发展，拟定了《仓库业法》，在《商法》《民法》中也有关于仓库消防法及一系列的法规、法令。1997 年，日本政府提出了"综合物流对策"，目标是在亚洲建立先进的物流体系。2002 年，日本政府又出台了一个五年计划，通过利用数字化目标来推动物流业的发展。所谓数字化目标，即用具体的数字来衡量物流的全过程。例如，从产品进入港口到报关再到买方手中，期限为两天。

（二）我国第三方物流发展概况

1. 我国第三方物流在发展过程中呈现的特点

（1）从第三方物流企业形成途径来看。传统的储运企业转型而来的第三方物流企业占据主导地位。目前，按形成途径划分，我国主要有以下四类第三方物流企业。

第一类就是从传统仓储、运输企业经过改造转型而来的占主导地位、占据较大市场份额的物流企业。中远国际货运公司、中国对外贸易运输（集团）总公司（简称"中外运"）、中国储运总公司等，凭借原有的物流业务基础和在市场、经营网络、设施、企业规模等方面的优势，不断拓展和延伸其他物流服务，向现代物流企业逐步转化。

第二类是新兴的民营物流企业。它们由于机制灵活、效率较高、管理成本低等特点，发展迅速，是我国物流业中最具朝气的第三方物流企业，如广州的宝供物流集团。但有限的固定资产和缺乏有力的财务支持限制了民营物流企业的市场夸扩速度。

第三类是外资物流企业。它们一方面为原有客户——跨国公司进入我国市场提供延伸服务；另一方面用它们先进的经营理念、技术手段和优质的服务吸引我国企业，逐渐向我国物流市场渗透，如马士基物流公司、黄天白物流公司等。

第四类是新创办的国有或国有控股的新型物流企业。它们是现代企业改革的产物，管理机制比较完善，发展较快。

总体上看，传统的企业尚处于转变之中，新兴的企业尚在起步，外资企业只得到了有限的发展。真正拥有可以信任的品牌、庞大的物流网络、先进的管理体制、高素质的人才队伍、丰富运作经验的物流龙头企业尚未出现。

（2）从地区分布看。我国第三方物流企业的发展很不均衡，企业数量以及服务收入绝大部分集中来自东部地区。据调查，珠江三角洲地区集中了 24% 的第三方物流企业，获得了 30% 的服务收入；以沪宁杭为中心的长江三角洲地区集中了 28% 的第三方物流企业，获得了 35% 的服务收入；京津唐环渤海地区集中了 27% 的第三方物流企业，获得了 32% 的服务收入。

2. 我国第三方物流发展中的问题

（1）物流外包乏力。目前，大部分工商企业仍然热衷于自营物流，对于物流外包反应冷淡。中国仓储协会 2015 年的调查显示：生产企业原材料物流的执行主体主要是供货方，占 45%，第三方占 27%；生产制造企业成品销售物流中，16% 的执行主体是公司，31% 是第三方，53% 结合采用两种形式；商业企业物流执行主体 5% 为供货方，公司自营占 78%，第三方位 17%。

（2）物流企业规模偏小，成本居高不下。从我国目前的情况来看，物流企业规模普遍偏小是不争的事实。企业规模越小，运营成本越高，进而影响企业的经营效益及长远发展。据调查显示，2015 年我国物流企业平均拥有员工为 359 人（而美国这一数字为 432 人，其中 500 人以上的物流企业占 36%），从事公路运输的企业平均运营车辆为 3.43 辆，超过百辆的只有极少数。从市场集中度看，目前还没有一家物流企业独自拥有超过 2% 的市场份额。

（3）物流服务功能基础单一。从服务范围和功能看，我国第三方物流公司大多为客户提供单项服务，且均停留在仓储、运输等基础性服务商，像宝供、中海这样功能完善的第三方物流企业目前为数不多，规模不是很大。中国仓储协会调查也表明，生产企业和商业企业的外包物流主要集中在市内配送、单纯仓储和干线运输。其中生产企业的外包物流中，单纯仓储占 21%，干线运输占 36%，市内配送占 28%，包装仅占

4％，商业企业的外包物流中，单纯仓储占 37％，干线运输占 21％，市内配送占 43％，包装占 14％，而且，生产企业使用第三方物流企业的数量通常有 2～10 家，商业企业使用第三方物流企业的数量一般在 10 家以上，可见，生产企业和商业企业的外包物流以分包为主，即将不同功能的业务分别委托给不同的企业，企业物流被严重分割，难以达到规模经济性的要求。

（4）物流服务效率低下。物流服务效率低下主要表现在信息传递不及时、不准确，作业速度慢，作业差错率较高。这直接影响了物流配送的及时与准确，难以充分体现第三方物流的核心价值、服务价值。

3. 制约我国第三方物流发展的因素

（1）需求不足。没有市场需求，第三方物流企业就像无源之水、无本之木，失去了持久发展的基础，更谈不上服务水平的提高。我国目前第三方物流市场需求严重不足，主要有以下原因。

①物流观念落后。观念是影响物流外包的首要因素。受"大而全""小而全"经营观念的影响，拥有自己的运输车队、仓库以及配送中心等物流能力成为许多工商企业引以为荣的标志。

②企业对第三方物流缺乏信心。高效的第三方物流企业可以降低生产运营成本，帮助企业提升价值链，优化企业业务流程；而低劣的第三方物流不仅不能降低物流成本，还可能对企业的经营造成障碍。

③自营物流退出障碍制约。根据产业组织理论，企业在退出某一行业时会受到许多因素的障碍，这些因素被称为退出障碍。

④担心商业机密泄露。商业机密是企业制胜的法宝，也是企业的核心竞争力。如果将物流业务外包，部分运营情况将不可避免地向第三方物流企业公开，这对企业来说是个非常困难的决定。

（2）供给不足。我国目前第三方物流市场供给不足，主要有以下原因。

①传统经营观念影响。目前我国从事物流服务的第三方物流企业，其前身大多是仓储运输企业，不少企业的经营思想还停留在传统物流的概念上，各个行业的储运企业相互独立与分割，物流设施重复建设，设备简单，完成业务的功能单一，效率低下，完成不了一定规模的网络运营模式。

②信息技术落后。第三方物流意味着和多个不同的货主企业建立合作关系，要处理来自多个企业的不同种类和数量商品的传递。由于传统的大量生产方式向多品种、小批量的生产方式转变以及电子商务的发展，对第三方物流服务的要求往往也是多品种、小批量的。这种多品种、小批量的物流处理过程不仅十分繁杂，而且往往是不经济的。

③人才制约。第三方物流是操作性很强的管理活动，同时又是高新技术支持下的应用科学，要求从业人员必须是管理类和技术类相结合的复合人才，既要掌握物流优化管理的理论和方法，同时又应具备计算机和网络、自动化技术方面的知识，但是目前我国的物流企业工作人员的业务素质较低，难以达到第三方物流概念要求的提供综合物流业务的要求。我国物流企业普遍管理效率低下，基本上还是经验管理和粗放管

理，不能满足第三方物流对于物流企业有较好管理能力和协调能力的要求。

（3）制约我国第三方物流发展的外界环境。具体包括以下几个方面。

①物流基础设施薄弱。长期以来，受"重生产、轻流通"思想的影响，国家财政对物资流通行业的基础建设投资力度明显不足，我国物资流通基本建设投资占 GDP 的比重低于英、美、日等发达国家，甚至低于印度、巴西等发展中国家。同时，物流基础设施布局也不合理，54％分布在东部，30％分布在中部，16％分布在西部，从而造成交通网络布局不均衡（集中于沿海地区），导致了物流业发展区域的不均衡。其次，物流与信息技术结合的趋势日渐加强，暴露出我国由于电子商务基础设施明显不足，网络硬件设施发展不足，网络速度较低，不利于企业间的信息交流与共享。

②部门分割、行政分割的制约。在运输管理体制上，我国实行的是按照不同运输方式划分的分部门管理体制；同时，从中央到地方也有相应的管理部门和层次。这就不利于形成社会化的物流系统和跨区域、跨行业的物流网络。

③信用体系欠缺的影响。物流服务是一系列委托与被委托、代理与被代理的关系，是完全以信用体系为基础的，在缺乏普遍商业信用的情况下，货主对物流服务的需求必然采取审慎的态度，其结果就是自营物流，进而导致物流服务的市场需求不足。

④现行税收体制的影响。物流企业的经营成本支出主要集中在购买交通工具和构建固定资产，而现行的生产型增值税税收政策不允许企业抵扣固定资产的进项税额，这种税收政策加大了物流行业的税负，制约了物流企业固定资产的更新，导致物流效率低下。

（三）我国第三方物流发展的趋势

1. 按物流行业的整合趋势分析我国第三方物流的发展趋势

全球经济一体化所带来的是物流全球化进程，这一进程正在向中国扩展，自第三方物流概念引入国内起，以兼并收购为特征的全球物流整合深刻改变了物流市场格局。一大批知名的第三方物流企业消失，一批巨型的物流大集团在整合过程中迅速发展壮大，市场集中度明显提升。以德国邮政为例，几家德国本土邮政企业经过私有化之后，在短短十年时间里先后并购了 DHL 等物流巨头，并以 DHL 为平台集中打造第三方物流服务平台。近几年，外资对国内第三方物流企业并购明显升温，进一步加快了中国第三方物流企业的全球化进程，也使第三方物流企业竞争从服务竞争扩展到资本竞争，这也是一个显著的特征。资本手段越来越成为物流企业做强做大的重要途径。

2. 按经济所有制形态分析我国第三方物流的发展趋势

由我国传统的储运企业转型而来的第三方物流企业占主导地位。目前，按经济所有制形态划分，我国主要有四类第三方物流企业。它们在我国第三方物流市场中各自拥有一定的份额，并且具有各自的特点和发展趋势。

第一类是占据较大市场份额的，由传统仓储、运输企业，经过改造转型而来的物流企业，有中外运、中铁、邮政、中铁快运等，这些企业拥有全国性的网络和大量储运资产，其核心竞争力是原有的物流业务基础、市场网络，以及良好的地方关系。它们这些企业的规模比较大，将会在未来的物流产业中占领主导地位，会逐步走向国际，引领中国物流业的市场。

第二类是创办的国有或国有控股的新型物流企业，它们主要为地方性商业储运企业，是现代企业改革的产物，管理机制比较完善发展比较快，如中海物流公司。这类企业属于国有控股，国家会在资金和管理规模上加大投入，这类企业会带来产业结构的变革，主导我国第三方物流产业。

第三类是外资和我国的港资物流企业，它们一方面为原有客户，跨国公司进入中国市场提供延伸服务，另一方面用它们的经营理念、经营模式和优质服务吸引中国企业，逐渐向中国物流市场渗透，如大通、马士基、和记黄辅、英之杰。这类企业将属于发展速度较快的企业，它们这类企业在规模结构上没有什么优势，但是他们会在人才引进方面比较重视。

新兴跨区域的民营物流企业，如宝供、九川、新杰物流等。它们机制灵活，完善管理成本低，能够为特定的行业提供可行的物流解决方案，所以发展速度迅速，是我国最具朝气的第三方物流企业。

四、电子商务与第三方物流

（一）电子商务与第三方物流的关系

电子商务是一场商业领域的根本性革命，然而，它在中国发展的实际情况却远没有预想中的那样好，其中物流能力的滞后是一个重大的原因。过去，人们对物流在电子商务中的重要性认识不够，对物流在电子商务环境下应发生的变化也认识不足，认为大多数商品可以由传统的渠道经销。随着电子商务的进一步推广与应用，物流能力的滞后对其发展的制约越来越明显，物流对电子商务活动的影响被越来越多的人所关注。

1. 现代物流是实现电子商务的保证

（1）物流保障生产。无论在传统的贸易方式下，还是在电子商务下，生产都是商品流通之本，生产顺利进行需要各类物流活动支持。生产的全过程从原材料的采购，到生产的各工艺流程之间，到部分余料、可重复利用的物资的回收，以及废弃物的处理，整个生产过程实际上就是系列化的物流活动。合理化、现代化的物流，通过降低费用从而降低成本，优化库存结构，减少资金占压，缩短生产周期，保障了现代化生产的高效进行。相反，缺少了现代化的物流，生产将难以顺利进行，无论电子商务是多么便捷的贸易形式，仍将是无米之炊。

（2）物流服务于商流。在商流活动中，商品所有权在购销合同签订的那一刻起，便由供应方转移到需求方，而商品实体并没有因此而移动。在传统的交易过程中，除了非实物交割的期货交易，一般的商流都必须伴随相应的物流活动，即按照需求方（购方）的需求将商品实体由供应方（卖方）以适当的方式、途径向需方（购方）转移。而在电子商务下，消费者通过上网点击购物，完成了商品所有权的交割过程，即商流过程。但电子商务的活动并未结束，只有商品和服务真正转移到消费者手中，商务活动才告终。在整个电子商务交易过程中，物流实际上是以商流的后续者和服务者的姿态出现的。没有现代化的物流，就没有轻松的商流。

（3）物流是实现"以顾客为中心"理念的根本保证。电子商务的出现，最大程度方便了消费者。但网上购物的不安全性，一直是电子商务难以推广的重要原因。物流是电子商务中实现以"以顾客为中心"理念的最终保证，缺少了现代化的物流技术，电子商务给消费者带来的购物便捷等于零，消费者必然会转向他们认为更为安全的传统购物方式。所以说，物流是电子商务重要的组成部分。我们必须树立"物流电子化"的观念，大力发展现代化物流，进一步推广电子商务。

2. 第三方物流是电子商务的基础

没有完善的第三方物流业的发展，电子商务的梦想只能是一个空中楼阁。物流作为电子商务的瓶颈，电子商务的发展与第三方物流业的成长息息相关。

尽管电子商务的诱惑确实吸引了众多的投资者和创业者，但在缺乏庞大的送货网络的情况下，物流问题却几乎能够使所有的 ICP（网络内容提供者）们陷入尴尬的境地。作为电子商务瓶颈的物流，长久以来一直是困扰我国电子商务发展的难题。美国 B2C（商家对客户）模式遭到否定，就在于现在的物流产业发展状况还不能从根本上满足 B2C 的要求。在我国，一些网上超市（如淘宝、京东、苏宁易购、唯品会等）尽管在服务质量上有了很大提高，但运输成本仍然是一个令网站经营者极为头疼的问题。如果存在一个完善的第三方物流体系，电子商务企业可以将更多的精力投入到自身网站核心优势的建立上，不仅能够大大节省电子商务企业的精力与资金，而且未来业务也能得到极大的延伸。

（二）电子商务的发展对第三方物流的要求

第三方物流的整体功能是实现商品实体由供应方到需求方的时空上的转移。在电子商务发展的时代背景下，物流已成为电子商务发展的瓶颈。电子商务对第三方物流提出了现代化、高效化、信息化的时代要求。

1. 市场服务一体化

物流是一项系统工程。物流系统是由运输、包装、装卸、存储、管理等众多子系统组成的多目标函数的、动态的、庞大的、人机结合的复杂系统。对于这样一个系统工程，只有通过集中度较高、诸多功能协调较好、各行业相互联系的网络化的物流市场的一体化服务，才能提高物流效率。

2. 市场服务的个性化

电子商务的一个特殊功能就是定制服务，实现定制服务的前提条件是生产和物流的柔性化。它要求物流系统能够根据用户多品种、多批次、多流向、多方位、多价位、多周期的不同服务价格、不同服务方式、进行个性化物流服务。

3. 市场服务标准化

现代市场交易与流通是建立在标准化基础上的。商品质量有标准，商品市场准入有标准，商品标识有标准，商品交易方式有标准，商品包装有标准，商品保存有标准，商品装卸有标准，商品运输有标准……，物流企业在服务过程中要保证每个环节都能按照标准进行服务。

4. 市场服务信息化

电子商务要求物流系统具有较强的信息收集、处理以及传输能力。它能及时收集、整理、反馈商品的供应状况及发展态势；它能将收集的信息数据库化和代码化以及数字化；它能保证物流信息传递标准化和适时化。这就要求物流企业拥有全球定位系统、电子订货系统、地理信息系统等，并能熟练地运用条形码技术、电子资料交换技术、互联网技术等。

5. 市场服务代理化

综合物流代理是第三方物流的模式之一。这种模式是指由一家代理公司负责电子商务交易中供求双方实现商品使用权转移的全部物流业务活动。由于代理公司在服务经验、服务能力、服务理念、服务成本上的优势，能保证整个物流的优质、高效，从而使供需双方摆脱了烦琐的多方委托的物流业务，还可以有效地降低生产和消费成本。

（三）电子商务环境下我国第三方物流的发展对策

我国虽然出现了像中远集团、中外运集团、中海物流、宝供物流、锦程物流、宅急送、顺丰、圆通、申通等一批能够有效提供第三方物流服务的物流企业。它们熟知国内的物流市场特点，建有遍布全国的物流网络、较低的运营成本以及与政府和相关企业的良好关系，具有一些国外企业不能比拟的优势，但是我国第三方物流企业的发展并不是很理想，客户的要求越来越高，问题也不断出现。基于对第三方物流的发展特点，在电子商务环境下我们可以从信息化、科学管理、人才培养等方面入手，加快第三方物流的发展。

1. 加快物流信息化的建设

（1）利用先进的信息技术实现物流信息化。第三方物流企业本身必须能进行电子商务活动，如客户在网上下单、网上签收、网上支付，并能全程保持对货物的监控。因此，第三方物流企业首先要建立自己的管理信息系统，进而建设 Internet/Intranet 网络，各种运输机械装各信息终端和语音识别技术、无线射频技术、全球定位系统、地理信息性等系统连接，并与企业 Intranet 网络互联互通。

（2）开发和应用新的计算机软件，搭建物流信息平台。计算机能给物流以新的方式来处理存储与移动产品的传统人物，新的技术与新的物流战略一起出现。基于互联网的软件模型将使供应链上的中小企业获得运输管理系统或仓库管理系统的好处，他们可以通过缴纳月费或交易费来使用服务提供商提供的解决方案，而不必因更大范围的软件一体化而支付大量的软件安装与使用费用。

为实现供应链的最优化，越来越多企业将物流职能外包给第三方物流服务提供商，建立自己的基于互联网的虚拟供应链。第三方物流服务提供商利用基于互联网的信息平台，汇集了众多仓储、运输、其他物流服务提供商等合作伙伴，并根据企业需要选择每一个环节的最合适的合作伙伴，通过互联网收集和传递物流信息，建立客户定制的一体化的最优化的虚拟供应链。

2. 提高物流企业的管理现代化水平

电子商务环境下第三方物流企业的发展，需采用现代化的管理理念、管理技术和管理手段，改革和优化物流企业限于组织结构。

（1）把顾客服务作为一种经营理念。设立正式的顾客服务职能部门以及完善的业绩评价体系，切实提高企业客服质量。建立创造性的合作伙伴关系，在日常的活动中，对物流服务的水准经常按市场需求灵活地进行调整，使其成为企业管理的核心。

（2）实行过程管理，并根据实际需要重组业务流程。通过建立扁平化的组织结构，减少管理层次，实现信息传递的快速、准确和作业过程的顺畅。从整个供应链的角度开展管理工作，分清不同领域、不同部门顾客间的联系与区别，不断增加物流服务的市场价值或附加值。

（3）拓展业务范围，实现物流全程的一体化服务。电子商务环境下的第三方物流企业必须能够提供全方位的服务，既包括仓储、运输服务，还包括配货、分发和各种客户需要的配套服务，使物流成为连接生产企业与最终用户的重要环节。所以，第三方物流企业为满足消费者的需求，必须加快物流速度，建立双赢的合作伙伴关系，提供综合管理多个功能的解决方案，全面提升客户价值，实现物流全程的一体化服务。

3. 人才的引进与培养

国家的竞争在很大程度上是企业的竞争，而企业的竞争又归结于人才的竞争。2002年我国已经全面启动了物流人才教育工程，在学历教育、证书培训、师资培养、实验条件和学科建设等方面都得到重视和提高，但是短时间内仍难以弥补同国际物流巨头之间的差距。国内民营物流企业在人才储备、现有人才的培养、员工的素质等方面存在很多问题，很多民营物流企业招不到人才，留不住人才，特别是高等学历的管理人才、中高层管理人才缺口严重。

（1）培育复合型人才。以"产学研"一体化模式培养从事物流理论研究和实务、电子商务理论和实务的专门人才，既懂IT技术又懂电子商务的网络经营人才，既懂电子商务又懂现代物流创新思想的复合型人才。建立完善的多层次的高等教育体系，以满足对物流人才的多样化需求。

（2）发展职业教育，建立从业资格认证制度。除了不断为物流企业输入新的素质较高的员工外，还要充分重视在职人员的职业教育，加强现有物流人员的培训。职业教育的形式多样化，可以有不同的层次，分短期培训、中长期培训；即可以由学校办学，也可以组织社会力量办学。通过多种渠道，充分调动各方积极性，将参加物流培训并获得资格证书作为物流企业管理人员和职工的上岗基本资格。

第二节　第四方物流

一、第四方物流概述

（一）第四方物流的概念

第四方物流（Fourth-Party Logistics，FPL）的概念最早是由美国埃森哲公司提出的，并根据其业务进行了定义："第四方物流供应商是一个供应性的集成商，它对公司内部和具有互补性的服务供应商所拥有的不同资源、能力和技术进行整合和管理，提供一整套供应性解决方案。"

　　在某种意义上，第四方物流的概念是第三方物流概念的延伸。一般地我们认为第四方物流是指第三方物流提供商将供应链管理技术外包给第四方，即由第四方来拟定一套供应链总体解决方案，并负责对解决方案的实施过程进行监控与评价（如图9-1所示）。供应链解决方案的目标是提高供应链整体绩效，这就要求第四方物流提供商必须开发先进的集成和同化技

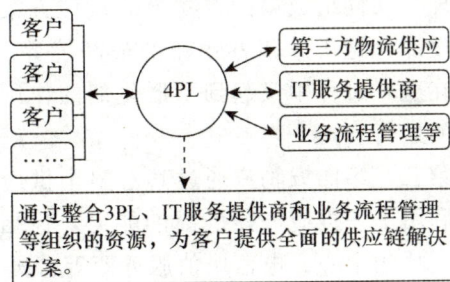

图 9-1　第四方物流的运作模式

术，将第三方物流提供商、信息技术服务商、供应链上各企业所拥有的资源、技术及业务能力优化整合。因此，第四方物流提供商是各相关实体联系和交流的枢纽，是包括供应链在内的整个系统的集成商。

　　第四方物流不管如何称呼，这种"提供"可以通过整个供应链的影响力，提供综合的供应链解决方案，也为其顾客带来更大的价值。

（二）第四方物流的特点

　　第一，第四方物流集成了管理咨询和第三方物流服务上的能力，利用分包商来控制与管理客户公司的点到点式供应链运作流程。

　　第二，第四方物流的供应链解决方案共有四个层次，即执行、实施、变革和再造（如图9-2所示）。执行主要是指由第四方物流负责具体供应链职能和流程的正常运作，具体包括制造、采购、库存管理、供应链信息技术、需求预测、网络管理、客户服务管理和行政管理等职能；实施包括业务流程的优化、客户公司和服务供应商之间的系统集成。

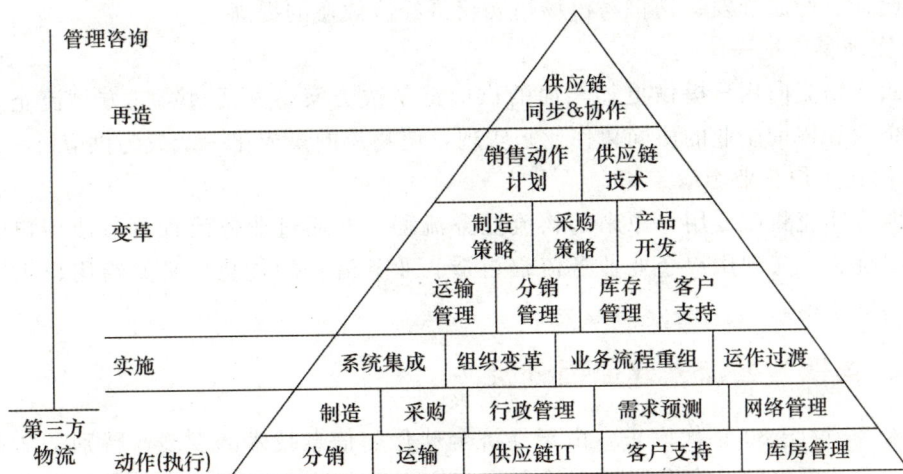

图 9-2　第四方物流供应链解决方案的四个层次

　　在这种模式下，客户通常可以将具体业务的运作转交给第四方物流的项目运作小

组；变革包括销售和运作计划分销管理、采购策略和客户支持等。在这一层次上，技术对方案的成败至关重要，技术和先进的战略思想、流程再造，再加上卓越的组织变革管理，共同组成第四方物流的最佳方案；再造是指供应链过程的协作和供应链过程的再设计，这是第四方物流的最高境界。它基于传统的供应链管理咨询技巧，同时，技术在这一过程中又起到了催化剂的作用，整合和优化了供应链内部和与之交叉的供应链的运行。

第三，第四方物流通过其对整个供应链产生影响的能力来增加价值。第四方物流充分利用了一批服务提供商的能力，包括第三方物流、信息技术供应商、合同物流供应商、呼叫中心、电信增值服务商等，再加上客户的能力和第四方物流自身的能力。

第四，强调技术外包。

第五，对人的素质要求高。

（三）第四方物流的价值

第四方物流提供了一个综合性供应链解决方法，以有效地适应需求方多样化和复杂化的需求，集中所有资源为客户完美地解决问题。第四方物流通过影响整个供应链来获得价值，能够为整条供应链的客户带来利益。

1. 利润增长

第四方物流是从为供应链功能或流程的全部提供完整服务的过程中获利的。

2. 降低成本

采用现代化信息技术、科学的管理流程和标准化管理，使存货和现金周转次数减少，从而使工作成本降低。流程一体化、供应链规划的改善和实施将使运营成本和产品销售成本降低。

3. 提高资产利用率

客户通过第四方物流减少了固定资产占用和提高了资产利用率，使得客户通过投资研究设计、产品开发、销售与市场拓展获得经济效益的提高。

4. 实现供应链一体化

第四方物流向用户提供更加全面的供应链解决方案，并通过第三方物流企业、信息技术企业和咨询企业的协同化作业来实现，使物流的集成化一跃成为供应链一体化。

5. 优化用户企业组织结构

第四方物流将改变用户原来的物流业务流程，并通过业务流程再造使用户的物流流程得以优化，实现用户企业业务流程再造。业务流程的优化，必然给用户企业带来组织结构的变革。

二、第四方物流兴起原因分析

进入 20 世纪 80 年代以来，由于经济全球化和信息技术的发展，特别是知识创新的推动，发达国家的经济发展越来越多转向生产性服务业的快速增长。作为企业在降低物质消耗、提高劳动生产率以外的"第三利润源泉"的现代物流业，已在世界范围内广泛兴起，成为全球经济发展的一个重要热点和新的经济增长点。其中，物流业的两种物流形态——第三方物流和第四方物流也越来越受到人们的关注。第四方物流兴起的原因主要有以下两个方面。

（一）第三方物流的局限性促使了第四方物流的产生

随着信息技术的不断发展，信息流和资金流在供应链中占用的时间趋近于零，大部分的流通时间、流通成本为物流所消耗，落后的物流技术和先进的信息技术形成了鲜明的对比，物流成为制约供应链管理效率进一步提高的瓶颈。第三方物流，作为20世纪80年代红极一时的物流方式，虽然能为企业节约物流成本，提高物流效率，但是不能整合社会所有的物流资源和全面解决物流"瓶颈"，无法使物流运作达到最大效率。虽然从局部来看，第三方物流企业充分利用自由资源，其运作是高效率的。但从地区、国家的整体来说，第三方物流企业受到地方主义的影响各自为政，不能整合社会资源，为客户提供"行业最佳"的解决方案，因而规模效益也很难达到最优。

另外，物流业的发展需要技术专家和管理咨询专家的推动，而第三方物流企业大多由传统的仓储和运输公司转变而成，自身缺乏高技术、高素质的人才队伍支撑；在实际的运作中，缺乏对整个供应链进行运作的战略性专长和真正整合供应链流程的相关技术。此时就需要一个新兴的物流服务商，集合业内最优秀的第三方物流供应商、技术供应商、管理咨询顾问和其他增值服务商，为客户提供独特的和系统的供应链解决方案，帮助企业真正实现持续运作、成本降低和区别于传统外包业务的真正资产转移，这是任何一个独立的第三方物流供应商、管理咨询公司都无法实现的。

（二）降低成本的需要是第四方物流产生的根本原因

仔细分析物流管理发展的各个阶段不难发现，降低成本的需要促进了物流的不断发展。在物流理论开始萌芽的第一阶段，人们虽然意识到降低物流成本来增加利润的重要性，但认识是有限的，所以这个时期的物流运作模式主要以粗放型的第一方物流运作模式为主。随着科技的发展，企业开始重视客户满意，物流又过渡到第二方物流。20世纪80年代以来，传统企业间的竞争加剧，企业很难再通过降低制造成本来增加利润，而物流成为增加企业利润的唯一来源，专业化的第三方物流开始出现，大大降低了物流运作的成本。20世纪90年代以后，随着企业对供应链认识的进一步提高和管理技术的进一步发展，企业开始重视上下游企业之间的合作与分工，即供应链的管理。通过提升整个供应链的效率，增强供应链的竞争能力，降低产品成本。这就需要一个"超级经理"来管理、协调咨询公司、IT企业和第三方物流企业各方之间的关系。它的主要作用是对制造企业或分销企业的供应链进行监控，在客户和它的物流和信息供应商之间充当唯一"联系人"的角色，协调供应链上下游企业间的关系。因此，第四方物流企业应运而生。

三、第三方物流和第四方物流的对比分析

（一）第三方物流和第四方物流的区别与联系

1. 区别

（1）服务目的不同。第三方物流是以降低单个企业的外部物流运作成本为目的，

而第四方物流则是以降低整个供应链的物流运作成本、提高物流服务的能力为目的。

（2）服务内容不同。第三方物流服务的内容主要是单个企业的采购物流或者销售物流的全部或者部分物流功能，第四方物流则是提供基于供应链的物流规划方案，并负责实施与监控。

（3）与客户的合作关系不同。第三方物流的合同关系、契约关系，一般在一年以上，长者达2～5年，第四方物流则是长期的战略合作关系，一般有长期的合作协议，这也是第四方物流成功的关键点之一。

（4）运作特点不同。第三方物流运作单一功能的专业化高，多功能集成化低，第四方物流则是多功能的集成化，物流单一功能作战专业化低。

（5）物流方案设计角度不同。第三方物流以单个企业为主，而第四方物流则着眼于企业供应链。

（6）服务对象不同。第三方物流以大、中、小型企业为对象，而第四方物流则是以大、中型企业为主。

（7）服务支撑不同。第三方物流运作技能，主要是运输、仓储、配送、加工、信息传递等，而第四方物流则是涉及到管理咨询技能、企业信息系统搭建技能，物流业务运作技能、企业变革管理能力。

2. 联系

（1）第三方物流是第四方物流发展的基础。第四方物流是市场整合的结果，它主要靠整合第三方物流服务商的资源为客户提供供应链解决方案，因此，其发展离不开第三方物流服务商。最佳形式是第三方物流和领先的咨询公司、技术提供商联盟，共同配合完成企业的物流业务。

（2）第三方物流是第四方物流实施的必要条件。虽然第四方物流比第三方物流先进很多，但第四方物流的发展也离不开第三方物流，第四方物流的思想必须依靠第三方物流的实际运作来实现并得到验证，二者相辅相成。

（3）第四方物流能弥补第三方物流的不足。第四方物流服务商扮演着协调人的角色，一方面与客户协调，另一方面与各分包商协调完成实际物流活动。它克服了第三方物流在服务能力以及利益共享等方面的不足，可以对供应链中的各种需求做出更有效的反应。

（二）第三方物流和第四方物流的优劣势比较

1. 第三方物流的劣势，第四方物流的优势

以我国第三方物流存在的问题为基础进行分析。我国目前第三方物流的局限性很明显，主要表现在：一是我国工商企业长期形成"小而全""大而全"的格局，很多企业即使负担很重，也不愿意将物流外包，而是选择自己运作物流业务，这样，重复建设不仅不利于降低生产成本，而且已成为物流发展的障碍。二是我国的绝大多数物流企业存在"小"（经营规模小）、"少"（市场份额少、服务功能少、高素质人才少）、"弱"（竞争能力弱、融资能力弱）、"散"（货源不稳定且结构单一、网络分散、经营秩序不规范）等问题。三是多数企业从事第三方物流，往往是从传统的仓储运输企业转

型而来，其物流服务功能单一，管理水平不高，并不能提供真正的第三方物流服务。四是第三方物流企业受自身能力的限制，在物流信息、技术等方面不可能满足整个社会系统的物流需要，更不能充分利用社会资源。这就需要一个具有领导力量的能够整合整个供应链的物流服务提供商，而第四方物流可以担当解决这一物流问题的重任。第四方物流能够提供综合的供应链解决方案，以整合社会物流资源形成中国物流产业的综合协同能力。

第四方物流是在解决企业物流的基础上，整合社会资源，解决物流信息充分共享、社会物流资源充分利用问题。同时其也是发挥政府职能、推进我国现代物流产业发展所能做的唯一切入点。而且，我国在加入 WTO 后，提高我国物流企业的国际竞争力，应对跨国物流公司的竞争，短期内不可能通过改造落后的物流企业来实现，只有通过第四方物流才可能实现。这也是我国政府在如何发展现代物流方面所要考虑的重点。而网络经济的发展使第四方物流成为可能。首先，通过国际互联网网络平台可以达到信息充分共享。网络平台在信息传递方面具有及时性、高效性、广泛性等特点，通过互联网很容易达成信息共享的目的。其次，通过国际互联网网络平台减少了交易成本，实现最大物流资源的整合。由于网络平台的信息共享的优势，减少了信息不对称，使中小物流企业也能够获益。再次，网络平台是一个虚的空间，不受物理空间的限制，也没有企业自身的利益面，容易组成第三方物流企业和其他物流企业都认可的形式，比如联盟形式，最终实现物流产业整合。

2. 第三方物流的优势，第四方物流的劣势

第三方物流的提出可以说是物流业的一次革命，在世界范围内引起广泛关注，根本原因在于其独特的作用。它能够帮助客户获得价格、成本、利润、服务、供货速度、准确及时的信息及新技术的采用等诸多潜在的优势，具体体现在：

（1）有利于企业集中核心业务，培育核心竞争力。

（2）具有专业化水平和相应的物流网络。

（3）具有规模经济效益。

（4）具有信息技术优势。

（5）有助于提高企业形象和拓展市场。

第三方物流为客户提供综合物流服务或一部分供应链物流服务，以获取一定的利润。第三方物流公司提供的服务范围很广：它可以简单到只是帮助客户安排一批货物的运输，也可以复杂到设计、实施和运作一个公司的整个分销和物流系统。从这个层面上看，第三方物流相比较第四方物流关注的更多的是其客户企业的本身物流发展的规划，并不涉及整个供应链，所以是一个局部的概念。这也正是第三方物流的优势所在，可以更专注地发展以上五个方面的优势。

第四方物流的本义是从集中于仓储和运输的提供商到提供更加集成的解决方案的供应商的发展。其成功关键是以"行业最佳"的方案为客户提供服务与技术，通过一个集中的接触点，提供了全面的供应链解决方案。第四方物流依靠业内最优秀的第三方物流供应商、技术供应商、管理咨询顾问和其他增值服务商，为客户提供独特的和

广泛的供应链解决方案。但是，一个没有自己固定资产的第四方物流，要让客户认可自己的能力是很困难的。借助于整合第三方物流的第四方物流不但要为顾客设计一个价位合理的供应链解决方案，更重要的事在这个价位的基础上，实现供应链各个节点的正常运转。但是，第四方物流的"虚拟运作模式"就有可能无法实现以上的承诺。这也正是第四方物流最大的难点，即客户依据什么会很放心地将其对供应链物流的控制权交给第四方物流供应商。

（三）第四方物流的运作模式

1. 协同运作模式

第四方物流企业和第三方物流企业共同开发市场，第四方物流企业向第三方物流企业提供一系列服务，包括物流技术、供应链策略、进入市场的能力和项目管理的能力。第四方物流企业在第三方物流企业内部工作，其思想和策略通过用商业合同的方式或者战略联盟的方式合作。

2. 方案集成模式

在方案集成模式中，第四方物流企业为客户提供运作和管理整个供应链的解决方案。第四方物流企业对本身和第三方物流企业的资源、能力和技术进行综合管理，借助第三方物流企业为客户提供全面的、集成的供应链方案。第三方物流企业通过第四方物流企业的方案为客户提供服务，第四方物流企业作为一个枢纽，可以集成多个物流服务供应商的能力和客户能力。

3. 行业创新模式

在行业创新模式中，第四方物流企业为多个行业的客户开发和提供供应链的解决方案，以整合整个供应链的职能为重点，第四方物流企业将第三方物流企业加以集成，向下游的客户提供解决方案。在这里，第四方物流是上游第三方物流企业集群和下游客户集群的纽带，通过优越的运作策略、技术和供应链运作实施提高了整个行业的效益。

由此可见，无论第四方物流采用哪种方式，它与第三方物流都是紧密联系在一起的，相互依存。第四方物流通过或整合第三方物流才能实施真正的供应链管理方案，而第三方物流在第四方物流的供应链解决方案下才能将物流达到资源整合状态，使效率最大化。

复习题

1. 什么是第三方物流？
2. 第三方物流的作用有哪些？
3. 我国第三方物流发展落后的原因是什么？
4. 第四方物流是什么？
5. 如何理解第三方物流与第四方物流的关系及运作模式？

第十章

国际物流

学习目标

- 了解国际物流的概念、分类及发展历程；
- 掌握国际物流的特点；
- 理解并掌握国际贸易术语及适用运输方式；
- 理解并掌握国际贸易和国际物流的关系；
- 理解并掌握国际物流业务的相关概念；
- 熟练掌握国际物流相关实务。

导入案例

亚马逊物流模式分析

很多年来，网上购物价格昂贵的现实是使消费者摒弃电子商务而坚持选择实体商店购物的主要因素，也是导致电子商务公司失去顾客、经营失败的重要原因。而亚马逊拥有完善、优化的物流系统作为保障，它才能将物流作为促销的手段，并有能力严格地控制物流成本和有效地进行物流过程的组织运作。亚马逊的独到之处又是什么？

1. 在配送模式的选择上采取外包的方式

在电子商务中亚马逊将其美国的配送业务委托给美国邮政和 UPS，将国际物流委托给国际海运公司等专业物流公司，自己则集中精力去发展主营和核心业务。这样可以减少投资，降低经营风险，又能充分利用专业物流公司的优势，节约物流成本。

2. 将库存控制在最低水平，实行零库存运转

亚马逊通过与供应商建立良好的合作关系，实现了对库存的有效控制。亚马逊公司的库存图书很少，维持库存的只有 200 种最受欢迎的畅销书。一般情况下，亚马逊是在顾客买书下了订单后，才从出版商那里进货。购书者以信用卡向亚马逊公司支付书款，而亚马逊却在图书售出 46 天后才向出版商付款，这就使得它的资金周转比传统书店要顺畅得多。由于保持了低库存，亚马逊的库存周转速度很快，并且从 2001 年以来越来越快。

3. 降低退货比率

虽然亚马逊经营的商品种类很多，但由于对商品品种选择适当，价格合理，商品质量和配送服务等能满足顾客需要，所以保持了很低的退货比率。极低的退货比率不仅减少了企业的退货成本，也保持了较高的顾客服务水平并取得良好的商业信誉。

4. 为邮局发送商品提供便利，减少送货成本

在送货中亚马逊采取一种被称之为"邮政注入"的方式减少送货成本。所谓"邮政注入"就是使用自己的货车或由独立的承运人将整卡车的订购商品从亚马逊的仓库送到当地邮局的库房，再由邮局向顾客送货。这样就可以免除邮局对商品的处理程序和步骤，为邮局发送商品提供便利条件，也为自己节省了资金。据一家与亚马逊合作的送货公司估计，靠此种"邮政注入"方式节省的资金相当于头等邮件普通价格的 5％～17％，十分可观。

5. 依据商品类别建立不同的配送中心，提高配送中心作业效率

亚马逊的配送中心按商品类别设立，不同的商品由不同的配送中心进行配送。这样做有利于提高配送中心的专业化作业程度，使作业组织简单化、规范化，既能提高配送中心作业的效率，又可降低配送中心的管理和运转费用。

6. 采取"组合包装"技术，扩大运输批量。

当顾客在亚马逊的网站上确认订单后，就可以立即看到亚马逊销售系统根据顾客所订商品发出的是否有现货以及选择的发运方式、估计的发货日期和送货日期等信息。为了节省顾客等待的时间，亚马逊建议顾客在订货时不要将需要等待的商品和有现货的商品放在同一张订单中。这样在发运时，承运人就可以将来自不同顾客、相同类别、而且配送中心也有现货的商品配装在同一货车内发运，从而缩短顾客订货后的等待时间，也扩大了运输批量，提高运输效率，降低运输成本。

总之，配送管理上的科学化、法制化和运作组织上的规范化、精细化使亚马逊能够为顾客提供方便、周到、灵活的配送服务，满足消费者多样化需求。

案例来源：MBA智库 http://doc.mbalib.com/view/601225ececd1ed71da02630cf9f82c4f.html

思考题：

亚马逊的成功对我国电商企业的发展有哪些启示？

第一节　国际物流概述

一、国际物流的概念及实质

国际物流就是组织货物在国际间（两个或两个以上的国家（或地区））的合理流动，即发生在不同国家（或地区）之间的物流。其实质是按国际分工协作的原则，依照国际惯例，利用国际化的物流网络、物流设施和物流技术，实现货物在国际间的流动与交换，以促进区域经济的发展和世界资源优化配置。

二、国际物流的发展历程

(一) 第一阶段——20 世纪 50 年代至 80 年代初

这一阶段，物流设施和物流技术得到了极大的发展，建立了配送中心，广泛运用电子计算机进行管理，出现了立体无人仓库，一些国家建立了本国的物流标准化体系等。物流系统促进了国际贸易的发展，物流活动已经超出了一国范围，但物流国际化的趋势还没有得到人们的重视。

(二) 第二阶段——20 世纪 80 年代初至 90 年代初

随着经济技术的发展和国际经济往来的日益扩大，物流国际化趋势开始成为世界性的共同问题。美国密歇根州立大学教授波索克斯认为，进入 20 世纪 80 年代，美国经济已经失去了兴旺发展的势头，陷入长期倒退的危机之中。因此，必须强调改善国际性物流管理，降低产品成本，并且改善服务，扩大销售，在激烈的国际竞争中获得胜利。与此同时，日本正处在成熟的经济发展期，以贸易立国，要实现与其对外贸易相适应的物流国际化，并采取了建立物流信息网络，加强物流全面质量管理等一系列措施，提高物流国际化的效率。这一阶段物流国际化的趋势局限在美、日和欧洲一些发达国家。

(三) 第三阶段——20 世纪 90 年代初至今

这一阶段，国际物流的概念和重要性已为各国政府和外贸部门所普遍接受。贸易伙伴遍布全球，必然要求物流设施国际化、物流技术国际化、物流服务国际化、货物运输国际化以及包装国际化和流通加工国际化等。世界各国广泛开展国际物流方面的理论和实践方面的大胆探索。人们已经形成共识：只有广泛开展国际物流合作，才能促进世界经济繁荣、物流无国界。

三、国际物流的特点

(一) 国际性
国际性是指国际物流系统涉及多个国家（或地区），系统的地理范围大。

(二) 复杂性
各国社会制度、经济环境、自然环境、法规环境、经营管理方法、生产习惯不同以及商业现状的差异性等存在着较大的差异，而且变动因素较大。

(三) 风险性

1. 政治风险
它是指由于所经过国家的政局动荡，如罢工、战争等原因造成货物可能受到损害或灭失。

2. 经济风险
经济风险一般可分为汇率风险和利率风险，主要指从事国际物流必然要发生的资金流动，因而产生汇率风险和利率风险。

3. 自然风险

它是指物流过程中可能因自然因素，如台风、暴雨等，而引起的风险。

（四）标准化要求较高

1. 要使国际间物流畅通起来，统一标准是非常重要的

目前，美国、欧洲基本实现了物流工具、设施的统一标准，如托盘采用 1000 毫米×1200 毫米，集装箱的几种统一规格及条形码技术等，这样一来，大大降低了物流费用，降低了转运的难度。而不向这一标准靠拢的国家，必然在转运、换车等许多方面要多耗费时间和费用，从而降低其国际竞争能力。

2. 物流信息技术标准的统一

在物流信息传递技术方面，欧洲各国不仅实现企业内部的标准化，而且也实现了企业之间及欧洲统一市场的标准化，这就使欧洲各国之间的系统交流比亚、非洲等国家的交流更简单、更有效。

（五）运输方式主要以海运为主

国际间的物品流动，由于其距离远、运量大，同时考虑输送成本，所以主要以海上大型货轮运输为主。

四、国际物流作业与国内物流作业的区别

（一）完成周期的长短不同

这是二者的主要区别。国际物流作业往往需要以周或者月为单位来衡量完成周期的长短，而不能以天的转移作为完成周期。

（二）作业复杂程度不同

（1）语言方面；

（2）产品数目方面；

（3）单证数量方面；

（4）存货的物权和地点方面；

（5）运输复杂性方面。

（三）系统一体化

第三方物流在作业上的差异要求企业加强整个系统一体化的作业协调，包括发送订货的能力以及要求使用 EDI 方式在世界上任何地方从事存货管理的能力。

（四）联盟

与承运人和专业化服务供应商的联盟对国内作业十分重要，对于国际作业来说更加重要。如果没有联盟，对于一个从事国际作业的企业来说，就必须与全世界的零售商、批发商、制造商、供应商以及服务供应商分别保持合同关系。

五、国际物流的发展趋势

（一）国际物流业将向集约化与协同化发展

就物流的区域化以及全球化发展趋势而言，21 世纪必将是物流全球化的时代，企

业之间的竞争将愈加激烈。要满足全球化或区域化的物流服务，企业规模必须扩大，形成规模效益。这种规模的扩大将主要表现在以下两个方面。

1. 物流企业的兼并与合作

进入 21 世纪，世界范围内各行业企业间的联合与并购将会继续推动国际物流业加速向全球化方向发展，而物流全球化的发展走势又必然推动和促进各国物流企业的联合和并购活动。随着国家贸易的发展，美国和欧洲的一些大型物流企业开始跨越国境，展开连横合纵式的并购，大力拓展国际物流市场，以争取更大的市场份额。

2. 物流企业间战略联盟的形成

对物流企业而言，战略合作伙伴既可以选择其他物流企业、货代公司、国际分销公司等，也可以选择信息系统公司、制造商、设备租赁商等。通过结盟，使企业得以在未进行大规模资本投资的情况下扩大业务范围，提升市场份额和竞争能力。许多物流业经营和研究人员认为，相同的文化背景和彼此相互依赖、有效而积极的信息沟通、共同的企业经营目标和凝聚力、技术上的互补、双方高层管理人员在管理方面的共同努力等是使物流企业联盟成功的关键因素。

（二）国际物流服务的优质化与全球化趋势日益明显

随着合同导向的个性化服务体系的建立，物流市场的服务标准将逐渐趋于规范化。在物流服务产品化的初期，由于市场尚未形成公认的服务标准，而国外物流业的服务模式又不完全适合我国现阶段的物流市场需求，因此，众多物流产品之间往往千差万别，难以达成基本的行业服务标准。这在某种程度上阻碍了物流产品的优化和服务成本的下降，并加剧了替代品的竞争。随着合同导向的客户服务观念的确立与普及以及物流服务产品化、市场化的继续发展，物流市场的服务标准将逐渐趋于规范化。

（三）第三方物流快速发展并且在物流产业中逐渐占剧主导地位

国际上大多数第三方物流服务公司是传统的"类物流"业为起点而发展起来的，如仓储业、运输业、空运、海运、货运代理和企业内的物流部等，它们根据客户的不同需要，通过提供各具特色的物流服务取得成功。全世界的第三方物流市场具有潜力大、渐进性和高增长率的特征，这种状况将使第三方物流企业拥有大量的服务客户。

（四）绿色物流是物流发展的又一趋势

物流虽然促进了经济的发展，但同时也会给城市环境带来不利的影响，如运输工具的噪声、污染排放、对交通的阻塞等，以及生产及生活中的废弃物的不当处理所造成的对环境的影响。为此，21 世纪对物流提出了新的要求，即绿色物流。绿色物流包括两方面，一是对物流系统污染进行控制，即在物流系统和物流活动的规划与决策中尽量采用对环境污染小的方案，如采用排污量小的货车车型，近距离配送，夜间运货（减小交通阻塞、节省燃料和减小排放）等；另一方面就是建立工业和生活废料处理的物流系统。

（五）物流产业将由单一的业种向业态多元化发展

在经济发达国家，随着电子商务、网络技术以及物流全球化的迅速发展，广义的区域物流与企业物流通过上、下游的延伸与拓展，呈现相互融合的趋势。这一趋势促使物流企业模式即物流产业经营类型与业态向着多样化和细分化发展。根据对全球前

20 名专业物流公司经营模式的分析，我们可将国外物流产业经营类型与业态粗略归结为以下三类：

(1) 由交通运输、邮电业发展起来的物流企业，如 UPS、FedEx 等。
(2) 由零售业、批发商发展起来的物流企业，如沃尔玛、日本 7-Eleven 等。
(3) 由大型制造企业物流部门发展起来的物流企业，如海尔物流。

第二节　国际贸易与国际物流

一、国际贸易的概念和分类

国际贸易是指世界各国（地区）之间的商品以及服务和技术的交换活动，包括进口和出口两个方面。从一个国家的角度看这种交换活动，称为该国的对外贸易。

从国际范围来看，世界各国对外贸易的总和，就构成了国际贸易，也称世界贸易。

按货物的流动方向划分为出口贸易、进口贸易、国境贸易；

按国境和关境划分为总贸易和专门贸易；

按商品形态划分为有形贸易和无形贸易；按货物传送方式划分陆路贸易、海路贸易、空路贸易、邮购贸易；

按照有无第三者参加贸易划分为直接贸易、间接贸易、转口贸易。

二、国际贸易与国际物流的关系

国际物流是随着国际贸易的发展而产生和发展起来的，在当前已成为影响和制约国际贸易进一步发展的重要因素。国际贸易和国际物流之间存在非常紧密的关系（如图 10-1 所示）。

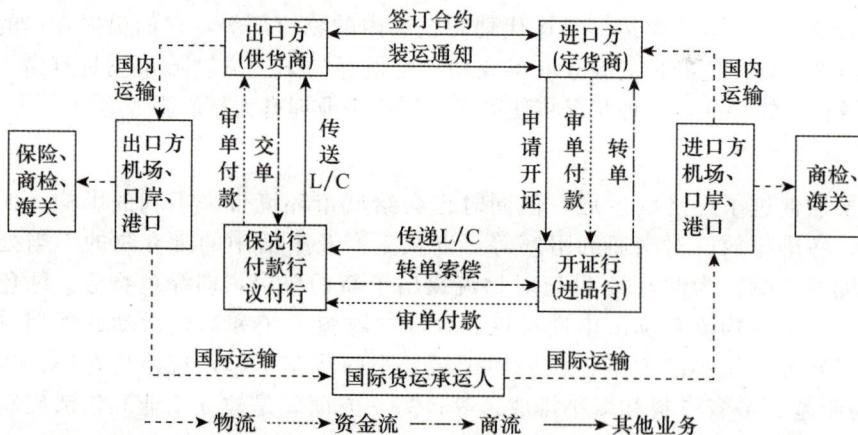

图 10-1　国际物流在国际贸易中的地位

（一）物流是国际贸易的基础和必要条件

国际分工引起的国际贸易要求与之相适应的国际物流。物流的基本因素，如运输方式和路线、有关价格、风险状况以及交货条件等，是国际贸易成交的基础。只有物流工作做好了，才能保证各项交易的成功，确保各种商品及时、适地、按质、按量、低成本地送达，提高本国商品在国际市场上的竞争能力，扩大对外贸易。

（二）国际贸易促进物流国际化

近年来，世界各国积极研究和应用新技术、新方法，促进专业化生产和集约经营，世界经济持续稳定增长，国际贸易也迅速发展。为数众多的跨国公司进行快速的规模扩张，也进一步促进了物资和信息在世界范围内的大规模流动和广泛交换，物流国际化已成为国际贸易和世界经济发展的必然趋势。

（三）国际贸易对物流提出新的要求

1. 质量控制

现代国际贸易中，除传统的初级产品、原料等贸易品种外，高附加值、高密度商品流量不断增加，对物流工作的质量提出了更高要求；另一方面，物流已成为一些产品生产过程中的重要环节，即物流工作的质量也将影响产品的最终质量，物流质量控制水平将影响这些产品的质量水平；由于国际贸易需求的多样化，物流出现了多品种、小批量化特点，要求国际物流的优质服务和多样化发展。

2. 效率要求

国际贸易活动的集中表现就是合约的订立和履行。而国际贸易合约的履行可靠性和效率由国际物流的可靠性和效率来保证。根据国际贸易商品的不同，采用与之需要相适应的专业运输和服务，对提高物流效率起着重要作用。

3. 安全要求

国际物流所涉及的国家多、范围广、运输在途时间长、受气候条件及地理条件等自然因素和特定地区社会政治经济因素的影响大。组织国际物流时，必须选择适当的运输方式和运输路径，密切注意相关地区的气候、地理条件以及有关政治局势、经济状况等因素，防止因人为因素和不可抗拒的自然力造成货物灭失。

4. 经济要求

国际物流的环节多，周转期长，控制物流费用对降低贸易成本具有很大影响。选择最佳运输方案、提高物流经济性，可以降低物流成本、保证服务水平、提高竞争力。

总之，国际物流必须适应国际贸易和商品流通的发展。

第三节　国际物流业务

一、国际货运代理

（一）国际货运代理的定义

国际货运代理协会（FIATA）给国际货运代理（The Freight Forwarder）所下的定义是：国际货运代理是根据客户的指示，为客户的利益而揽取货物运输的人，其本身不是承运人。国际货运代理也可以依这些条件，从事与运输合同有关的活动，如储货（也含寄存）、报关、验收、收款等（如图10-2所示）。

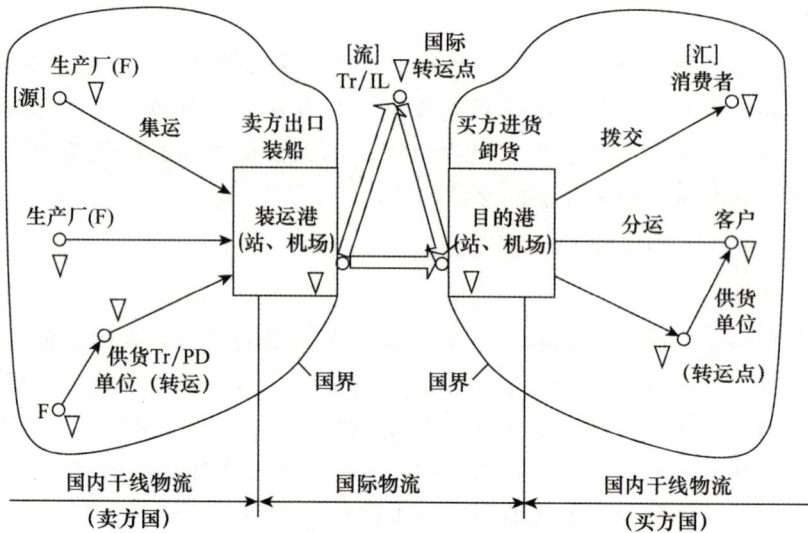

F：工厂；Tr：运输；PD：分销物流；IL：国际物流；▽：仓储；⇨：国际段运输；→：国内段运输

图10-2 国际物流物理网络简图

《中华人民共和国国际货物运输代理业管理规定》给国际货运代理所下的定义是：接受进出口货物收货人、发货人的委托，以委托人的名义或者以自己的名义，为委托人办理国际货物运输及相关业务并收取服务费用的行业。

（二）国际货运代理具体的业务范围

（1）出口业务。选择运输路线、方式和适当的承运人；为货主和选定的承运人之间安排揽货、订舱；包装、计量和储存货物；办理保险；收取货物并签发有关单据；办理出口结关手续并将货物交付承运人；支付运费，收取正本提单并交给发货人；安排货物转运；通知收货人；记录货物灭失情况；协助收货人向有关责任方索赔。

（2）进口业务。报告货物动态；接收和审核货运单据，支付运费并提货；进口报关，支付有关捐税和费用；安排运输过程中的存仓；向收货人交付已结关的货物；协助收货人储存或分拨货物。

（三）国际货运代理的作用

1. 组织协调作用

国际货运代理人历来被称为"运输的设计师"，"门到门"运输的组织者和协调者。凭借其拥有的运输知识及其他相关知识，组织运输活动，设计运输路线，选择运输方式和承运人（或货主），协调货主、承运人及其与仓储保管人、保险人、银行、港口、机场、车站、堆场经营人和海关、商检、卫检、动植检、进出口管制等有关当局的关系，可以节省委托人时间，减少许多不必要的麻烦，专心致力于主营业务。

2. 专业服务作用

国际货运代理人的本职工作是利用自身专业知识和经验，为委托人提供货物的承揽、交运、拼装、集运、接卸、交付服务，接受委托人的委托，办理货物的保险、海关、商检、卫检、动植检、进出口管制等手续，甚至有时要代理委托人支付、收取运费，垫付税金和政府规费。国际货运代理人通过向委托人提供各种专业服务，可以使委托人不必在自己不够熟悉的业务领域花费更多的心思和精力，使不便或难以依靠自己力量办理的事宜得到恰当、有效的处理，有助于提高委托人的工作效率。

3. 沟通控制作用

国际货运代理人拥有广泛的业务关系、发达的服务网络、先进的信息技术手段，可以随时保持货物运输关系人之间，货物运输关系人与其他有关企业、部门的有效沟通，对货物进行运输的全过程进行准确跟踪和控制，保证货物安全、及时运抵目的地，顺利办理相关手续，准确送达收货人，并应委托人的要求提供全过程的信息服务及其他相关服务。

4. 咨询顾问作用

国际货运代理人通晓国际贸易环节，精通各种运输业务，熟悉有关法律、法规，了解世界各地有关情况，信息来源准确、及时，可以就货物的包装、储存、装卸和照管，货物的运输方式、运输路线和运输费用，货物的保险、进出口单证和价款的结算，领事、海关、商检、卫检、动植检、进出口管制等有关当局的要求等向委托人提出明确、具体的咨询意见，协助委托人设计、选择适当处理方案，避免、减少不必要风险、周折和浪费。

5. 降低成本作用

国际货运代理人掌握货物的运输、仓储、装卸、保险市场行情，与货物的运输关系人、仓储保管人、港口、机场、车站、堆场经营人和保险人有着长期、密切的友好合作关系，拥有丰富的专业知识和业务经验、有利的谈判地位、娴熟的谈判技巧，通过国际货运代理人的努力，可以选择货物的最佳运输路线、运输方式，最佳仓储保管人、装卸作业人和保险人，争取公平、合理的费率，甚至可以通过集运效应使所有相关各方受益，从而降低货物运输关系人的业务成本，提高其主营业务效益。

6. 资金融通作用

国际货运代理人与货物的运输关系人、仓储保管人、装卸作业人及银行、海关当局等相互了解，关系密切，长期合作，彼此信任，国际货运代理人可以代替收、发货人支付有关费用、税金，提前与承运人、仓储保管人、装卸作业人结算有关费用，凭借自己的实力和信誉向承运人、仓储保管人、装卸作业人及银行、海关当局提供费用、税金担保或风险担保，可以帮助委托人融通资金，减少资金占压，提高资金利用效率。

二、国际支付与结算

常见的国际物流单证有以下几种形式。

（一）不可撤销的出口商业信用证

不可撤销信用证是指开证行一经开出、在有效期内未经受益人或议付行等有关当事人同意不得随意修改或撤销的信用证；只要受益人按该证规定提供有关单据，开证行（或其指定的银行）保证付清货款。

（二）银行汇票（或汇票）

1. 银行汇票的概念

银行汇票是指由出票银行签发的，由其在见票时按照实际结算金额无条件付给收款人或者持票人的票据。银行汇票的出票银行为银行汇票的付款人。银行汇票一式四联，第一联为卡片，由签发行结清汇票是做汇出付出传票；第二联为银行汇票，与第三联解讫通知一并由汇款人自带，在兑付行兑付汇票后此联做联行往来账付出传票；第三联解讫通知，在兑付行兑付后随报单交签发行，由签发行做余款收入传票；第四联是多余款通知，并在签发行结清后交汇款人。

2. 银行汇票（汇票）的分类

汇票可从以下不同角度做出不同的分类。

（1）以付款期限长短为标准，汇票可分为即期汇票和远期汇票。即期汇票是指见票即行付款的汇票，包括标明见票即付的汇票、到期日与出票日相同的汇票以及未记载到期日的汇票（以提示日为到期日）。远期汇票是指约定一定的到期日付款的汇票，包括定期付款汇票、出票日后定期付款汇票（也叫计期汇票）和见票后定期付款汇票。

（2）以记载受款人的方式不同为标准，汇票可分为记名式汇票和无记名式汇票。

（3）以签发和支付地点不同，汇票可分为国内汇票和国际汇票。前者指在一国境内签发和付款的汇票，后者指汇票的签发和付款一方在国外，或都在国外的汇票。

（4）以银行对付款的要求不同，汇票可分为跟单汇票和原票。前者指使用汇票时需附加各种单据（如提货单、运货单、保险单等），后者是指只需提出汇票本身即可付款，无须附加任何单据的汇票。

三、运输单据

（一）运输单据及种类

运输单据（Transport Document）是出口人将货物交付承运人（Carrier）办理装运或装运完毕后由承运人或其代理人（Agent）向出口人签发的证明文件，用以证明货物已装船、已发运或已由承运人接管。在象征性交货条件下，卖方按合同规定将代表货物所有权的单据交与买方，买方凭单付款。而运输单据则是卖方向买方所交付的单据中最基本的结汇单据之一，是出口人向银行办理收取货款或进行议付的重要单据。有些运输单据还是进口人提取货物的重要凭证。

按运输方式不同，运输单据有海运提单、铁路运单、航空运单、联合运输单据、邮包收据等。

（二）海运提单及海运提单常见的形式

海运提单（Ocean Bill of Lading）是船公司（Shipping Company）或其代理人在收到其承运的货物时或将其承运的货物装船后向托运人（Shipper）签发的货物收据。其主要作用有以下几点。

1. 海上运输合同的证明

提单上载有承运人的责任条款及签字，是托运人及承运人处理双方在货物运输中的责、权、利关系的依据，具有契约或合同性质。

2. 装运货物收据

海运提单可用以证明承运人或其代理人已按提单所列内容收到相应货物。

3. 物权凭证

即海运提单是一种货物所有权的凭证，收货人或提单的合法持有人有权凭提单在目的港向承运人提取货物。各国法律和有关的国际公约都认为提单是货物所有权的凭证。

四、国际多式联运

（一）概念

国际多式联运（International Multimodal Transport）是一种以实现货物整体运输的最优化效益为目标的联运组织形式。它通常是以集装箱为运输单元，将不同的运输方式有机地组合在一起，构成连续的、综合性的一体化货物运输。通过一次托运、一次计费、一份单证、一次保险，由各运输区段的承运人共同完成货物的全程运输，即将货物的全程运输作为一个完整的单一运输过程来安排。

（二）构成国际多式联运须具备的基本条件

（1）必须具有一份多式联运合同。该运输合同是多式联运经营人与托运人之间权利、义务、责任与豁免的合同关系和运输性质的确定，也是区别多式联运与一般货物运输方式的主要依据。

（2）必须使用一份全程多式联运单证。该单证应满足不同运输方式的需要，并按单一运费率计收全程运费。

（3）必须是至少两种不同运输方式的连续运输。

（4）必须是国际间的货物运输。这不仅是区别于国内货物运输，主要是涉及国际运输法规的适用问题。

（5）必须由一个多式联运经营人对货物运输的全程负责。该多式联运经营人不仅是订立多式联运合同的当事人，也是多式联运单证的签发人。当然，在多式联运经营人履行多式联运合同所规定的运输责任的同时，可将全部或部分运输委托他人（分承运人）完成，并订立分运合同，但分运合同的承运人与托运人之间不存在任何合同关系。

复习题

1. 什么是国际物流？
2. 国际物流的特点有哪些？
3. 国际贸易和国际物流的关系是什么？
4. 什么是多式联运？
5. 常见的国际物流单证形式有哪些？

第十一章

供应链管理

学习目标

- 理解现行管理模式与供应链管理思想的冲突；
- 掌握供应链的概念、结构模型、特征、类型；
- 掌握供应链管理的定义和主要内容等；
- 掌握集成化供应链管理的理论模型，并能对实现过程进行了详细阐述；
- 熟练掌握企业供应链方案的设计；
- 熟练掌握供应链管理策略。

导入案例

IBM 的供应链管理

供应链管理的实现，是把供应商、生产厂家、分销商、零售商等在一条供应链上的所有节点企业都联系起来进行优化，使生产资料以最快的速度，通过生产、分销环节变成增值的产品，到达有消费需求的消费者手中。这不仅可以降低成本，减少社会库存，而且使社会资源得到优化配置，更重要的是通过信息网络、组织网络实现了生产及销售的有效连接和物流、信息流、资金流的合理流动。

计算机产业的戴尔公司在其供应链管理上采取了极具创新的方法，体现出有效的供应链管理比品牌经营更好的优越性。戴尔公司的成功为其他电脑厂商树立了榜样，使他们目睹了戴尔公司的飞速成长过程。作为戴尔的竞争者之一，IBM 过去倾向于根据库存来生产计算机，由于其制造的产品型号繁多，常常发现在有的地区存储的产品不合适，丧失了销售时机。计算机业面临的另一问题是技术上的日新月异，这意味着库存会很快过时，造成浪费。为解决这些问题，IBM 和产业界的其他众多计算机厂商正在改变其供应链，使之能够适应急剧变化的市场环境。

通过实施供应链管理，IBM 公司生产的盲目性得到避免，完整的欧洲区供应链管理系统所带来的益处是：帮助 IBM 随时掌握各网点的销售情况，充分了解、捕捉与满足顾客的真正需求，并且按照订单制造、交货，没有生产效率的损失，在满足市场需求的基础上，增进了与用户的关系；能全面掌握所有供应商的详细情况；合理规划异地库存的最佳水平；合理安排生产数量、时间以及运输等问题；合理调整公司的广告策略和价格政策；网上订货和电子贸易；可随时把电脑的动态信息告诉每一位想了解的顾客；并减少了工业垃圾和制造过程对环境的破坏。

案例来源：豆丁网 http://www.docin.com/p-251507961.html

思考题：

1. IBM公司通过实施供应链管理为企业带来了哪些变化？
2. IBM的成功对我国企业有何启示？

第一节　供应链概述

随着经济全球化和知识经济时代的到来以及全球制造的出现，供应链在制造业管理中得到普遍应用。我们生活在政治经济国际化和动态化的时代，面对的是市场竞争日益激烈、用户需求的不确定性和个性化增加、高新技术迅猛发展、产品寿命周期缩短和产品结构越来越复杂的环境，企业管理如何适应新的竞争环境，已成为广大管理理论及实际工作者关注的焦点。

当今世界各种技术和管理问题日益复杂化和多维化，这种变化促使人们认识问题和解决问题的思维方法也发生了变化，逐渐从点的和线性空间的思考向面的和多维空间思考转化，管理思想也从纵向思维朝着横向思维方式转化。在经济全球化的背景下，横向思维正成为国际管理学界和企业界的热门话题和新的追求，供应链管理就是其中一个典型代表。

供应链管理是新的管理哲理，在许多方面表现出不同于传统管理思想的特点。从另一个角度看，这一新的管理哲理与传统管理模式之间也必然存在着许多有冲突的地方，因此，应用供应链管理首先要认清传统管理模式在当前环境下存在的问题。总体上讲，传统的企业管理与运作模式已不能很好地适应供应链管理的要求，主要存在着以下几个方面的问题。

（1）企业生产与经营系统的设计没有考虑供应链的影响。现行的企业系统在设计时只考虑生产过程本身，而没有考虑本企业生产系统以外的因素对企业竞争力的影响。

（2）供、产、销系统没有形成链。供、产、销是企业的基本活动，但在传统的运作模式下基本上是各自为政，相互脱节。

（3）存在着部门主义障碍。激励机制以部门目标为主，孤立地评价部门业绩，造成企业内部各部门片面追求本部门利益，物流、信息流经常被扭曲、变形。

（4）信息系统落后。我国大多数企业仍采用手工处理方式，企业内部信息系统不健全，数据处理技术落后，企业与企业之间的信息传递工具落后，没有充分利用EDI、Internet等先进技术，致使信息处理不准确、不及时，不同地域的数据库没有集成起来。

（5）库存管理系统满足不了供应链管理的要求。传统企业中库存管理是静态的、单级的，库存控制决策没有与供应商联系起来，无法利用供应链上的资源。

（6）没有建立有效的市场响应、用户服务、供应链管理方面的评价标准与激励机制。

（7）系统协调性差。企业和各供应商没有协调一致的计划，每个部门各搞一套，只顾安排自己的活动，影响整体最优。

（8）没有建立对不确定性变化的跟踪与管理系统。

（9）与供应商和经销商都缺乏合作的战略伙伴关系，且往往从短期效益出发，挑起供应商之间的价格竞争，失去了供应商的信任与合作基础。市场形势好时对经销商态度傲慢，市场形势不好时又企图将损失转嫁给经销商，因此得不到经销商的信任与合作。

以上这些问题的存在，使企业很难一下子从传统的纵向发展管理模式转到供应链管理模式上来。

现代企业的业务越来越趋向于国际化，优秀的企业都把主要精力放在企业的关键业务上，并与世界上优秀的企业建立战略合作关系，将非关键业务转由这些企业完成。现在行业的领头企业在越来越清楚地认识到保持长远领先地位的优势和重要性的同时，也意识到竞争优势的关键在于战略伙伴关系的建立。而供应链管理所强调的快速反应市场需求、战略管理、高柔性、低风险、成本—效益目标等优势，吸引了许多学者和企业界人士研究和实践它，国际上一些著名的企业，如惠普公司、IBM公司、戴尔计算机公司等在供应链管理实践中取得的巨大成就，使人更加坚信供应链管理是进入21世纪后企业适应全球竞争的一种有效途径。

一、供应链的概念

供应链目前尚未形成统一的定义，许多学者从不同的角度出发给出了许多不同的定义。

早期的观点认为供应链是制造企业中的一个内部过程，它是指把从企业外部采购的原材料和零部件，通过生产转换和销售等活动，再传递到零售商和用户的一个过程。传统的供应链概念局限于企业的内部操作层上，注重企业自身的资源利用。

有些学者把供应链的概念与采购、供应管理相关联，用来表示与供应商之间的关系，这种观点得到了研究合作关系、JIT关系、精细供应、供应商行为评估和用户满意度等问题的学者的重视。但这样一种关系也仅仅局限在企业与供应商之间，而且供应链中的各企业独立运作，忽略了与外部供应链成员企业的联系，往往造成企业间的目标冲突。

后来供应链的概念注意了与其他企业的联系，注意了供应链的外部环境，认为它应是一个"通过链中不同企业的制造、组装、分销、零售等过程将原材料转换成产品，再到最终用户的转换过程"，这是更大范围、更为系统的概念。例如，美国的史迪文斯（Stevens）认为："通过增值过程和分销渠道控制从供应商的供应商到用户的用户的流就是供应链，它开始于供应的源点，结束于消费的终点。"伊文斯（Evens）认为："供应链管理是通过前馈的信息流和反馈的物料流及信息流，将供应商、制造商、分销商、零售商，直到最终用户连成一个整体的管理模式。"这些定义都注意了供应链的完整性，考虑了供应链中所有成员操作的一致性（链中成员的关系）。

而到了最近，供应链的概念更加注重围绕核心企业的网链关系，如核心企业与供应商、供应商的供应商乃至与一切前向的关系，与用户、用户的用户及一切后向的关系。此时对供应链的认识形成了一个网链的概念，像丰田、耐克、尼桑、麦当劳和苹果等公司的供应链管理都从网链的角度来实施。哈理森（Harrison）进而将供应链定义为："供应链是执行采购原材料、将它们转换为中间产品和成品、并且将成品销售到用户的功能网。"这些概念同时强调供应链的战略伙伴关系问题。菲利浦（Phillip）和温德尔（Wendell）认为供应链中战略伙伴关系是很重要的，通过建立战略伙伴关系，可以与重要的供应商和用户更有效地开展工作。

我国国家标准《物流术语》（GB/T 18354－2006）对供应链进行了定义：生产及流通过程中，为了将产品或服务交付给最终用户，由上游与下游企业共同建立的需求链状网。它是一个范围更广的企业结构模式，它包含所有加盟的节点企业，从原材料的供应开始，经过链中不同企业的制造加工、组装、分销等过程直到最终用户。它不仅是一条连接供应商到用户的物料链、信息链、资金链，而且是一条增值链，物料在供应链上因加工、包装、运输等过程而增加其价值，给相关企业都带来收益。

二、供应链的结构模型

根据以上供应链的定义，其结构可以简单地归纳为如图 11－1 所示的模型。

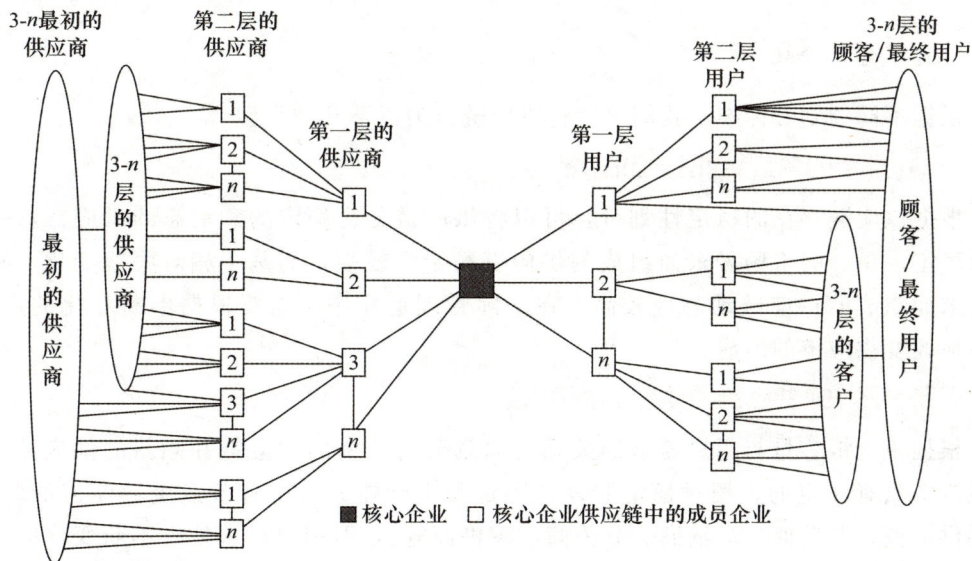

图 11－1　供应链的网链结构模型

从图 11－1 中可以看出，供应链由所有加盟的节点企业组成，其中一般有一个核心企业（可以是产品制造企业，也可以是大型零售企业，如美国的沃尔玛），节点企业在需求信息的驱动下，通过供应链的职能分工与合作（生产、分销、零售等），以资金流、物流或/和服务流为媒介实现整个供应链的不断增值。

三、供应链的特征

从供应链的结构模型可以看出，供应链是一个网链结构，由围绕核心企业的供应商、供应商的供应商和用户、用户的用户组成。一个企业是一个节点，节点企业和节点企业之间是一种需求与供应关系。供应链主要具有以下特征：

（一）复杂性

因为供应链节点企业组成的跨度（层次）不同，供应链往往由多个、多类型甚至多国企业构成，所以供应链结构模式比一般单个企业的结构模式更为复杂。

（二）动态性

供应链管理因企业战略和适应市场需求变化的需要，其中节点企业需要动态的更新，这就使得供应链具有明显的动态性。

（三）面向用户需求

供应链的形成、存在、重构都是基于一定的市场需求而发生，并且在供应链的运作过程中，用户的需求拉动是供应链中信息流、产品/服务流、资金流运作的驱动源。

（四）交叉性

节点企业可以是这个供应链的成员，同时又是另一个供应链的成员，众多的供应链形成交叉结构，增加了协调管理的难度。

四、供应链的类型

根据不同的划分标准，我们可以将供应链分为以下几种类型。

（一）稳定的供应链和动态的供应链

根据供应链存在的稳定性划分，可以将供应链分为稳定的和动态的供应链。基于相对稳定、单一的市场需求而组成的供应链稳定性较强，而基于相对频繁变化、复杂的需求而组成的供应链动态性较高。在实际管理运作中，需要根据不断变化的需求，相应地改变供应链的组成。

（二）平衡的供应链和倾斜的供应链

根据供应链容量与用户需求的关系可以划分为平衡的供应链和倾斜的供应链。一个供应链具有一定的、相对稳定的设备容量和生产能力（所有节点企业能力的综合，包括供应商、制造商、运输商、分销商、零售商等），但用户需求处于不断变化的过程中，当供应链的容量能满足用户需求时，供应链处于平衡状态，而当市场变化加剧，造成供应链成本增加、库存增加、浪费增加等现象时，企业不是在最优状态下运作，供应链则处于倾斜状态。如图 11-2 所示，平衡的供应链可以实现各主要职能（采购/低采购成本、生产/规模效益、分销/低运输成本、市场/产品多样化和财务/资金运转快）之间的均衡。

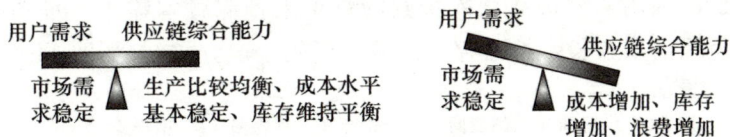

图 11-2　平衡的供应链和倾斜的供应链

（三）有效性供应链和反应性供应链

根据供应链的功能模式（物理功能和市场中介功能）可以把供应链划分为：有效性供应链（Efficient Supply Chain）和反应性供应链（Responsive Supply Chain）。有效性供应链主要体现供应链的物理功能，即以最低的成本将原材料转化成零部件、半成品、产品以及在供应链中的运输等；反应性供应链主要体现供应链的市场中介的功能，即把产品分配到满足用户需求的市场，对未预知的需求做出快速反应等。两种类型的供应链的比较见表 11-1。

表 11-1　有效性供应链与反应性供应链的区别

	有效性供应链	反应性供应链
基本目标	以最低的成本供应可预测的需求	对不可预测的需求做出最快反应
制造核心	保持生产稳定	增加生产的柔性
库存策略	降低库存水平	多种库存策略
提前期	尽可能缩短提前期	大量投资，以缩短提前期
供应商的标准	成本和质量	速度、质量、柔性
产品设计策略	模块化设计，尽可能差异化	绩效最大化、成本最小化

（四）内部供应链和外部供应链

从结构上讲，内部供应链是指企业内部产品生产和流通过程中所涉及的采购部门、生产部门、仓储部门、销售部门等组成的供需网络。

外部供应链则是指涵盖企业的与企业相关的产品生产和流通过程中所涉及的供应商、生产商、储运商、零售商以及最终消费者组成的供需网络。

（五）盟主型供应链和非盟主型供应链

所谓盟主型供应链，即某一成员在供应链中占有主导地位，对其他成员具有很强的辐射能力和吸引能力，通常称该企业为核心企业或主导企业。

- 以生产商为核心的供应链——奇瑞汽车有限公司等。
- 以中间商为核心的供应链——中国烟草系统、香港利丰公司等。
- 以零售商为核心的供应链——沃尔玛、家乐福等。

（六）推动式供应链和拉动式供应链

推动式供应链是以制造商为核心，产品生产建立在需求预测的基础上，并在客户订货前进行生产，产品生产出来后从分销商逐级推向顾客。顾客处于被动接受的末端。一般来说，制造商利用从零售商仓库接到的订单来预测顾客需求。推动式供应链的不确定性很低，但提前期较长，按库存生产是主要的生产方式。（如图 11-3 所示）

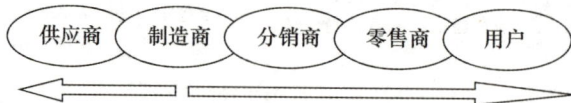

供应商 制造商 分销商 零售商 用户

图 11-3　推动式供应链

拉动式供应链的整个供应链驱动力产生于最终的顾客，产品生产是受需求驱动的（如图 11-4 所示）。生产是根据实际顾客需求而不是预测需求进行协调的。在拉动式供应链模式中，需求不确定性很高，周期较短，主要的生产战略是按订单生产，按订单组装和按订单配置。整个供应链要求集成度较高，信息交换迅速，可以根据最终用户的需求实现定制化服务。

供应商 制造商 分销商 零售商 用户

图 11-4　拉动式供应链

第二节　供应链管理

对于供应链这一复杂系统，要想取得良好的绩效，必须找到有效的协调管理方法，供应链管理思想就是在这种环境下提出的。

然而，关于供应链管理，有许多不同的定义和称呼，如有效用户反应（Efficient Consumer Response，ECR）、快速反应（Quick Response，QR）、虚拟物流（Virtual Logistics，VL）或连续补充（Continuous Replenishment）。这些称呼因考虑的层次、角度不同而不同，但都通过计划和控制实现企业内部和外部之间的合作，实质上它们一定程度上都集成了供应链和增值链两个方面的内容。

一、供应链管理的概念

计算机网络的发展进一步推动了制造业的全球化、网络化过程。虚拟制造、动态联盟等制造模式的出现，更加迫切需要新的管理模式与之相适应。传统的企业组织中的采购（物资供应）、加工制造（生产）、销售等看似整体，但却是缺乏系统性和综合性的企业运作模式，已经无法适应新的制造模式发展的需要，而那种"大而全、小而全"的企业自我封闭的管理体制，更无法适应网络化竞争的社会发展需要。因此，供应链的概念和传统的销售链是不同的，它已跨越了企业界限，从建立合作制造或战略伙伴关系的新思维出发，从产品生命线的源头开始，到产品消费市场，从全局和整体的角度考虑产品的竞争力，使供应链从一种运作性的竞争工具上升为一种管理性的方法体系，这就是供应链管理提出的实际背景。

供应链管理是一种集成的管理思想和方法，它执行供应链中从供应商到最终用户的物流的计划和控制等职能。最早人们把供应链管理的重点放在管理库存上，作为平衡有限的生产能力和适应用户需求变化的缓冲手段，它通过各种协调手段，寻求把产品迅速、可靠地送到用户手中所需要的费用与生产、库存管理费用之间的平衡点，从而确定最佳的库存投资额。因此其主要的工作任务是管理库存和运输。现在的供应链管理则把供应链上的各个企业作为一个不可分割的整体，使供应链上各企业分担的采购、生产、分销和销售的职能成为一个协调发展的有机体。

我国国家标准《物流术语》（GB/T 18354－2006）对供应链管理进行了定义，即利用计算机网络技术全面规划供应链中的商流、物流、信息流、资金流等，并进行计划、组织、协调与控制。

二、供应链管理涉及的内容

供应链管理主要涉及四个主要领域：供应（Supply）、生产计划（Schedule Plan）、物流（Logistics）、需求（Demand）。由图 11－5 可见，供应链管理是以同步化、集成化生产计划为指导，以各种技术为支持，尤其以 Internet/Intranet 为依托，围绕供应、生产作业、物流（主要指制造过程）、满足需求来实施的。供应链管理主要包括计划、合作、控制从供应商到用户的物料（零部件和成品等）和信息。供应链管理的目标在于提高用户服务水平和降低总的交易成本，并且寻求两个目标之间的平衡（这两个目标往往有冲突）。

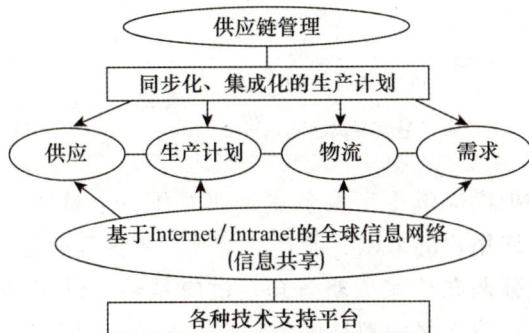

图 11－5　供应链管理涉及的内容

在以上四个领域的基础上，我们可以将供应链管理细分为职能领域和辅助领域。职能领域主要包括产品工程、产品技术保证、采购、生产控制、库存控制、仓储管理、分销管理。而辅助领域主要包括客户服务、制造、设计工程、会计核算、人力资源、市场营销。

由此可见，供应链管理关心的并不仅仅是物料实体在供应链中的流动，除了企业内部与企业之间的运输问题和实物分销以外，供应链管理还包括以下主要内容：

（1）战略性供应商和用户合作伙伴关系管理；

（2）供应链产品需求预测和计划；

（3）供应链的设计（全球节点企业、资源、设备等的评价、选择和定位）；

（4）企业内部与企业之间物料供应与需求管理；

（5）基于供应链管理的产品设计与制造管理、生产集成化计划、跟踪和控制；

（6）基于供应链的用户服务和物流（运输、库存、包装等）管理；

（7）企业间资金流管理（汇率、成本等问题）；

（8）基于 Internet/Intranet 的供应链交互信息管理等；

（9）供应链管理注重总的物流成本（从原材料到最终产成品的费用）与用户服务水平之间的关系，为此要把供应链各个职能部门有机地结合在一起，从而最大限度地发挥出供应链整体的力量，达到供应链企业群体获益的目的。

三、供应链管理与传统管理模式的区别

供应链管理与传统的物料管理和控制有着明显的区别（见表 11－2），主要体现在以下几个方面。

表 11－2　供应链管理与传统管理模式对比

	供应链管理模式	传统管理模式
存货管理	供应链成员间协调	企业内部协调
货物流	平衡、连续	间断
成本	供应链总成本量低	企业最低
信息	信息共享	信息流通不畅
风险	分担	企业独自承担
计划	供应链成员间	企业内部
组织间关系	基于最终成本的合作	企业内降低成本

第一，供应链管理把供应链中所有节点企业看作一个整体。供应链管理涵盖整个物流的、从供应商到最终用户的采购、制造、分销、零售等职能领域过程。

第二，供应链管理强调和依赖战略管理。供应是整个供应链中节点企业之间事实上共享的一个概念（任两节点之间都是供应与需求关系），同时它又是一个有重要战略意义的概念，因为它影响或者可以认为它决定了整个供应链的成本和市场占有份额。

第三，供应链管理最关键的是需要采用集成的思想和方法，而不仅仅是节点企业、技术方法等资源简单的连接。

第四，供应链管理具有更高的目标，通过管理库存和合作关系去达到高水平的服务，而不是仅仅完成一定的市场目标。

四、供应链成长理论与供应链管理的运营机制

社会组织和自然界一切生命体一样，都存在一个"起源－成长－发育－成熟－衰退－解体（灭亡）"的生命周期。供应链有广义和狭义两种解释，狭义地讲，供应链是

指一种企业网络；广义地讲，任何一个企业组织都是一个供应链结构体（产供销一体化）。我们应该从集成化的角度研究供应链管理模式，即综合这两方面的内容，由内向外，由表及里，由企业内部的协调分工到企业间的协作与联盟，最终目的是追求企业更强的竞争力和更大的效益。供应链运作的表象是物流、信息流、资金流（即人们通常所说的三流），但是供应链的成长过程实质包含两方面的含义：一是通过产品（技术、服务）的扩散机制来满足社会的需求，同时，通过市场的竞争机制来发展壮大企业的实力。因此，供应链管理实际上是一种基于"竞争－合作－协调"机制的、以分布企业集成和分布作业协调为保证的新的企业运作模式。

当考查一个供应链成长过程时，我们不仅应该看到企业有形的力量在壮大，更应该看到企业无形的能量在升华，因此供应链的成长过程既是一种几何（组织）生长过程，也是一种能量的集聚过程和思想文化的变迁过程。

供应链成长过程体现在企业在市场竞争中的成熟与发展之中，通过供应链管理的合作机制（Cooperation Mechanism）、决策机制（Decision Mechanism）、激励机制（Encourage Mechanism）和自律机制（Benchmarking Mechanism）等，来实现满足顾客需求、使顾客满意以及留住顾客等功能目标，从而实现供应链管理的最终目标：社会目标（满足社会就业需求）、经济目标（创造最佳利益）和环境目标（保持生态与环境平衡）的合一，这可以说是对供应链管理思想的哲学概括。

（一）合作机制

供应链合作机制体现了战略伙伴关系和企业内外资源的集成与优化利用。基于这种企业环境的产品制造过程，从产品的研究开发到投放市场，周期大大地缩短，而且顾客导向化（Customization）程度更高，模块化、简单化产品、标准化组件使企业在多变的市场中柔性和敏捷性显著增强，虚拟制造与动态联盟提高了业务外包策略的利用程度。企业集成的范围扩展了，从原来的中低层次的内部业务流程重组上升到企业间的协作，这是一种更高级别的企业集成模式。在这种企业关系中，市场竞争的策略最明显的变化就是基于时间的（Time-based）竞争和价值链（Value Chain）及价值让渡系统管理或基于价值的供应链管理。

（二）决策机制

由于供应链企业决策信息的来源不再仅限于一个企业内部，而是在开放的信息网络环境下不断进行信息交换和共享，达到供应链企业同步化、集成化计划与控制的目的，而且随着 Internet/Intranet 发展成为新的企业决策支持系统，企业的决策模式将会产生很大的变化，因此处于供应链中的任何企业决策模式应该是基于 Internet/Intranet 的开放性信息环境下的群体决策模式。

（三）激励机制

归根到底，供应链管理和任何其他的管理思想一样都是要使企业在 21 世纪的竞争中在"TQCSF"上有上佳表现（T 为时间，指反应快，如提前期短，交货迅速等；Q 指质量，控制产品、工作及服务质量高；C 为成本，企业要以更少的成本获取更大的收益；S 为服务，企业要不断提高用户服务水平，提高用户满意度；F 为柔性，企业要有较好的应变能力）。缺乏均衡一致的供应链管理业绩评价指标和评价方法是目前供应链管理研究的弱点和导致供应链管理实践效率不高的一个主要问题。为了掌握供应链管理的技术，必须建立、健全业绩评价和激励机制，使我们知道供应链管理思想在哪些方面、多大程度上给予企业改进和提高，以推动企业管理工作不断完善和提高，也使得供应链管理能够沿着正确的轨道与方向发展，真正成为能为企业管理者乐于接受和实践的新的管理模式。

（四）自律机制

自律机制要求供应链企业向行业的领头企业或最具竞争力的竞争对手看齐，不断对产品、服务和供应链业绩进行评价，并不断地改进，以使企业能保持自己的竞争力和持续发展。自律机制主要包括企业内部的自律、对比竞争对手的自律、对比同行企业的自律和比较领头企业的自律。企业通过推行自律机制，可以降低成本，增加利润和销售量，更好地了解竞争对手，提高客户满意度，增加信誉，企业内部部门之间的业绩差距也可以得到缩小，提高企业的整体竞争力。

五、供应链管理的效益

1997 年 PRTM（Pittiglio Rabin Todd & Mcgrath）公司进行的一项关于集成化供应链管理的调查（调查涉及 6 个行业的 165 个企业，其中化工类占 25％、计算机电子设备类占 25％、通信类占 16％、服务类占 15％、工业类占 13％、半导体类占 6％）表明，通过实施供应链管理，企业可以达到以下多方面的效益。

（1）总供应链管理成本（占收入的百分比）降低 10％以上。

（2）中型企业的准时交货率提高 15％。

（3）订单满足提前期缩短 25％～35％。

（4）中型企业的增值生产率提高 10％以上。

（5）绩优企业资产运营业绩提高 15％～20％。

（6）中型企业的库存降低 3％，绩优企业的库存降低 15％。

（7）绩优企业在现金流周转周期上具有比一般企业少 40～65 天的优势。

（8）通过良好的供应链管理可以在进入新市场、开发新产品、开发新分销渠道、改善售后服务水平、提高用户满意程度、降低库存、后勤成本、单位制造成本、提高工作效率等方面获得满意效果。

第三节　供应链的设计

一、供应链的体系结构

（一）链状结构的供应链模型

结合供应链的定义和结构模型，可以直观地得出如图 11-6 所示的链状结构的供应链型。链状结构的模型是一个简单的静态模型，简单地给出了供应链的基本组成和轮廓概貌，清楚地表明了产品的最初来源是自然界，比如矿山、森林、湖泊等，最终流向是终端用户。供应链核心企业的产品因用户需求而生产，最终经供应链送到用户手中被消费掉。产品从自然界历经供应商、制造商和分销商多级传递到消费者。传递过程完成了产品加工、产品装配、形成等转换活动，刚被用户消费掉的最终产品仍回到自然界，完成了物质循环的过程，如图 11－6 中的虚线所示。

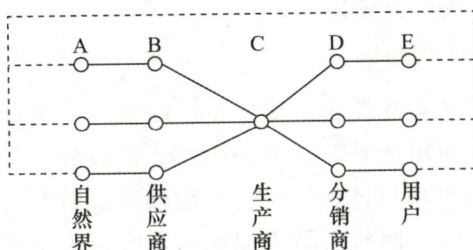

图 11－6　供应链链状结构模型

显然，静态的链状供应链结构模型可以进一步简化成如图 11－7 所示的串行链状供应链结构模型。串行的链状供应链结构模型是链状供应链结构模型的进一步抽象，它把供应链上的一个个商家都抽象成一个个的点，称之为节点，并用字母或数字表示它们。这些节点以一定的方式和次序联结成串，构成一条图形学上的供应链。在串行的链状供应链结构模型中，若 C 为制造商——核心企业，则 B 为供应商，D 为分销商；若假定 B 为制造商——核心企业，则 A 为供应商，C 为分销商。在这个模型中，产品的最初来源——自然界、最终去向——用户以及产品的物质循环过程都被隐含抽象掉了。从供应链研究的一般化角度来讲，把自然界和用户融在供应链模型中通常没有太大的作用。串行的链状供应链结构模型着重对供应链的中间过程进行研究。

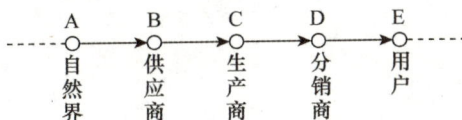

图 11－7　串行链状供应链结构模型

1. 供应链的方向

物流、信息流、资金流、作业流和价值流是供应链上的五类资源流，它们流动的方向可以表示出供应链增值运动的方向。一般来说，物流的方向都是从供应商流向生产制造商，再流向分销商，最后到达消费者的。虽然在特殊情况下，如销售退货、损坏赔偿等，物流在供应链上的流向与一般情况下的方向相反，但由于像产品退货这类情况属于非正常情况，非正常情况下的物品，如退货产品，不被看作本书里严格定义下的物品，所以本书中所指的供应链的物流将不是指这类非正常情况下物品的流动方向。依照正常情况下物流的方向来定义供应链的方向，以此确定供应商、生产制造商和分销商之间的顺序关系是这里讨论的焦点。在图 11－7 所示串行的链状结构的供应链模型中，箭头的方向表示供应链物流的方向，即供应链的方向。

2. 供应链的级

在串行的链状结构的供应链模型中，如果我们定义 C 为供应链的核心企业——生产制造商，从其上游企业来看，那么就可以相应地认为 B 为一级供应商，A 为二级供应商，依次地可递推定义三级供应商、四级供应商……同样地，从核心企业的下游企业来看，可以认为 D 为一级分销商，E 为二级分销商，依次地定义三级分销商、四级分销商……一般说来，一个企业如果要从整体上了解其所在行业供应链的运行状态，应尽可能深入地考虑多级供应商或分销商。

（二）网状结构的供应链模型

事实上，在串行链状供应链结构模型中，C 的供应商可能不止一家，而是有 B_1，B_2……B_n 等 n 家，分销商也可能有 D_1，D_2……D_m 等 m 家。动态地考虑，C 也可能有 C_1，C_2……C_k 等 k 家，这样串行链状供应链结构模型就转变为一个网状模型，即供应链的网状模型（如图 11-8）。网状模型更能说明现实世界中产品的复杂供应关系。在理论上，网状模型可以涵盖世界上所有厂家，把所有厂家都看作是其上面的一个节点，并认为这些节点存在着联系。当然，这些联系有强有弱，而且在不断地变化着。通常，一个厂家仅与有限厂家相联系，但这不影响我们对供应链模型的理论设定。网状模型对供应关系的描述性很强，适合于对供应关系的宏观把握。

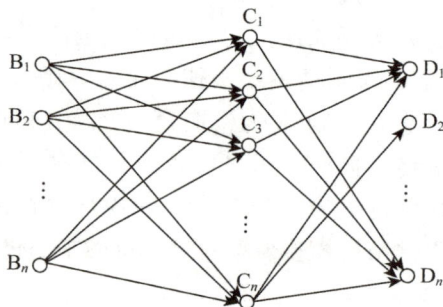

图 11-8　供应链网状模型

1. 入点和出点

在网状模型中，物流做有向流动，从一个节点流向另一个节点。这些物流从某些节点补充流入，从某些节点分流流出。我们把这些物流进入的节点称为入点，把物流流出的节点称为出点。入点相当于矿山、森林、湖泊等原始材料提供商，出点相当于用户。图 11-9 中 A 节点为入点，F 节点为出点。对于有的厂家既为入点又为出点的情况，出于对网链表达的简化，将代表这个厂家的节点一分为二，变成两个节点：一个为入点，一个为出点，并用实线将其框起来。如图 11-10，A_1 为入点，A_2 为出点。同样地，如有的厂家对于另一厂家既为供应商又为分销商，也可将这个厂家一分为二，甚至一分为三或更多，变成两个节点：一个节点表示供应商，一个节点表示分销商。也用实线将其框起来。如图 11-11，B_1 是 C 的供应商，B_2 是 C 的分销商。

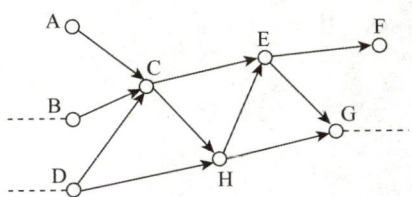

图 11 - 9　入点和出点

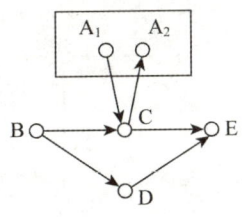

图 11 - 10　包含出点和入点的厂家

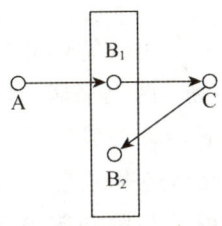

图 11 - 11　包含供应商和分销商的厂家

2. 子网

有些厂家规模非常大，内部结构也非常复杂，与其他厂家相联系的只是其中一个部门，而且内部也存在着产品供应关系，用一个节点来表示这些复杂关系显然不行，这就需要将表示这个厂家的节点分解成很多相互联系的小节点，这些小节点构成一个网，称之为子网（见图 11 - 12）。在引入子网概念后，研究图 11 - 12 中 C 与 D 的联系时，只需考虑 C_2 与 D 的联系，而不需要考虑 C_3 与 D 的联系，这就简化了无谓的研究。子网模型对企业集团是很好的描述。

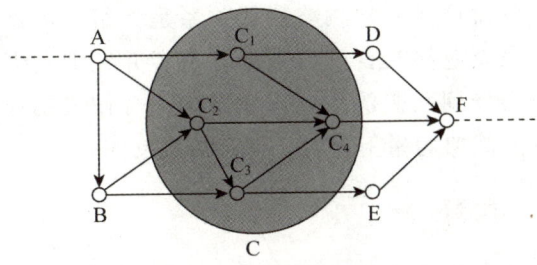

图 11 - 12　供应链子网模型

3. 虚拟企业

借助以上对子网模型过程的描述，我们可以把供应链网上为了完成共同目标、通力合作并实现各自利益的这样一些厂家形象地看成是一个厂家，这就是虚拟企业（见图 11 - 13）。虚拟企业的节点用虚线框起来。虚拟企业是在经济交往中，一些独立企业为了共同的利益和目标在一定时间内结成的相互协作的利益共同体。虚拟企业组建和存在的目的就是为了获取相互协作而产生的效益，一旦这个目的已完成或利益不存在，虚拟企业即不复存在。

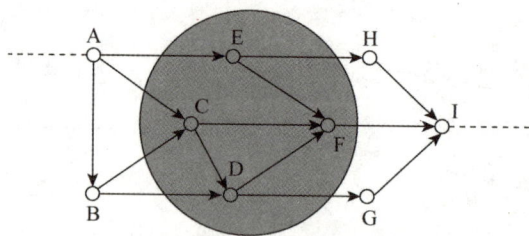

图 11－13　虚拟企业网状模型

虚拟企业的类型有以下三种类型。

（1）网络型虚拟企业，主要指以利用因特网和信息技术、电子货币等先进的技术手段，提供商品和服务，如网上购物、网上书店、网上银行等网上服务功能，改变传统企业的面对面选购、支付等部门职能，并省略了相应的功能部门而组建的网上虚拟企业，如雅虎公司、搜狐、网易、亚马逊书店等。

（2）品牌型虚拟企业：是指以商品品牌和服务品牌资源为核心，而省略了生产等部分职能而组建的虚拟企业。世界不少著名大企业采用虚拟制造这种先进的制造模式，通过品牌虚拟企业这种组织形式成功地实现了品牌经营，如耐克公司、波音公司等。

（3）联盟型虚拟企业：主要是由两个或两个以上的具有资源互补优势企业，为实现共同的战略目标，通过各种协议或契约结成的利益与风险共享，经营权与所有权分离的松散型联合体，一般是专业或项目公司。联盟型虚拟企业保留了传统企业内部设置，却没有完整地执行这些功能的组织，仅保留企业中最关键的功能，而将其他的功能虚拟化。联盟战略目标一旦实现，该联盟型虚拟企业即告解散。

联盟型虚拟企业是供应链管理中应用最广泛的组织形式，我们称之为供应链联盟。需要注意的是，供应链联盟这样一种战略伙伴关系是将组织内部的功能从一个群体转移到另一个群体。每一家企业都有自己区别于竞争者并在消费者眼中拥有优势的核心能力。这些核心功能不会受到联盟的削弱，如果为了合作成功而将资源从核心能力上转移出去，或者在技术、战略力量上妥协，就会造成反面效果。

二、供应链设计要素

管理层在建立供应链时必须考虑的因素包括市场覆盖范围目标、产品特性、客户服务目标、物流系统设计与运行环境的因素、BPR与现代生产模式的作用、供应链合作伙伴的关系、供应链信息技术支撑体系。

（一）市场覆盖范围目标

为了建立市场覆盖范围目标，管理层必须考虑顾客购买行为、分销类型、供应链结构以及取得成功所必需的控制程度。

1. 顾客购买行为

为了设计一个能够最有效率和最高效运作的供应链，必须事先确定潜在客户细分市场的购买动机。这一分析使设计者能够确定最能达到目标市场的零售市场细分。行业营销人员必须识别出潜在的用户，并确定这些客户如何做出采购决策。行业的采购者的决策制定过程取决于企业是一个用户、一个原始设备制造商还是一个分销商。

2. 分销类型

厂商基本上可以采用三种类型的分销方式将产品提供给客户。

（1）密集分销。在密集分销方式下，产品被销售给尽可能多的合适的零售商或批发商。密集分销适用于如口香糖、糖块、软饮料、面包、胶卷和烟草等产品。对这些产品而言，影响采购决策的首要因素是便利性。可能需要密集分销的工业产品包括铅笔、纸夹、透明胶带、文件夹、打印纸、幻灯片底片、螺钉和钉子。

（2）选择性分销。在选择性分销方式下，销售某种产品的门店数量是有限的，但还达不到独家专卖的地步。通过小心地选择批发商和零售商，制造商能够全神贯注于有盈利潜力的客户，并与之发展牢固的业务关系以确保产品被适当地销售。如果产品要求有专门的服务和销售支持的话，生产者还可能限制零售门店的数量。选择性分销可适用于诸如服装、电器、电视机、音响设备、家具和体育设备等产品。

（3）独家分销。当单个门店被授予在某个地理区域销售产品的独家特许权时，这种安排被称为独家分销，如特种汽车、某些重要的电器、某些品牌的家具以及某些系列的服装等享有很高品牌忠诚度的产品，很有可能以独家专卖的方式分销。当客户愿意克服距离的不便以获得该商品时，这种方式就显得尤其正确。通常，当制造商希望批发商或零售商能更积极地销售或者当渠道控制十分重要时，制造商就会采取独家分销的方式。独家分销可以加强产品的形象，并且使企业能够获得更高的零售价格。

有时候，为了向一家以上的零售商或分销商提供独家分销，制造商会采用多个品牌。相对于零售层次，独家分销更频繁地发生在批发层次上。一般来讲，独家分销适合于直接渠道（从制造商到零售商），密集分销则更可能涉及拥有两个或更多中间商的非直接渠道。

3. 供应链结构

有了客户需求和确定的分销类型，管理层必须为供应链的进货和发货部分选择供应链成员。选择供应链成员时应考虑的因素包括：

（1）财务实力；

（2）能力；

（3）连接过程的能力；

（4）业务成长的能力；

（5）供应链竞争力。

在许多情况下，企业可能需要对供应链的其他成员施加某种控制，以确保产品质量或售后服务。对这种控制需求的原因在于管理层希望保护企业的长期盈利能力。

（三）产品特性

产品特性是供应链设计中的一个主要考虑事项。设计者应该区分以下九类产品特性。

1. 产品的价值

单位成本很高的产品要求大量的库存投资。因此，高价值产品特别要求更短的供应链（更少的成员）以便库存总投资最小化。除非销售量很高，否则，当单位价值较低时，供应链趋向于变得更长。一般来讲，密集分销适用于低价值产品。

产品的价值还会影响库存持有成本以及对优质运输的需求。低价值、低利润的杂货产品可用铁路车皮发送，储存在户外的仓库里。高价值的零部件和产品，如特别时尚的商品可通过空运来运输，使在途库存最小化，并降低库存持有成本和降价损失。

2. 产品的技术性

高技术类产品通常需要由销售员做示范，还需要售前和售后服务，这经常要求储存维修备件。技术类产品包括如家用电脑、高价立体声系统、昂贵的照相机和视频设备、进口赛车以及多种工业产品等。一般来讲，这些类型的产品采用直接渠道和选择性或独家分销策略。

3. 产品的市场接受程度

市场接受程度取决于所需投入的销售工作量。如果一个领先的制造商提供一种新产品并策划了重大的推介广告，客户接受度将会很高，而且中间商会希望持有该产品。因此，市场接受度很低和品牌认知度很低的新产品就要求进行更加积极的推销。

4. 产品的替代性

产品替代性和品牌忠诚度密切相关。当品牌忠诚度很低时，产品替代是很有可能的，并且要求采用密集分销的形式。为了获得批发商或零售商的支持，生产者可能会为批发商或零售商提供高于正常的利润。选择性或独家分销会使产品更易获得支持。

5. 产品的大小

通常，价值低、重量大的产品被局限在靠近原产地的市场。这些产品经常要求特殊的产品处理技巧。如果是重量低、体积小，那就可以将更多件数的产品装进一辆卡车、火车车皮或集装箱里发运，由此减少了每件产品的运输成本。用罐装车将橙汁浓缩液从南方运送到北方市场以供包装，是将产品移到靠近消费地以克服价值和重量大小局限的例子。

6. 产品的易变质性

易变质性是指物质的变质，或者指由于改变客户购买模式或技术改变而造成的产品过期。易变质的产品通常采用直接的方式销售，以使产品更加快速地通过供应链，并减少潜在的库存损失。

7. 产品的市场集中度

当市场集中在一个地理区域时，短的供应链是最高效和有效率的方法。不过，当市场广为分散时，采用特定的中间商是必需的；它们能够通过大批量移动的效率而获利。因为市场广为分散，许多食品加工公司使用代理人来推销产品。这个因素也同样解释了集中代理商的存在，如货运代理公司和当地的货车运输企业，将小批量发货汇集成整卡车或整车皮以运到遥远的地点。

8. 产品的季节性

如果适用的话，季节性应当加以考虑。有些产品，销售量在一年的某个时候会达到高峰（如春节的鞭炮、春联销售）。在其他情况下，如新鲜水果和蔬菜等原材料可能只在特定的时间可以提供。这两种情况都要求季节外的库存。制造商必须投资仓库，或使用第三方的仓库，或向执行储存职能的中间商提供激励措施。例如，制造商也许会向同意提早进货的批发商或零售商提供季节性折扣或寄售库存。

9. 产品系列的宽度和深度

供应链产品系列的宽度和深度影响供应链的设计。如果产品系列的宽度大到足够导致比较大的平均销售量的话，那么，低单价产品的制造商可以使用直接销售的密集分销方式。通常，只有有限系列产品的制造商会通过批发商，以合理的成本实现充分的市场覆盖率。

（三）客户服务目标

客户服务代表营销组合中的地点要素。客户服务可以用来区分产品或影响市场价格——如果客户愿意为更好的服务付出更多。供应链的结构将会决定提供某个特定客户服务水平的成本。客户服务是一个复杂的课题，管理人员应该在仔细研究客户需求后再建立客户服务水平。

1. 产品的可供性

客户服务最为重要的衡量指标是在一个特定订货周期内的库存可供性。可供性的一个共同的衡量指标是在一个特定时期内完整发运的订单数量与收到的总订单数的百分比。所选择的衡量指标应该反映客户对客户服务的观点。最佳的客户服务衡量指标反映了产品对客户的重要性和客户对公司的重要性。

2. 客户订货周期的速度和一致性

订货周期是从客户订单下达和产品收到所经历的时间。一致地实现订单周期时间目标的能力影响着整个供应链所持有的库存数量。因此，订货周期的速度和一致性是供应链设计的重要因素。大多数客户喜欢一致的服务而不是快速服务，因为前者与快速但高变动性的订货周期相比，允许他们在更大程度上规划库存水平。

3. 销售方和客户之间的信息沟通

信息沟通是指企业向客户及时提供信息的能力，包括下列因素：订单状态、订单追踪、延期订单状态、订单确认、产品替换、产品短缺以及产品信息需求。使用自动化的信息系统通常极少引起发货、拣货、包装、贴标和文件方面的差错。供应链成员提供良好的信息系统的能力是供应链设计中的一个重要因素。

（四）物流系统设计与运行环境的因素

1. 物流系统的设计

物流系统是指供应链的物流通道。物流系统的设计也称通道设计，是供应链设计中最主要的工作之一，其含义是指原材料、外购件、产品从"采购入厂→存储→投料→加工制造→装配→运输→分销→零售"等一系列物流过程的设计。设计合理的物流通道对核心企业降低库存、减少成本、缩短提前期、实施准时生产与供销、提高供应链的整体运作效率是非常重要的。但是我们应该清楚的是供应链设计不等同于物流系统的设计，内部供应链设计是企业工作模型的设计、扩展供应链的设计是动态虚拟企业模型的设计，它既包括物流系统，又包括信息流、作业流以及价值流和服务体系的建设。在供应链的设计中应该充分发挥创造性的管理思维，把供应链的整体设计构想融入物流的设计构思中，对于企业之间并行运作模式的体现通过物流系统的并行流程设计来实现，这是供应链设计中并行工程思想的重要体现。

2. 运行环境的因素

经过精心设计的供应链在实际环境中运行时，并不一定能达到理想的运行效果，现实的运行环境因素造成了主观设想与实际效果的差距。因此在构建和设计一个供应链时，我们一方面要考虑供应链的运行环境，如地区、政治、文化、经济、人文、法律等因素，另一方面还需要考虑未来环境的变化对供应链运行可能产生的影响。因此，设计供应链时，我们要用发展的眼光来看各方面的要素，无论是信息技术平台的构建还是物流通道的设计都应具有一定的柔性，以提高供应链对环境变化的适应能力。

（五）业务流程再造（BPR）与现代生产模式的作用

1. BPR 的作用

从企业运营管理的角度来看，供应链设计是一个企业业务和管理流程设计改造的工程。供应链设计在任何企业中或多或少地都进行着。对企业供应链的设计改造并不是要推翻企业现有的各类流程和模型，而是从现代企业管理思想应用的角度、从企业适应市场变化的角度来武装企业，如建立动态联盟的虚拟企业、采用精细生产的管理模式等。这种基于进化论的企业流程改造的理念是符合社会演进式发展趋势的。所以不管业务流程再造（BPR）的提出者、美国管理学大师哈默和钱皮如何再三强调其彻底的、戏剧性的企业改造理念，实施 BPR 的企业最终还是遵循循序渐进的改造方法。所谓无源之水、无本之木的企业再造是难以创造显著的变革成果的，因此我们在进行供应链的设计时，需要新的观念、新的思维和新的手段，这是我们供应链设计工作中必须明确的内容。

2. 现代生产模式的作用

供应链设计既是指从现代企业管理科学的角度去设计核心企业的供应链，同时又是指从先进的生产制造模式的客观变化和要求的角度推进供应链设计。扩展供应链思想是伴随着世界生产制造模式的发展而形成的。正是由于世界生产模式的资源配置从劳动密集、设备密集向信息密集、知识密集方向发展，才使得企业的组织模式和管理模式发生了现在这样的变化；从生产环节的技术集成演变为企业组织和信息等相关资源的集成，所以供应链管理应该适应现在这种趋势。因此，在设计供应链时应该把握这种内在的集成关系，使供应链模式适应于现代企业发展所需的管理形式。

（六）供应链合作伙伴的关系

供应链战略合作伙伴关系形成于扩展供应链管理环境下，是供应链中为了实现共同目标和利益的企业所建立的联系。这种关系的形成通常是为了降低供应链的总成本、库存水平以及增强信息共享、改善合作伙伴之间的交流、保持伙伴间操作的同步性，以实现供应链节点企业的财务状况、质量、交货期、用户满意度和业绩的改善和提高。比如，生产商与供应商、买主与卖主、供应商与供应商之间的关系都是合作伙伴的关系。显然，战略合作伙伴必然要求一定时期的信息共享、利益共存、风险共担，强调彼此间的合作和信任。

设计供应链，首先要弄清与各类合作伙伴之间的合作关系，也就是说怎样才能共同研发出有前景的新产品和新技术、如何才能更好地实现彼此间的数据和信息交换、怎么才能共享市场机会并共担风险等。其次是要在供应链合作关系环境下，如何选择在服务、技术革新、产品设计、市场运作、采购运输等方面有特长和优势的良好合作伙伴。再次要考虑与合作伙伴签订什么样内容的合作协议，从法律的角度规范合作关系，从企业发展战略的角度建立不同级别的合作关系。

供应链合作伙伴关系的建立可以帮助核心企业掌握供应商为企业生产、经营提供多少数量、怎样价格的生产要素；了解分销网络的市场推动能力和细分市场的容量等，把核心企业与合作伙伴的需求和技术集成在一起，以实现为核心企业提供最有用产品这样一个共同的目标。因此，合作伙伴交换的不仅仅是物质，还包括一系列可见和不可见的服务和思想理念。

从国内外诸多的研究文献中，我们可以清楚地看到，对供应链模式的认识，更多的时候是对企业间"战略伙伴关系"的认识，把这种基于新型企业关系和传统企业关系的管理模式区别开来，也是近年来企业关系发展的新动向。

速度是核心企业赢得竞争的关键所在，供应链中良好的合作伙伴关系加快了生产运作的速度，缩短了供应链的总周期，降低了成本，提高了质量。而这一切主要依靠缩短采购时间、内部运输时间、外部运输时间和设计制造时间等，因此建立加强供应链合作伙伴关系的意义非常重大，但是供应链中仍然存在着许多潜在的风险，会影响供应链战略合作伙伴的关系。例如，核心企业过分地依赖于一个合作伙伴，则可能在合作伙伴不能满足其期望要求时造成惨重损失，同时，企业也可能因为对战略合作关系的失控，或者过于自信以及合作伙伴的过于专业化等原因降低竞争力，由此造成了企业可能过高地估计供应链战略合作关系的利益而忽视了潜在的缺陷。所以，企业选择合作伙伴时，必须对传统合作关系和战略合作关系策略做出正确对比，再做出最后的选择决策。因此，在设计核心企业的供应链时要理清合作伙伴之间的合作关系。

（七）供应链信息技术支撑体系

随着全球经济不确定性的增大、市场竞争的日益加剧、消费者需求个性化的不断增强等变化，当今世界已经由以机器和原材料为特征的工业经济时代进入了以网络信息为主要工具、知识创新为特征的新经济时代。在这种形式下，企业原有的组织与管理模式已经越来越不能适应激烈的市场竞争，为此，企业开始了探索能够提高其竞争力的新型管理模式的艰苦历程。

在知识经济社会，信息已成为企业生存和发展的最重要资源。企业作为一个多层次、多部门的结构，信息是企业各部门和成员间密切配合、协同工作的"黏合剂"。为了实现企业的目标，必须通过信息的不断传递，一方面实现纵向的上下沟通交流，把不同层次的经济行为协调起来；另一方面实现横向的交流传递，把各部门、各岗位的经济行为协调起来，通过信息技术和信息系统工具处理人、财、物和产、供、销之间的复杂关系。因此，企业本身存在一个信息集成的问题。供应链作为一种"扩展"的虚拟企业，其信息流动和获取方式不同于单个企业的情况。在一个由信息系统组成的信息社会里，各种各样的企业在发展的过程中互相依赖，形成了一个"企业生态环境"。供应链就是这个"生态系统"中的"食物链"。核心企业通过网络从内外两个信息源中收集和传播信息，捕捉最能创造价值的经营方式、技术和方法，创建网状供应链中企业的运作模式。通常，这种运作模式下的企业信息系统和传统的企业信息系统是有所区别的，需要新的企业组织模式和运作策略。因此，研究设计核心企业的供应链运作模式，需要考虑企业以及供应链可依赖的信息系统结构，建立面向供应链管理的新的供应链信息系统平台，这是实现供应链及其管理的前提和保证。

供应链信息技术支撑体系的建立需要考虑以下几个方面的问题：

（1）建立统一的业务标准；

（2）建立统一的信息描述规则和结构；

（3）定义、设计和实施供应链信息系统平台的方法；

（4）供应链上各类信息的集成方法；

（5）供应链信息系统平台运用的技术和方法；

（6）关键业务考核指标体系。

信息管理对于任何供应链及其管理都是必需的，如供应链合作伙伴之间数据传输的主要方式有手工、半自动化（如电子邮件）、自动化（如电子数据交换）三种。利用先进的信息技术可以快速获得信息，提供更好的用户服务，以及提高对供应链企业运行状况的跟踪能力，直至提高供应链企业整体竞争优势。在企业建立快速反应策略，使企业能更好地面对竞争激烈、快速变化、不确定因素增多的市场环境方面，信息技术担任了不可替代的角色。

信息技术奠定了信息时代发展的基础，同时现代信息技术又促进了信息时代的到来。它的发展以及全球网络的兴起，把全球的经济、文化及其他方面都联系在一起。任何一个新的技术、新的产品、新的思想都可以通过网络信息技术及时传遍全球各个角落。核心企业供应链只有充分利用信息技术支持平台，才可能将全球可利用的资源优势聚集起来，共同实现市场需求。因此，基于网络信息技术的信息系统平台建设是供应链设计工程中首先要考虑的要素。

三、供应链设计的策略与方法

（一）供应链设计原则

在供应链的设计过程中，应遵循一些基本的原则，以保证供应链的设计能够满足供应链管理思想得以实施和贯彻的要求。

1. 自顶向下和自底向上相结合的设计原则

在系统建模设计方法中，存在两种设计方法，即自顶向下和自底向上的方法。自顶向下的方法是从全局走向局部的方法，自底向上的方法是从局部走向全局的方法；自上而下是系统分解的过程，而自下而上则是一种集成的过程。在设计一个供应链系统时，往往是先有主管高层做出战略规划与决策，规划与决策的依据来自市场需求和企业发展规划，然后由下层部门实施决策，因此供应链的设计是自顶向下和自底向上的综合。

2. 简洁性原则

为了能使供应链具有灵活快速响应市场的能力，供应链的每个节点都应是简洁的、具有活力的、能实现业务流程的快速组合。比如供应商的选择就应以少而精的原则，通过和少数的供应商建立战略伙伴关系，有利于减少采购成本，推动实施即时采购和准时生产。

3. 集优化原则

集优化原则也称互补性原则。在选择核心企业供应链上节点企业的过程中，应该遵循强强联合的选择原则，充分实现最大限度地利用外部资源的目的，使每个节点企业集中精力致力于其核心业务的发展，就如同企业内部一个独立的作业单元。这些独立的单元化企业具有自我组织、简单优化、面向目标、动态联合、动态运行、活力充沛的特点，它们能够快速联合其他单元企业，有效反应客户需求，从而实现供应链业务的快速运行。

4. 协调性原则

建立战略伙伴关系的合作企业关系模型是实现供应链最佳效能的保证，只有和谐而协调的系统才能发挥最佳的效能。

5. 动态性原则

由于供应链不确定性的存在，导致需求信息的扭曲。因此要预见各种不确定因素对供应链运作的影响，及时调整以减少信息传递过程中的信息延迟和失真。降低安全库存总是和服务水平的提高相矛盾，增加透明性，减少不必要的中间环节，提高预测的精度和时效性对降低不确定性的影响都是极为重要的。

6. 创新性原则

创新就要敢于打破各种陈旧的思维框框，用新的角度、新的视野审视原有的管理模式和体系，大胆地进行创新设计。不过要注意，首先创新必须在企业总体目标和战略的指导下进行，并与战略目标保持一致；其次创新要从市场需求的角度出发，综合运用企业的能力和优势；再次要发挥企业各类人员的创造性，集思广益，并与其他企业共同协作，发挥供应链整体优势；最后是建立科学的供应链和项目评价体系及组织管理系统，进行技术经济分析和可行性论证。

7. 战略性原则

供应链设计的战略性原则除了减少供应链的不确定性以外，还在于供应链发展的长远规划和预见性，供应链的系统结构发展应和企业的战略规划保持一致，并在企业战略指导下进行。

（二）供应链设计策略

设计和运行一个有效的供应链对于每一个制造企业都是至关重要的，因为它可以获得提高用户服务水平、达到成本和服务之间的有效平衡、提高企业竞争力、提高柔性、渗透新的市场、通过降低库存提高工作效率等好处。怎样将制造商、供应商和分销商有机地集成起来，使之成为相互关联的整体，是供应链管理系统设计要解决的主要问题。其中与供应链管理联系最密切的是关于系统设计时间问题。就传统而言，有关生产系统设计主要考虑的是制造企业的内部环境，侧重点在生产系统的可制造性、质量、效率、生产率、可服务性等方面，对企业外部因素研究考虑较少。在供应链管理的影响下，对产品制造过程的影响不仅要考虑企业内部因素的影响，而且还要考虑供应链对产品成本和服务的影响。供应链管理的出现，扩大了原有的企业生产系统设计范畴，把影响生产系统运行的因素延伸到了企业外部，与供应链上的所有企业都联系起来，因而供应链管理系统设计就成为构造企业系统的一个重要方面。但是供应链也可能因为设计不当而导致浪费和失败。供应链的设计首先要明白用户对企业产品的需求是什么，产品寿命周期、需求预测、产品多样性、提前期和服务的市场标准等都是影响供应链设计的重要问题。在供应链系统选型的过程中，以下几个问题必须考虑。

（1）供应链的预评估。要对设想或者已有的供应链进行预评估。评估供应链地位，这包括自身在行业中的定位，分析自身控制能力和对供应链的控制能力；分析自身的影响能力和对供应链甚至行业的影响力等。评估供应链价值，选择供应链路径，分析供应链网络中的哪种路径更加增值，是分销代理、直销、网上店面还是零售和批发？供应链管理基本策略是什么？采购是广泛多次招标竞价还是建立供应商合作关系？合作关系亲密还是简单？评估供应链伙伴，不但要对供应商伙伴交易历史、行业排名、互惠协议、发展潜力等进行外观评审，还要对其组织、财务、计划、企业管理、采购、外包等进行内部评审。

（2）明确业务活动。主要关注业务中各种流的主要特征和存在的问题。

（3）运用分析手段对供应链管理系统进行选型。

（4）基于方案之上的约束控制也是一个重要方面，以便指引用户到最具有生产价值的部位投入人力、物力。流程管理和有理性的约束必须兼并考虑。

（5）供应链软件必须能满足管理和分摊需求、工艺流程优化需求，并且具有评价现行工作流程性能的功能，而且能描述模拟物流中的约束状况。软件还必须能快速反映业务变化特别是对于那些供应提前期较长的情况。这里重要的是必须设计出与产品特性一致的基于成本核算的供应链，也就是所谓的基于产品的供应链设计策略。

（三）供应链设计方法

1. 并行工程设计方法

供应链管理设计是一个复杂的工作过程，需要相关组织交互作用，反馈交流信息，所以应当贯穿并行工程（Concurrent Engineering，CE）的思想方法，以达到缩短设计时间、提高设计质量和有利于实际运作的目的。1988年美国国家防御分析研究所完整地提出了并行工程的概念。所谓并行工程就是集成地、并行地设计产品及其相关过程（包括制造过程和支持过程）的系统方法。这种方法要求产品开发人员在一开始就考虑产品整个生命周期中从概念形成到产品报废的所有因素，包括质量、成本、进度计划和用户要求。并行工程作为一种工程方法论和管理思想方法，也可以引入供应链管理系统设计过程。并行工程通过组成多学科产品开发队伍、改进产品开发流程、利用各种计算机辅助工具等手段，使产品开发的早期阶段能及早考虑下游的各种因素，达到缩短产品开发周期，提高产品质量，降低产品成本，从而增强企业竞争能力的目标。并行工程的目标：提高质量、降低成本、缩短产品开发周期和产品上市时间。并行工程在实现上述目标中，主要通过设计质量的改进使早期生产中工程变更次数减少50%以上；通过产品设计及其相关过程并行使产品开发周期缩短40%～60%；通过产品设计及其制造过程一体化使制造成本降低30%～40%。

（1）并行工程已从理论向实用化方向发展，越来越多的国际知名企业通过实施并行工程取得了显著的效益。企业在市场经济的大环境下要想获得参与世界竞争的机会，必须增强自身的产品、服务系统的开发能力，采用并行工程方法是一个非常重要的选择。

（2）并行工程的核心问题是产品开发过程中的管理与技术的集成。即集成产品开发团队以改进的流程为核心，通过应用数字化产品模型、产品数据管理等，在产品—服务开发早期综合考虑产品——服务生命周期中的各种因素，力争从设计到制造的一次成功。

（3）并行工程成功实施的最关键因素是企业领导的高度重视，积极参与。包括授权给集成产品开发团队对所设计对象负责，在人力、财物上予以支持，投资建立协同工作环境及必要的支持工具等。

2. 并行工程用于供应链管理设计的要点

传统的物流系统开发模式为功能部门制，信息共享存在障碍；串行的流程，设计早期不能全面考虑物流全过程中的各种因素。全球化大市场的形成，要求企业必须提高产品开发能力、增强市场开拓能力，但传统的物流系统开发与运作模式已不能满足激烈的市场竞争的要求，因而提出利用并行工程的思想和方法。并行工程是一种企业组织、管理和运行的先进设计、构造模式；是采用多学科团队和并行过程的集成化供应链管理系统开发模式。因此利用并行工程将对提高供应链管理，包括产品—服务开发能力、增强其竞争力具有深远的意义。其关键技术包括以下几方面。

（1）并行工程方法用于供应链管理系统开发过程的建模、仿真与优化。利用并行工程与传统生产方式的本质区别在于它把供应链管理系统开发的各个活动作为一个集成的、并行的供应链开发过程，强调下游环节在供应链系统开发早期的参与设计过程；对系统开发过程进行管理和控制，不断改善供应链管理系统开发过程。

（2）并行工程的集成供应链系统开发团队。供应链系统开发由传统的部门制或专业组变成以供应链商流、物流、信息流和资金流为主线的多功能集成供应链研发团队。

（3）并行工程协同工作环境。在并行工程供应链研发模式下，供应链研发是由分布在异地企业的采用不同计算机软件工作的多学科小组完成的。多学科小组之间及多学科小组内部各组成人员之间存在着大量相互依赖的关系，并行工程协同工作环境支持集成供应链研发团队的异地协同工作。协调系统用于各类设计人员协调和修改设计，传递设计信息，以便做出有效的群体决策，解决各小组间的矛盾。利用并行工程进行供应链管理设计，是借用其方法论站在供应链管理设计、运行全过程的高度，打破传统的组织结构、行业结构带来的部门分割、体制分割、系统封闭的观念，强调供应链参与者集团群协同工作的效应，重构供应链管理过程，在供应链设计的早期阶段就考虑到其后期发展的所有因素，以提高供应链管理设计、运作的一次成功率，从而大大缩短供应链开发周期、降低成本，增强企业及其所在供应链的竞争能力。

（四）供应链的改进设计

当今市场成功赢家的特征之一是对供应链末端顾客的需求形成快速反应。为了扩大供应链的竞争优势、对工业过程关系进行再思考，要求供应链中所有成员密切合作，对供应链改进设计。面对供应链复杂的环节组合，依传统管理模式习惯于把链条断开，对每个环节进行局部优化。这种做法认为：对任何一个环节的改进就是对整个链条的改进；供应链的整体改进等于各个分环节的改进之和；对供应链管理水平以链条的"重量"来衡量，即各环节的管理人员加强了自己的环节，就增加了链条的重量，管理人员的经营业绩也就越突出。采用这种管理模式的结果是，每个部门的管理人员都在同时争夺供应链的资源，都想使自己环节的重量最大化，因为他们相信这样做是使整个系统的有效性最大化的途径。而实际结果往往是"1＋1＜2"，而不是"1＋1＝2"，事与愿违。因此当今有许多大公司运用约束理论对自身供应链进行改进和再设计。

1. 约束理论的含义

约束理论（Theory of Constraints，TOC）又称为约束管理（Constraint Management）。约束理论（TOC）是在优化生产技术（OPT）的基础上发展而来。瓶颈（Bottlenecks）与非瓶颈（Non-Bottlenecks）资源是优化生产技术的主要概念。制造资源通常指的是生产产品所需的全部资源，如机器、工人、厂房和其他固定资产等。TOC 在20 世纪 90 年代逐渐形成更加成熟完善的体系。

约束理论认为，任何系统至少存在着一个约束，否则它就可能有无限的产出。因此要提高一个系统（任何企业、组织或供应链均可视为一个系统）的产出，必须要打破系统的约束。企业、组织或供应链系统可以想象成一条环与环相扣的链条，供应链系统的强度就取决于其最弱的一环，而不是最强的一环。

2. 利用约束理论的主要步骤

TOC 告诉人们如何通过逻辑的程序，系统地指出问题的核心所在，再依此建构一个完整的方案，并消除可能产生的负面效应，制定出导入和行动的方案。这个五大核心步骤可以让人们有能力以逻辑和系统的方式回答任何想做持续改善时必会问的三个问题：

（1）要改进什么？

（2）要改进成什么？

（3）怎样使改进得以实现？

这三个问题可以应用到包括生产、分销、项目管理、公司战略的制定、沟通、授权、团队建设等各式各样的题目上。TOC方法强调决策沟通与团体协作，体现了"抓住重点，以点带面"的管理思想。

（1）找出系统中存在哪些约束。产销率是指在一定时期内已销售出去的产品（S）和已生产的产品数量（P）的比值（S/P）。企业要增加产销率，一般会在这几方面想办法：原料，即增加生产过程的原材料投入；能力，如果由于某种生产资源的不足而导致市场需求无法满足，就要考虑增加这种资源；市场，如果由于市场需求不足而导致市场能力过剩，就要考虑开拓市场需求；政策，找出企业内部和外部约束产销率的各种政策规定。

（2）寻找突破约束的办法。要给出约束所提出的种种问题的具体解决办法，从而实现产销率的增加。例如，若某种原材料是约束，就要设法确保原材料的及时供应和充分利用；若市场需求是约束，就要给出进一步扩大市场需求的具体办法；若某种内部市场资源是约束，就意味着要采取一系列措施来保证这个环节始终高效率生产。当要突破供应链某环节瓶颈资源利用率不高这个约束时，要采取设置时间缓冲、在制品缓冲方式，或采用研究其他方式进行改进。

（3）所有其他活动服从于突破约束的各种措施。只有所有其他活动服从于突破约束的各种措施，才可以实现系统其他部分与约束部分同步，从而能够充分利用约束部分的生产能力。正是这一点，使得TOC不单单是一种制造理念，而是一种管理理念或经营理念，可以应用于营销、采购、生产、财务等企业经营各方面的协调。以一个供应链生产过程内部协调为例，如果流水线上的一台机器是约束，那么可以在适当的地方设置时间缓冲，来保证流水线上其他生产环节对这台机器的供给能够满足这台机器的生产需要，即要按照约束环节的生产节拍来协调整个供应链生产流程的工作。如果在那些非约束环节追求100％的利用率的话，将给企业带来的不是利润，而是供应链上的在制品、约束环节更多的等待时间和其他种种浪费。

（4）解除约束。具体实施提出的解除约束措施，要使所找出的约束环节不再是供应链企业的约束。例如，供应链制造厂的一台机器是约束，就要缩短设备调整和操作时间，改进流程，采用加班，增加操作人员，增加机器等手段、措施。

（5）谨防人的惰性成为系统的约束。当突破一个约束以后，一定要重新回到第一步，开始新的循环。就像一根链条一样，改进了其中最薄弱的一节，但又会有下一节成为最薄弱的。"今天的解决方案就是明天的问题所在"，为了突破这个约束采取一些很好的措施，可一旦约束转移到其他环节，这些措施对于新的约束可能是无能为力的。所以，约束总是存在，只是这个约束和那个约束的不同。供应链企业可以通过TOC方法利用和控制约束，而不是反过来被约束所控制。

3. 利用约束理论对供应链改进

供应链是一个网链结构，改进供应链必须找出供应链结构中的薄弱环节。若想达成供应链预期的目标，必须从供应链最弱的一环，也就是从瓶颈（或约束）的一环下手，才可得到显著的改善。换句话说，如果这个约束决定一个供应链企业或组织达成目标的速率，从克服该约束着手，才可以更快速的步伐在短时间内显著地提高系统的产出。

众所周知，现实中没有一个系统可以有无限的产出。从原料供应、产品制造到成品分销，或是从生产到研发，或是营销、分销业务可否接到更多客户的订单，在整个供应链上的任何一环都可能成为下一个最薄弱的环。有的约束是在供应链企业内部的约束，有的是市场或外在环境的约束称之为供应链企业外部的约束。因此，改进供应链需要不断地探讨：下一个约束在哪里？应该如何克服这个新的约束？

TOC 理论认为，管理者需要找出供应链管理链条的最薄弱一环。这就是只有对真正的薄弱环节进行改造才能真正增加企业的利润。这种思想可以归结为：

（1）对供应链大多数环节所进行的大多数改进是对整个链条无益的。

（2）供应链系统的整体改进不等于各个分环节的改进之和。

（3）供应链企业的经营业绩应该以供应链结构的"力量"而不是"重量"来衡量，这就需要通过加强最薄弱环节来实现。

TOC 在供应链管理中的应用可以避免供应链企业内部各部门进行资源争夺。因为，一旦识别出企业的"约束"即供应链最薄弱的一环，那么企业的资源就应该用在改进这个环节的约束上。

第四节　供应链管理的策略

一、快速反应与有效客户反应战略

20 世纪 80 年代以来，随着信息技术和通信技术的发展以及人们对供应链管理战略理解的深入，伴随着全球化市场的形成，供应链管理受到前所未有的重视，新的供应链管理策略不断出现。快速反应（Quick Response，QR）与有效客户反应（Efficient Consumer Response，ECR）战略在供应链内部整合的基础上，通过信息技术和改善合作伙伴关系重组供应链流程，使订货提前期和成本极小化，进入到针对外部环境的变化而不断实施供应链流程再造的阶段，进而发展到整个企业供应链网络的集成。

（一）QR 产生的背景及含义

QR 是美国纺织与服装行业发展起来的一种供应链管理策略。20 世纪六七十年代，美国的纺织行业出现了大幅度萎缩的趋势，纺织品进口大幅度上升，到 20 世纪 80 年代，进口产品几乎占据美国纺织品市场的 40%。

1984 年美国 84 家大型企业结成"爱国货运动协会"，该协会在积极宣传美国产品的同时，委托托克·特萨尔蒙公司调查研究提升美国纤维产业竞争力的方法。研究报告表明，美国纤维业的主要问题是，尽管在整个产业链的某些环节存在生产效率较高的现象，但是整个产业链的效率却非常低。从原材料到消费者购买，总时间为 66 周，这样长的供应链不仅各种费用大，更重要的是，建立在不精确需求预测上的生产和分销因数量过多或过少造成的损失非常大。于是纤维、纺织、服装以及零售业开始寻找那些在供应链上导致高成本的活动，发现供应链的长度是影响其高效运作的主要因素。

随着社会经济的发展，人们的生活水平快速提高，个性化的消费倾向凸显出来，服装行业的表现尤为突出：市场竞争更加激烈，客户需求复杂而变化频繁，依赖于对客户需求快速做出反应。在此背景下，根据用户需求，快速反应的战略应运而生。

QR就是为了实现共同的目标，零售商、制造商和供应商之间相互配合，以最快的方式、在适当的时间与地点为消费者提供适当的产品和服务，即以最快的速度、最好地满足消费者需要。

(二) ECR 产生的背景及含义

ECR的产生可归结于20世纪商业竞争的加剧和信息技术的发展。20世纪80年代特别是到了90年代以后，美国日杂百货业零售商和生产厂家的交易关系由生产厂家占据支配地位，转换为零售商占主导地位。在供应链内部，零售商和生产厂家为取得供应链主导权，为商家品牌（PB）和厂家品牌（NB）占据零售店铺货架空间的份额展开激烈的竞争，使得供应链各个环节间的成本不断转移，供应链整体成本上升。

从零售商的角度来看，新的零售业态如仓储商店、折扣店大量涌现，日杂百货业的竞争更趋激烈，他们开始寻找新的管理方法。从生产商角度来看，为了获得销售渠道，直接或间接降价，牺牲了厂家自身利益。生产商希望与零售商结成更为紧密的联盟，以实现双赢。从消费者的角度来看，过度竞争将忽视消费者高质量、新鲜、服务好和价格合理等需求。许多企业通过诱导型广告和促销来吸引消费者转移品牌。可见ECR产生的背景是要求从消费者的需求出发，提供满足消费者需求的商品和服务。

由于这些因素的影响，美国食品市场营销协会联合COCA-COLA、P&G等几家公司对供应链进行调查、总结、分析，得到改进供应链管理的详细报告，提出了ECR的概念体系，被零售商和制造商采用，广泛应用于实践。

ECR是以满足顾客要求和最大限度降低物流费用为原则，能及时做出准确反应，使提供的物品供应和服务流程达到最佳化的一种供应链管理策略。ECR通过生产厂家、批发商和零售商等供应链组成各方相互协调和合作，实现以更好、更快、成本更低的服务满足消费者需要的目的。

(三) QR 与 ECR 的特征

1. QR 的特征

快速反应采用的技术主要有条形码、POS扫描、EDI运输包装标识、自动补货系统、供应商管理库存（VMI）和联合产品开发等。快速反应以制造商和零售商建立战略合作伙伴关系为前提，关键是相互信任、相互沟通、共享信息，但不是所有的贸易伙伴都能变成战略合作伙伴。战略合作伙伴需要具备以下条件：

（1）关注顾客需要；

（2）行业领先性；

（3）长远观点和目标一致性；

（4）资源投入程度高；

（5）学习能力强。

快速反应策略的实施过程，就是业务流程重组、供应链再造的过程。快速反应首先要求打破企业内部的组织障碍，实现内部经营业务集成；其次要重塑制造商与零售商的关系，采用先进的管理技术和信息技术实现企业间的业务集成。

2. 实施 ECR 的特征

有效客户反应采用的技术主要有：POS 扫描、电子收货系统、EDI 计算机辅助订货（CAO）、持续补充（CR）、数据库营销、品种管理和直接转运等。ECR 以引入有效商品管理、有效补货、有效促销和有效新产品四大管理方法为显著特征。有效商品管理通过了解顾客购买行为和偏好，将商品范围限制在高销售率的产品上，定期适当调整商品的分配空间，有效地利用店铺空间和店内布局来最大限度地提高商品获利能力。有效补货通过 POS 数据共享、电子数据交换、持续补充和计算机辅助订货将正确的商品在正确的时间，以正确的价格、正确的数量和最有效的配送方式送给消费者，努力降低交货时间和系统成本，从而降低商品售价。

（四）QR 与 ECR 的比较

1. QR 与 ECR 的差异

QR 的主要目标是对客户的需求做出快速反应，以提高零售业中的一般商品和纺织品的设计制造和流通效率。QR 早期的成功使它得到了广泛应用。当前许多大的零售商和供应商都在其经营业务中采用了 QR 的思想和技术。对普通店铺 QR 来说，重点是补货和订货的速度，目的是最大限度地消除缺货，并且只在商品需求时才去采购。

QR 的成功引起了其他行业零售商的注意，1993 年 1 月美国的食品和超市行业的零售商也提出了类似的战略。ECR 是杂货业供应商和销售商为消除系统中不必要的成本和费用，给客户带来更大的效益而进行密切合作的一种策略。对于食品行业的 ECR 来说，改革的重点是效率和成本。ECR 是由食品和超市行业的零售商提出的战略，由于很多供应商既为普通饭店服务又为超市服务，所以 ECR 的采用比 QR 要快。

QR 主要用于普通商品，ECR 主要用于干货商品，它们重要的差别在于商品的特征，不是商品表面的物理差异，而是指商品的价值、周转率和品种上的本质差异。服装业经营的产品多属创新型产品，QR 所实施的对象是创新型产品，如普通商品（如服装）的单品数量非常多，产品生命周期短、季节性强库存周转慢、存货削价幅度大、毛利高；杂货业和食品行业经营的产品多数是功能性产品，ECR 所实施的对象是功能型产品，如食品的单品数量少，商品单价低、周转快，而且消费者很容易判断店铺的差异，所以超市通常以低毛利有效地经营。由于所处的环境不同，改革的重点也是为了应对不同的挑战。

2. QR 与 ECR 的共同特征

（1）共同的外部变化。实施 QR 和 ECR 的主要行业受到两种重要的外部变化的影响。一是经济增长速度的放慢加速了竞争，因为零售商必须生存并保持客户的忠诚度。二是零售商和供应商之间发生了变化。在引入 QR、ECR 之前，供应商和零售商两者往往缺乏信任感，不能满足客户真正的需求。

（2）共同的威胁。对于零售商来说，威胁主要来自大型综合超市、廉价店、仓储俱乐部和折扣店等新型零售形式，他们采用新的低成本进货渠道。这些新的竞争者把精力集中在每日低价、绝对的净价采购及快速的库存周转等策略上。对于供应商来说，压力来自于自有品牌商品的快速增长，这些商品威胁了他们的市场份额。

（3）共同的目标和策略。以最低的成本向消费者提供他们真正想要的商品，整个系统高效率运行。其都重视供应链的核心业务，对业务进行重新设计，以消除资源的浪费。但 QR 解决的是补货问题，而 ECR 注重的是过量库存问题。

（五）不同供应链 QR 与 ECR 策略的选择

对于功能型产品应当侧重于降低物流成本，采用有效性供应链，实施 ECR 策略。提高商品供应的效率入手，与上游供应商和制造商之间利用现代信息技术建立相互协调的供应模式。零售商总部利用 POS 系统提供的商品销售信息以及对销售量的预测，使用电脑辅助订货系统向供应商订货，并由供应商或区域配送中心向各零售商店提供即时补货，拉动制造商进行产品生产，形成销售和配送的同步运转，共享物流设施和仓库资源，降低配送成本，最大限度地减少生产流通环节可能产生的各种浪费。

对于创新型产品应当侧重于降低商流成本，采用反应性供应链，实施 QR 策略。对于反应性供应链而言，市场的调节成本是绝对重要的，而实物成本是相对次要的。从提高顾客响应的速度出发，与供应链各方建立战略伙伴关系和合作机制，采用 EDI 电子数据交换技术实现供应链各节点企业的分工协作和信息共享，缩短商品的设计和生产周期，实施 JIT 生产方式，进行多品种中小批量生产和高频度小批量配送，降低供应链的库存水平，迅速地满足顾客的个性化和定制化需求，提高整个供应链的反应能力。

二、协同计划预测与补货（CPFR）策略

（一）CPFR 的概念和特点

1. CPFR 的定义

CPFR 是一种协同式的供应链库存管理技术，它能同时降低销售商的存货量，增加供应商的销售量。CPFR 最大的优势在于能及时并准确地预测由各项促销手段或异常变化带来的销售峰期和波动，从而使销售商和供应商都能做好充分的准备，赢得主动权。美国生产与仓储控制联盟（APICS）给 CPFR 下的定义为："供应链中上下游商业伙伴之间，包括从原料的运送到生产、再由生产到成品运送给终端客户，在这一系列关键活动中进行协同行为的过程。协同行为包括商业计划、销售预测以及所有的原材料和成品的供给。"

CPFR 的目的就是通过提高预测准确性努力做到供应链最优化，实现将正确的商品在正确的时间运送到正确的地点，减少供应链过程中的库存，避免缺货，提高客户服务水平。CPFR 采取的这种"win-win"原则，始终从全局的观点出发，制定统一的管理目标以及实施方案，以库存管理为核心，兼顾供应链上其他方面的管理。供应链中只有商业合作伙伴之间紧密合作，交换信息和风险才能实现"win-win"，因此说 CPFR 能在合作伙伴之间实现更加深入的合作。

2. CPFR 的特点

随着科学技术的不断进步、知识的不断积累，CPFR 的功能显得越来越强大和广泛。实际操作中 CPFR 应用一系列处理和技术模型，提供覆盖整个供应链的合作过程，通过共同业务过程和共享信息，来改善销售商和供应商的伙伴关系，提高预测的准确度，最终达到提高供应链效率、降低库存和提高客户满意度的目的。其主要特征和特点表现在如下几个方面。

（1）面向客户需求的合作框架。在 CPFR 结构中，合作伙伴构成的框架及其运行规则，主要基于可获的需求和整个价值链的增值能力。

（2）基于销售预测报告的生产计划。销售商和制造商对市场有着不同的认识。销售商直接接触最终消费者，他们可根据 POS 数据来预测消费者的需求，并反馈给他们的上游供应商，即制造商，而一个销售商同时与若干个制造商联系，同样地，一个制造商也会拥有若干个销售商，他们彼此相互了解各自的计划。根据这些不同，在不泄露各自商业秘密的前提下，销售商和制造商可交换信息和数据，来改善他们的市场预测能力，使最终的预测报告更为准确、可信。供应商节点企业可根据这个预测报告来制订各自的生产计划，从而使供应链的管理得到集成（如图 11-14）。

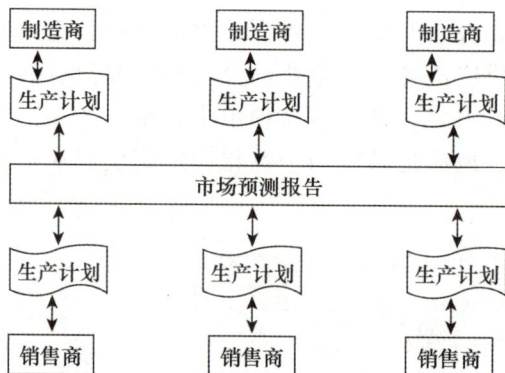

图 11-14 制造商和销售商集成系统模型

（3）供应链中约束的消除。供应过程的约束主要源于企业的生产柔性不够。通常，销售商的订单所规定的交换时间比制造商生产这些产品的时间要短。在这种情况下，制造商不得不保持一定的库存，但是如果能延长订单周期，使之与制造商的生产周期相一致，那么生产商就可以真正做到按订单生产及零库存管理。制造商就可以减少甚至去掉库存，大大提高企业的经济效益。另一个有望解决的限制是贯穿于产品制造、运输及分销等过程的企业间资源的优化调度问题。优化供应链库存和改善客户服务，最终为供应链伙伴带来丰厚的收益。

（二）CPFR 的主要活动

CPFR 主要包括三个活动环节。每个活动环节又包括以下几个内容。

1. 计划

（1）在将要协作的公司间通过谈判，明确详细的责任，并签订合同。

（2）需要考虑开发需求管理和生产计划的联合商业计划。

2. 预测

（1）预测所有参与公司的顾客需求。

（2）辨析并解决参与公司有关需求的任何困难。

（3）为所有参与公司开发可行的销售预测。

3. 补充库存

（1）预测所有参与公司的订单。

（2）辨析并解决参与公司的任何困难。

（3）开发有效的生产和运输计划。

（4）完成实际订单，满足顾客需求。

（三）CPFR 供应链的实施步骤

CPFR 可以划分为如图 11 - 15 所示的九个步骤来实现。

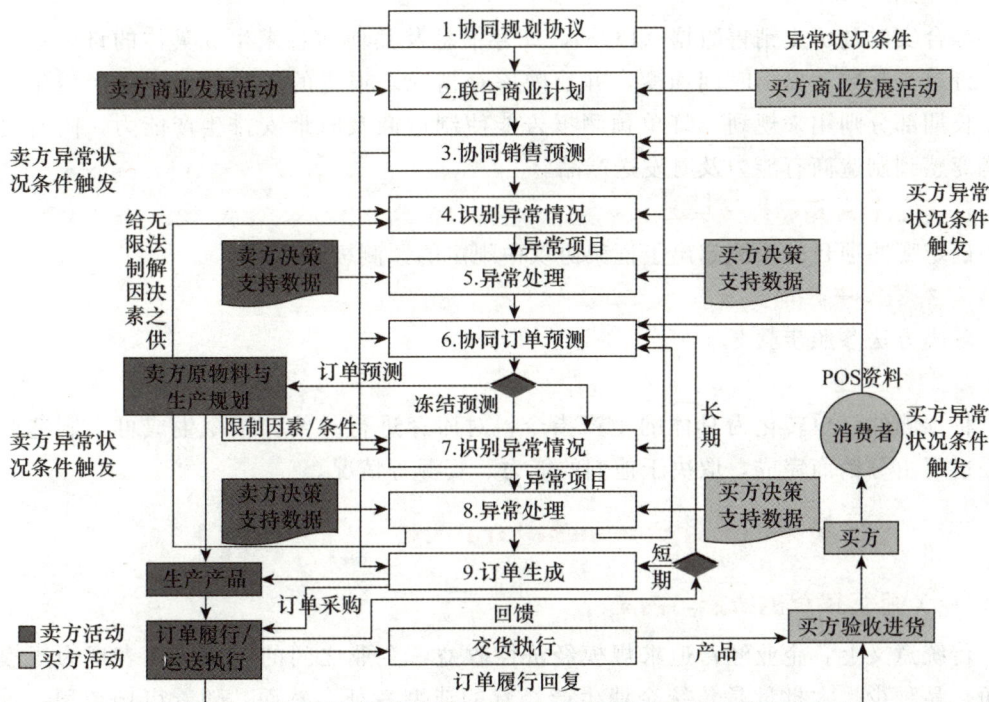

图 11 - 15　CPFR 供应链的实施步骤

1. 拟定协同合作协议

协议的内容主要包括各方的期望值以及为保证成功所需要的行动和资源、合作的目的、保密协议、资源使用的授权等，并明确规定各方的职责、绩效评价的方法，阐明各方为获得最大效益的收益而愿意加强合作以及为实现信息交换和风险共担而承担的义务等。

2. 建立协同合作商业计划

在这一步骤中，销售商和制造商就他们各自的公司发展计划交换信息，以便共同制订商务发展计划：合作方首先要建立战略合作关系，确定好部门责任目标以及策略。

项目管理方面则包括每份订单的最少产品数及倍率、交货提前时间等。此方案是进行以后各种预测的基石，方便了供应链上各部门/组织间的交流和合作。

3. 建立销售预测

销售商或制造商根据实时销售数据、预计的事务等信息来制定销售预测报告，然后将此报告同另一方进行协商，双方也可各提出一份报告进行协商。

4. 确认销售预测异常状况

根据框架协议中规定的异常标准，对预测报告中的每一项目进行审核，最后得到异常项目表。

5. 共同解决异常项目

通过查询共享信息、电子邮件、电话交谈记录、会议记录等来解决异常项目，并对预测报告做出相应变更。这种解决办法不但使预测报告更加准确，减少了风险，而且还加强了合作伙伴间的交流。

6. 建立订单预测

综合实时及历史销售数据（POS）、库存信息及其他信息来生成具体的订单预测报告。订单实际数量要随时间而变，并反映库存情况。报告的短期部分用来产生生产指令，长期部分则用来规划。订单预测报告能使制造商及时地安排生产能力，同时也让销售商感到制造商有能力及时发送产品。

7. 确认订单预测异常状况

确定哪些项目的预测超出了框架协议中规定的预测极限。

8. 共同解决异常信息

解决方法参照步骤5。

9. 订单产生

将预测的订单转化为具体的生产指令，对库存进行补给。指令生成可由制造商完成，也可由分销商完成，取决于他们的能力、资源等情况。

三、延迟策略（Postponement Strategy）

（一）延迟策略的概念与内涵

传统意义上，企业经营追求规模经济性收益，企业之间的竞争往往表现为规模的竞争。品种少、大批量是传统企业生产经营的典型特征。然而，随着市场转型，顾客需求越来越体现出个性化、多元化的特征。在这样的背景下，企业仅依靠备货生产、预测驱动经营运作，已无法有效满足多变的顾客需求，延迟策略应运而生。

所谓延迟策略，是指为降低供应链系统风险，有效满足客户的个性化需求，企业将部分（或全部）生产流程或物流业务推迟到客户下订单之后所进行的一种经营策略。其实质是将顾客导向的生产业务（包括设计、采购、制造、组装/装配等全部或部分生产流程）或物流运作（包括客户化包装、运输、配送、流通加工等）推迟到接到客户订单或明确需求之后。具体可在生产或物流领域，从时间或空间两个维度上实施延迟。

（二）延迟策略的类型

在供应链中，根据延迟顾客需求差别化的决策点（即顾客需求延迟缓冲点）所在的领域（生产领域或流通领域），可将延迟策略划分为生产延迟、物流延迟、完全延迟和形式延迟等几种类型。

1. 生产延迟策略

针对客户的个性化需求，企业往往需要实施生产延迟策略。运用该策略，企业需要将产品的生产加工（制造）活动与流通加工活动从时间或地点上进行合理分离。在工厂的生产加工阶段，应尽量使产品（实质为半成品）处于基型或雏形的状态，例如，未配备操作手册或用户使用说明书及电源插件的通用机、未罐装的果汁饮料等。在明确了需求以后，按照客户的个性化需求对基本产品完成最后的流通加工。有以下两点需要说明。

第一，顾客需求延迟缓冲点发生在供应链业务流程的流通加工阶段。而具体的流通加工活动可以在工厂中进行，也可以在配送中心甚至在零售商处完成，这要视具体情况而定。从理论上讲，产品（实质为半成品）一旦下了生产线，进入成品库，即进入流通领域。像罐装（分装）果汁饮料等客户化包装活动，仍然可以在生产线上进行，只是需要将该业务推迟到客户下订单之后（这样就避免了盲目性）。显然，其生产加工与流通加工活动均发生在同一地点——工厂内。而对于通用机等产品的流通加工活动，则可以在分销中心甚至在零售商处完成。对于前者，完成饮料的分装后，可以采用直接配送或越库配送的方式将最终产品（客户化产品）送达零售商或用户；对于后者，则可实施正常的配送。显然，后者无论从时间还是地点上，生产加工与流通加工均进行了合理分离。

第二，无论从加工对象、加工程度、加工目的，还是加工活动发生的领域来看，生产加工和流通加工都有着本质的区别。

实施生产延迟策略，企业产品的生产过程被分成了两个阶段。在生产加工（制造）阶段，企业可实施规模生产，降低生产成本，获取规模经济性收益；在流通加工阶段，加工业务由订单所驱动，可增加产品的多样性，可有效满足客户的个性化需求，获取范围经济性收益，最终可实现企业与用户的"双赢"。

2. 物流延迟策略

通常，客户的需求既包括对实体产品的需求也包括对物流服务的需求。若客户对实体产品需求的个性化不突出，则企业可采用预测驱动的推式流程。但由于各目标市场上的需求往往不均衡，若企业盲目地将成品库存分拨到目标市场上，大量储存在地区仓库或配送中心，以高昂的库存成本、较高的库存服务水平作为获取订单并快速供货的代价，则无疑会增大企业的库存投资成本与风险。如果企业采用物流延迟策略，则可最大限度地降低物流运作风险。

具体而言，制造商首先应构建完善的销售物流系统，将成品库存集中储存于工厂成品库或区域分拨中心，由成品库对区域分拨中心提供供货支持，由区域分拨中心对地区仓库或配送中心提供供货保障服务。在接到客户订单后，采用直接配送或越库配送的方式将产品运送给客户。实施物流延迟策略，延迟顾客需求差别化的决策点位于商品流通的起点。其优点是，库存集中存放于物流中心，有利于提高库存的共享性，从而使分销渠道中的成品库存总量下降；缓冲存货点向供应链上游移动，有利于降低企业的库存投资成本与风险；采用直接配送或越库配送方式，减少了物流运作环节，优化了物流业务流程，缩短了供应提前期，降低了物流运作成本，又快速响应了客户的个性化需求。

3. 完全延迟策略

该策略针对客户的个性化需求，企业采用订单装配或订单生产或订单设计等需求响应策略，经营运作（包括生产和物流等活动）完全由客户订单所驱动。对于订单生产，顾客需求延迟缓冲点发生在生产流程起点或原料采购阶段；对于订单设计，顾客需求延迟缓冲点发生在产品设计阶段；对于订单装配，顾客需求延迟缓冲点发生在产品装配阶段，而具体的产品装配活动可发生在生产线的终点，也可以发生在配送中心或零售商处。例如，阿迪达斯公司在美国开了一家鞋店，该店不卖成品，仅有多种款式的鞋底、鞋面和鞋带等半成品，消费者可以根据自己的喜好自由选配，仅十分钟，定制的产品即可加工完成。显然，阿迪达斯公司采取了订单装配的需求响应策略，其顾客需求延迟缓冲点已前移到了零售店。采用该策略，可实现企业与消费者的"双赢"：一方面，公司持有零部件、半产品库存的成本和风险低于成品库存；另一方面，延迟顾客需求差别化的决策点和缓冲存货点靠近目标客户群体，有利于企业对客户的个性化需求做出快速响应，有利于提高顾客满意度，提升企业竞争力。

4. 形式延迟策略

该策略也称结构延迟策略，顾客需求延迟缓冲点发生在产品设计阶段。它是指在产品设计时，采用模块化设计理念，使零部件或工艺流程标准化、通用化和简单化，尽量减少产品设计中的差异化部分，使产品由结构简单、具有通用性的模块构成。相应地，产品结构将发生变化，物料清单将变得更加简单。例如，根据打印机中的某关键部件，可将打印机区分为彩色和黑白两种产品。要预测这两种产品的需求难度较大，为此，可以在产品设计阶段把该部件的相关零件和工艺流程实施集成，将其标准化、通用化，这就从根本上延迟了不同产品的差别化。既方便生产，又可简化对零部件的库存管理。

（三）延迟策略实施的关键及条件

1. 延迟策略成功实施的关键——合理设定"缓冲点"

"缓冲点"是预测驱动的推式流程与订单驱动的拉式流程的分界点，即顾客需求延迟缓冲点。合理设定缓冲点，是延迟策略成功实施的关键。在供应链业务流程中，顾客需求延迟缓冲点之前的业务是无差异业务，由预测驱动，而缓冲点之后的业务是差异化业务，由订单驱动，企业面对的是客户个性化需求的满足。缓冲点可能发生在供应链业务流程的某一点。若缓冲点靠近供应链业务流程的起点，如按订单设计或按订单生产，虽然企业能满足客户的个性化需求，但供应提前期较长（与预测驱动的备货生产相比），且由于生产批量及物流作业批量小，企业往往难获取规模经济性收益；反之，若缓冲点靠近供应链业务流程的终点，如消费者根据零售商现有的库存商品实施购买行为，虽然制造商可通过规模生产获取规模经济性收益，但往往无法实施有效的延迟。相应地，由于产品的多样性有限，企业很难有效满足客户的个性化需求，难以获取范围经济性收益。

2. 延迟策略成功实施的条件

成功实施延迟策略，需要具备以下基本条件。

（1）模块化产品设计。即产品可以由一些标准模块组合而成，而这些模块具有不同的功能。通过标准模块的不同组合，可以形成不同的产品，以满足客户的多元化产品需求。

（2）零部件通用化、标准化。通用、标准的零部件，不但有利于企业在零部件的生产加工阶段实现规模经济，降低生产成本，而且有利于企业在接到订单后通过快速装配，得到个性化的产品，以满足客户的差异化需求。

（3）产品规格标准化。对于同种产品，不同用户对其规格、型号的需求仍然不同。如果对所有客户的不同需求都要个性化地满足，必然会增大企业的生产成本。为此，可将产品规格标准化，例如，根据目标客户的身高特性将衣服的尺码进行分类，设为大、中、小三种规格、型号，以此来延迟需求的差别化。

（4）业务流程再造（BPR）。即对供应链业务流程进行重组或优化，使能满足客户差异化、个性化需求的业务尽可能延迟到接到客户订单或明确需求以后。例如，将毛衣的加工工艺由传统的先染色后编织变为先编织，等到卖季来临之前，根据更加充分的市场信息再完成染色业务，这样的产品就会更加适销对路。

（5）IT手段的支撑。充分借助于销售时点系统（POS）、电子数据交换（EDI）等信息技术手段，实现上下游企业的实时信息共享，及时获取准确的需求信息，是延迟策略成功实施的重要条件。特别是在物流延迟策略的实施中，需要采用越库配送等物流运作方式，而其前提条件就是制造商能充分共享零售商或用户的需求信息。

（6）经济合理。即实施延迟策略的投入产出比要合理。一般而言，对客户个性化需求的满足往往会导致高成本，但另一方面，由于产品适销对路又会增加收益。为此，需要权衡利弊得失。只有收益大于成本，这样的延迟才有意义。

（四）延迟策略的优势

实施延迟策略，可有效克服"二律背反"，实现规模经济与范围经济的有机结合。在零部件、通用件的生产加工阶段，可实现规模生产，从而降低生产成本。在订单装配及流通加工（如客户化包装等）阶段，又可满足客户的多元化、个性化需求，实现大规模定制，克服传统大批量生产策略的高库存与高风险等弊端。通过产品的快速组装与快速配送，可增强企业经营运作的柔性，缩短供应提前期，提高顾客满意度，提升企业竞争力。

复习题

1. 如何理解现行管理模式与供应链管理思想的冲突?

2. 供应链的特征与类型有哪些?

3. 供应链管理的主要内容有哪些?

4. 供应链设计的策略与方法是什么?

5. 供应链管理的策略有哪些? 分别有哪些特点?

参考文献

[1] 王之泰. 现代物流管理 [M]. 北京：中国工人出版社，2001.

[2] 孟建华. 现代物流管理概论 [M]. 北京：清华大学出版社，2004.

[3] 何晓莉. 物流设施与设备 [M]. 北京：机械工业出版社，2004.

[4] 王槐林. 采购管理与库存控制 [M]. 北京：中国物资出版社，2004.

[5] 张晓青. 现代物流概论 [M]. 武汉：武汉理工大学出版社，2005.

[6] [美] 唐纳德 J. 鲍尔索克斯，戴维 J. 克劳斯，等. 供应链管理 [M]. 4 版. 马士华，
    译. 北京：机械工业出版社，2014.

[7] 李松庆. 物流学概论 [M]. 北京：清华大学出版社，2012.

[8] 周启蕾. 物流学概论 [M]. 3 版. 北京：清华大学出版社，2013.

[9] 雍兰利，魏凤莲. 物流管理概论 [M]. 杭州：浙江大学出版社，2011.

[10] 张书源，张文杰. 物流学概论 [M]. 上海：复旦大学出版社，2011.

[11] 傅莉萍. 运输管理 [M]. 北京：清华大学出版社，2015.

[12] 仪玉莉. 运输管理 [M]. 北京：高等教育出版社，2014.

[13] 韩杨，刘娜. 物流运输管理实务 [M]. 2 版. 北京：清华大学出版社，2014.

[14] 并颖，季永青. 运输管理实务 [M]. 3 版. 北京：高等教育出版社，2014.

[15] 董秀红. 物流运输管理与实务实训指导书 [M]. 北京：中国财富出版社，2014.

[16] 刘阳威，丁玉书. 物流仓储与配送管理实务 [M]. 北京：清华大学出版社，2013.

[17] 蔡改成. 仓储管理 [M]. 大连：大连理工大学出版社，2011.

[18] 赵小柠. 仓储管理 [M]. 北京：北京大学出版社，2015.

[19] 傅莉萍. 仓储管理 [M]. 北京：清华大学出版社，2015.

[20] 刘俐. 现代仓储管理与配送中心运营 [M]. 北京：北京大学出版社，2008.

[21] 苗长川，杨爱花. 仓储管理 [M]. 北京：北京交通大学出版社，2011.

[22] 徐贤浩. 物流配送中心规划与运作管理 [M]. 武汉：华中科技大学出版社，2008.

[23] 陈达强. 配送与配送中心运作与规划 [M]. 杭州：浙江大学出版社，2009.

[24] 叶靖. 仓储配送中心布局与管理实训手册 [M]. 北京：清华大学出版社，2011.

[25] 程洪海. 配送中心管理理论与实务 [M]. 北京：北京交通大学出版社，2011.

[26] 朱华. 配送中心管理与运作 [M]. 3 版. 北京：高等教育出版社，2014.

[27] 方轮. 物流信息化管理与技能 [M]. 大连：大连理工大学出版社，2011.

[28] 姜方桃，李洋. 物流信息系统 [M]. 北京：北京交通大学出版社，2011.

[29] 傅莉萍，姜斌远. 物流管理信息系统 [M]. 北京：北京大学出版社，2014.

[30] 丁德波，戴德颐. 物流信息管理 [M]. 南京：南京大学出版社，2016.

[31] 〔美〕巴罗. 企业物流管理——供应链的规划、组织和控制 [M]. 2 版. 王晓东，等，译. 北京：机械工业出版社，2006.

[32] 马士华. 企业物流管理 [M]. 北京：中国人民大学出版社，2011.

[33] 黄福华，周敏. 企业物流管理 [M]. 北京：高等教育出版社，2016.

[34] 浦震寰. 企业物流管理 [M]. 2 版. 大连：大连理工大学出版社，2012.

[35] 陈雅萍. 第三方物流 [M]. 2 版. 北京：清华大学出版社，2013.

[36] 张旭辉，杨勇攀. 第三方物流 [M]. 北京：北京大学出版社，2010.

[37] 蓝仁昌. 第四方物流 [M]. 北京：中国财富出版社，2009.

[38] 闫国庆. 第四方物流 [M]. 北京：清华大学出版社，2011.

[39] 毛光烈. 第四方物流理论与实践 [M]. 北京：科学出版社，2010.

[40] 黄新祥. 国际物流 [M]. 北京：清华大学出版社，2014.

[41] 王晓东，赵忠秀. 国际物流与商务 [M]. 2 版. 北京：清华大学出版社，2016.

[42] 〔美〕戴维. 国际物流——国际贸易中的运作管理 [M]（第 4 版）. 北京：清华大学出版社，2014.

[43] 龙桂先. 国际物流与货运代理实务 [M]. 3 版. 北京：机械工业出版社，2016.

[44] 马士华. 供应链管理 [M]. 4 版. 北京：机械工业出版社，2014.

[45] 苏尼尔·乔普拉. 供应链管理 [M]. 5 版. 北京：中国人民大学出版社，2013.

[46] 曹翠珍. 供应链管理 [M]. 2 版. 北京：北京大学出版社，2016.

[47] 张新昌. 包装概论 [M]. 2 版. 北京：文化发展出版社，2011.

[48] 杨秀茹. 装卸与搬运作业 [M]. 北京：机械工业出版社，2015.

[49] 王成林. 装卸搬运技术 [M]. 北京：中国财富出版社，2012.

[50] 刘北林. 流通加工技术 [M]. 北京：中国财富出版社，2004.

[51] 谭利其. 配送与流通加工作业实务 [M]. 北京：科学出版社，2011.

[52] 邓永胜. 物流管理案例与实训 [M]. 北京：北京交通大学出版社，2011.

[53] 夏文汇. 物流管理案例与实训 [M]. 成都：西南财经大学出版社，2011.

[54] 中华人民共和国国家质量监督检验检疫总局，中国国家标准化管理委员会. 中华人民共和国国家标准：物流术语（GB/T 18354－2006）. 北京：中国标准出版社，2007.